나는 나뭇잎에서 숨결을 본다

나무의사
우종영이 전하는
초록빛 공감의
단어

나는
나뭇잎에서
숨결을
본다

우종영 지음

흐름출판

추천의 말

'생태감수성'이라는 단어가 은근히 낯설게 느껴진다. 이미 사라진 단어이기 때문일까? 이 책은 사라져가는 말들에 대한 애도이자 되살림의 선언이다. 나무의사 우종영은 단어를 다시 꺼내어 햇볕과 바람과 이슬 아래 펼쳐 보인다. 잊힌 말들을 되찾는 일은 잊힌 감각을 회복하고 세계를 다시 살아 숨 쉬게 만드는 첫걸음이다. '생·태·감·수·성'이라는 다섯 장으로 엮인 이 책은 생명과 관계, 감정과 환경, 그리고 존재의 근원을 단어로 붙들고 되묻는다. 태풍과 가뭄, 인공지능과 도시의 속도 속에서도 우리가 지켜야 할 것은 무엇인가. 단어가 사라지면 감각도 사라지고, 감각이 사라지면 함께 살아갈 힘도 잃는다. 이 책은 그 연결 고리를 되살리려는 시도다.

 과학, 철학, 문학을 아우르며 생태언어의 복권을 시도하는 이 책은 말의 힘이야말로 우리가 되찾아야 할 생태계라는 사실을 일깨워준다. 물, 흙, 바람, 곤충, 눈치, 게으름, 다름 같은 단어들은 이 책에서 새로운 감각으로 다시 살아난다. 그리고 우리는 어느덧 언어의 숲을 다시 걷고 있다. 『나는 나뭇잎에서 숨결을 본다』는 그 숲으로 들어가는 입구다.

— 이정모, 전 국립과천과학관장, 『찬란한 멸종』 저자

『나는 나뭇잎에서 숨결을 본다』는 인간이 자연임을 잊고 사는 데 대한 경종의 종소리다. 지구가 자연의 지구이지 인간의 지구는 아니라는 사실을, 이제 인간의 입장에서 지구에 사는 시기가 거의 끝나가고 있다는 사실을 깊게 성찰하게 해준다. 글을 읽으며 인간 중심에서 벗어나 자연 중심의 삶을 추구하는 것이야말로 인류의 마지막 선택이자 구원이라는 것을 깨닫는다. 인류의 희망은 한 그루 나무와 한 포기 풀을 영원히 살리는 데에 있다.

— 정호승, 시인

우리의 본성은 나무와 다르지 않다. 우리도 나무도 모이면 숲이 된다. 그 숲은 더 많은 생명의 터전을 이뤄낸다. 나무의사 우종영의 말이다. 그는 나무를 진단하는 의사다. 그렇다고 나무만 진단하는 의사는 아니다. 이 책을 읽으면 알게 된다, 전쟁과 기후위기와 팬데믹과 같은 아픔에 맞서 저자가 어떤 처방을 내리는지를. 책 속 저자의 처방을 따라가다 보면 한결 나아진 기분이 든다. 변화를 만들 수 있는 일말의 용기가 생기니까. 나무와 숲과 산과 흙과 물과 빛과 바람이 우리와 어떻게 연결되어 있고 우리를 어떻게 높이고 낮출 수 있는지 저자는 묻고 답한다. 자연을 있는 그대로 이해하고자 노력할 때 인류가 얻게 되는 저항력을 기록한 차트가 이 책이다. 그다음 진료 시간을 나는 벌써 기다리고 있다.

— 허태임, 식물분류학자, 『나의 초록 목록』 저자

들어가는 말

잠시 상상을 해봅니다. 100년 후 인류는 어떻게 살고 있을까? 김초엽의 소설 『파견자들』에서처럼, 사람들은 더는 땅 위에서 살지 못하고 지하도시를 건설하여 그곳에서 살지도 모릅니다. 나무와 풀은 말라 죽고, 태풍과 가뭄이 닥치고, 홍수가 범람하여 대부분의 도시가 쓸모없어지면서 사람들은 지하도시에서 농사를 짓고 협소한 공간에서 살며 가상의 세계에서 여행을 하겠지요. 하지만 아침 이슬과 저녁의 붉은 노을은 물론이고 가을이면 따뜻한 곳을 찾아 이동하는 철새들의 날갯짓도 볼 수 없게 되고, 갯벌의 냄새를 맡을 수도 없으며, 솔숲에 부는 바람 소리를 듣는 일도, 심호흡하며 산책하는 감성적인 생활도 불가능해질 것입니다.

이런 상상은 지금과 같은 소비가 계속된다면 지구가 마냥 자비롭지만은 않을 것이라는 과학자들의 생각에서 비롯된 것입니다. 미래의 사람들은 그래도 지구만 한 곳이 없으니까 지구를 어떻게든 과거처럼 살기 좋은 행성으로 되돌리려고 노력할 것입니다. 제일 좋은 방법은 원인을 찾아 해결하는 것입니다. 미래의 과학자들은 마침내 타임머신을 개발합니다. 그리고 어느 시대로 돌아갈 것인가 토의한 결과 1990년대로 가기로 결정합니다. 하필이면 왜 1990년대일까요? 20세기를 마감할 즈음 인류는 화석 연료를 땅속에서 미친 듯이 퍼 올려 전례 없는 풍요를 누리며 밀레니엄의 마지막을 멋지게 장식했기 때문입니다.

과거로 돌아간 과학자들은 훗날 태어날 자신의 존재를 훼손하지 않고서 어떻게 하면 이 세계를 바꿀 수 있을지 해결책을 찾기 시작했습니다. 만약에 당신이라면 무엇부터 고치시겠습니까? 미래의 과학자들은 인류에게 생태감수성에 관한 언어가 빈곤하다는 것에 주목하고 이 언어들을 풍부하게 사용할 것을 처방했습니다. 생태감수성은 종을 뛰어넘어 서로의 존재를 느끼고 위하는 마음입니다. 다른 종을 이해할 언어가 부족하다는 것은 자연을 함부로 다루는 원인이 됩니다.

"오늘의 문제에 대한 해답은 그 문제들을 야기한 사고방식으로는 찾을 수 없다"고 한 알베르트 아인슈타인의 말이 떠오릅니다. 해답이 될 새로운 사고방식은 미래의 과학자들이 처방했듯이 언어입니다. 언어는 생각을 이끄는 힘입니다. 서로를 위하는 따뜻한 언어는 사람들의 마음을 움직이는 데 더없이 좋은 도구입니다. 언어는 살아 있는 생물과 같아서 번성하기도 하고 사라지기도 합니다. 인간의 욕망을 부추기는 언어는 번성하고 이익이 되지 않거나 관심에서 벗어난 언어는 쉽게 사라집니다. 생태언어는 관심에서 벗어나기 쉽습니다. 인간의 욕망과 동떨어져 있어 쉽게 잊히고 사라집니다. 언어가 없다면 언어가 가리키는 존재도 보지 못한다는 뜻이지요. 미래에서 온 과학자들이 생태계에 온기를 불어넣을 수 있는 말들을 모아 많은 사람들이 읽을 것을 처방한 이유입니다.

미래는 바꿀 수 있지만 과거는 바꿀 수 없습니다. 우리가 지금 미래를 바꿀 수 있다면 미래 사람들이 과거를 바꾸는 셈입니다. 이 책은 그동안 외면받고 차갑게 식어 천덕꾸러기가 된 생태공감에 관한 말모이를 되살리기 위해 쓰였습니다. 이 단어들이 다시 살아나 세상을 바꾼다면 얼마나 좋을까요. 무덤 속 미라에 피가 돌아 온기를 되찾으면 세상을 구원할 것이라는 고대 이집트인의 믿음처럼, 이 책은 사라져가는 단어를 찾아 만지작거리며 이리저리 궁글린 결과물입니다.

생, 태, 감, 수, 성이라는 다섯 개의 주제로 묶인 단어들은 서로 연결되어 있습니다. 생태계가 생물과 생물, 생물과 무생물, 무생물과 무생물의 끈끈한 관계이듯 생태에 관련된 단어들 또한 서로 물고 물리는 떼려야 뗄 수 없는 관계에 있습니다. 하나의 단어는 혼자 존재하는 것이 아니라 주변 환경에 따라 다르게 반응하며 의미가 달리 보이기도 하므로 다양한 해석이 가능합니다. 나무가 주변 환경에 따라 형태를 바꾸는 것과 같은 이치이지요. 형태를 바꾸더라도 같은 종이라면 유전자 정보가 바뀌지 않는 것과 같이 단어도 그 속성이 변하지 않은 채로 주변 단어들과 상호 작용하며 각자 존재의 이유를 밝힙니다.

세계는 지금 온난화로 인한 산불과 홍수로 몸살을 앓고 있습니다. 익숙했던 날씨와 계절이 사라지고 삶이 위협받을 지경으로 요동치지만 우리는 여전히 성장에만 몰두할 뿐입니다. 우리나라도 자유롭지 못합니다. 전례 없는 규모의 산불이 나고 '괴물 홍수'가 전 국토를 할퀴며 많은 인명 피해를 내고 있습니다. 다행히 우리나라는 숲 해설가를 비롯해 숲 치유사, 유아 숲 지도사, 숲길 지도사, 자연 환경 해설사, 환경교육사, 갯벌 생태 해설사 등 자연을 아끼고 자연의 가치를 더 널리 알리는 데 힘을 쏟는 생태활동가들이 있으며 기후위기의 난제를 풀어줄 과학자도 있습니다. 그리고 심술꾸러기가 된 날씨에 고통 받는 수많은 시민들도 '생태감수성'

을 더 깊이 이해하자고 이야기하고 있습니다. 저는 미래의 사람들이 바라는 삶, 우리가 자연과 공존하며 자연에서 힘을 얻고 그 힘을 다시 자연에 돌려주며 상생하기를 바랍니다. 이런 순환의 마음이 전 세계로 뻗어나가 아름다운 지구가 되살아난다면 얼마나 좋을까요? 이 책이 그 마중물이 되기를 기도해봅니다.

이 책이 나오기까지 초고를 읽고 길을 인도해준 조현순 님, 선뜻 삽화를 내어준 조혜란 님, 어려운 용어의 숲에서 길을 잃지 않고 예쁘게 편집을 해준 유리슬아 님과 출판사 관계자 여러분, 그리고 삼시 세끼와 도서 구입을 책임져준 아내 조숙자 님께 감사드립니다.

화천 별의 집에서
우종영 씀

> 차례

추천의 말 • 5
들어가는 말 • 8

1장   감感 느낌의 높낮이

마음	흔들림이 기본 값이라니	— 20
감정 이입	how보다 why가 중요한 이유	— 26
눈치	때려 잡지 말고 따뜻한 마음으로	— 31
생태감수성	내 안에 있는 너를 만나기 위해	— 37
움벨트	나무의 눈으로 세상을 본다면	— 43
공감	아프냐고 묻지 않는다	— 49
게으름	달콤한 열매	— 54
경쟁	당뇨병처럼 적절하게 조절하고 관리해야 할 대상	— 60
고통	자신을 보호하기 위한 인정머리 없는 장치	— 66
걷기	분열된 나를 하나로 통합하는 행위	— 71
다름	나를 이루는 방식	— 75
부엔 비비르	참살이	— 80

생태언어	언어가 풍부하면 생태계도 풍성해진다	— 85
재미	결정의 순간, 제일 먼저 고려해야 할 것	— 91
눈부처	아기 눈동자에 비친 엄마의 모습	— 96
환상방황	방황의 끝이 방황의 시작점	— 100
생태적 개명	이름이 반	— 105
생명윤리	의술이 윤리와 손잡아야 하는 이유	— 110

2장　　　　　　성性 본바탕을 이루는

지구	외로우니까, 테라포밍	— 116
가지	질문과 망설임의 결과물	— 120
산	중력에 저항하는 중	— 127
백두대간	산은 물을 건너지 못한다는 생각	— 132
강	물의 고속도로	— 137
계절	지구가 삐딱하게 돌면서 생기는 자연 현상	— 142
미기후	양지 뜸과 음지 뜸	— 148
공기	우리가 사랑해야 하는 이유	— 153
물	풍요 속의 빈곤	— 158
바다	인류의 자궁	— 165

바람	양지를 찾아 헤매는 하이에나	— 170
빛	만물의 디자이너	— 175
소리	인류세에 사라진 것들을 추억하며	— 179
크기	상대적이며 주관적인 것	— 183
흙	생물과 무생물의 정거장	— 188
생태적 지위	사춤을 노려라	— 193
공생	더 사랑하는 자가 '을'이 아닌 삶의 형태	— 198
상호 의존성	보이는 것은 보이지 않는 것에 의존한다	— 203
진화	다양성을 추구하려는 욕망에 협력을 더했을 때 일어나는 현상	— 208

3장 생生 어쩌다 태어난

나무의 본성	우리 곁의 부처	— 216
나무와 한글	이 땅에 태어난 것이 자랑스러운 이유	— 221
가이아	살아 있는 생명체	— 226
미생물	지구가 하나의 생명체인 이유	— 231
몸	저주의 대상에서 섬김의 대상으로	— 240
반려동물	내가 위로해줄 테니 날 유아차에 태워줘	— 245

반려식물	가장 저렴한 비용으로 당신의 마음을 위로해드립니다	— 250
곤충	생산하라, 계속 생산하려면	— 255
새	날갯짓이 아름다운 것은 흔적을 남기지 않기 때문	— 261
호미	할머니와 호미는 시간이 갈수록 작아진다	— 266

4장   태態 모여서 만든

나와 너	내 안에 너의 그림자 있다	— 274
생태계	원숭이 엉덩이와 백두산	— 278
공동체	텃세가 있는 것은 그곳에 보물이 있기 때문이다	— 284
공유지	신성한 땅을 탐하지 말라	— 288
숲	어린이집, 놀이터, 병원, 헬스장, 집, 명상센터가 합쳐진 곳	— 293
생태도시	화장실과 식탁이 가까이 있는 이유	— 300
갯벌	말랑말랑한 숲	— 306
비오톱	아이와 메뚜기는 함께 살아야 합니다	— 313
생태발자국	자연의 이자로 살면 사라지는 것은?	— 318
데이지의 세계	'밀당'을 제대로 하게 하자	— 323

기후 변화	믿지만, 믿지 않을 거야	— 327
성장	인간의 본성이 진실의 반대편을 바라보고 있는 이유	— 332
순화	고삐를 놓으세요	— 337

5장 　　　　　　　　　　수受 받아서 베푸는

공무도하	임이여, 사라지지 말아요	— 344
솔로몬의 반지	동물과의 대화법	— 350
과학철학	비판적 사고가 피워 올린 꽃	— 356
관찰	대화의 정석	— 362
보존과 보전	차이의 온도를 극복하려면	— 367
방 안의 코끼리	말의 힘	— 371
실수	좋은 실수, 나쁜 실수, 그저 그런 실수	— 376
희망	그들이 아직 살아 있다는 것	— 381

참고문헌 • 387
더 읽을거리 • 391

1장

감感
느낌의 높낮이

마음
heart

흔들림이 기본 값이라니

시간이 다 되었다는 듯이 신호등이 깜박거립니다. 한 청년이 호다닥 뛰어갑니다. 횡단보도의 절반에 이르렀을 때, 한 할머니가 아스팔트에서 신발을 떼지 못하고 신발의 길이만큼씩만 느릿하게 끌고 가는 것을 보았습니다. 청년은 순간 오른손을 번쩍 들고는 할머니의 발걸음에 맞춰 천천히 걸었습니다. 어느덧 보행 신호에 빨간 불이 들어왔습니다만 차는 한 대도 움직이지 않았습니다. 할머니가 인도에 올라서는 순간, 청년은 서 있던 차를 향해 꾸벅 절하고 할머니께 "건강하게 사세요" 하고는 냅다 뛰어갑니다. 그날 저녁 청년은 평소보다 밥 한 그릇을 더 먹고 내일의 계획표를 짜면서 모든 일이 잘될 거라는 예감에 사로잡혔습니다. 같은 시각, 그

길에 차를 멈췄던 운전자들은 밥맛이 더 좋았던 것은 물론이고 '내일은 더 안전운전을 해야지' 하며 꿀잠에 빠졌답니다.

알다가도 모를 일입니다. 청년은 평소에 내성적이라 다른 사람 앞에 나서지도 못하는 자신에게 어떻게 그런 마음이 생겨났는지 알 수 없었습니다. 마음이란 무엇일까요? "툭 웃음이 터지면 그건 너/쿵 내려앉으면 그건 너/축 머금고 있다면 그건 너/둥 울림이 생긴다면 그건 너." 아이유의 「마음」 노래 가사입니다. 사랑은 심장이 먼저 아는지 툭, 쿵, 축, 둥 할 때마다 항상성을 이탈하며 불규칙한 수축 운동을 합니다. 툭은 갑자기, 쿵은 불현듯, 축은 일상적으로, 둥은 전쟁 개시의 북소리처럼 이성을 잃게 하지요. 청년은 손을 번쩍 드는 순간 심장이 쿵 하고 내려앉는 것을 느꼈습니다. 그 후 청년은 그때의 걸음을 '민들레 걸음'으로 정의하고 당시의 마음에 대해 종종 생각했습니다.

마음은 한자로 심心입니다. '心'은 심장의 형태를 본떠 만든 글자입니다. 고대 중국인들은 마음이 심장에 있다고 생각했습니다. 서양에서도 마찬가지로 마음과 심장이 같다고 여겼습니다. 영어의 heart, 독일어의 herz, 프랑스어의 cœur는 모두 마음과 심장을 의미합니다. 과연 심장에 마음이 살고 있을까요? "마음을 볼 수 있거나, 만져볼 수 있는 실체가 있습니까?"라고 질문한다면 누구도 대답하기 어려워합니다. 하지만 많은 이들이 마음에 마치 실체가 있는 것처럼 표현합니다. 마음을 내려놓다. 마음을 먹다. 마음을 접다. 마음이 가는 곳에 길이 있다. 마음이 떠났다. 마음이 있다가도 없다. 마음을 훔치다. 마음이 쏠린다. 마음이 끌린다……. 동사와 형용사 중 아무거나 갖다 붙여도 마음의 형태가 됩니다. 그렇다고 마음을 본 사람은 없습니다. 설령 보았다 하더라도 그건 이미 변화되고 없는 것이겠지만요.

소크라테스가 마음에 대해 남긴 유명한 말 "너 자신을 알라"는 오늘날에도 여전히 큰 울림을 줍니다. 마음은 사전적으로 "사람이 본래부터 지닌 성격이나 품성"을 뜻하며 사람의 의식 요소, 즉 생각, 인식, 감정, 욕구, 자아감 등을 가리킵니다. 이러한 의식 요소들은 우리가 세상을 경험하는 방식을 정의하는 데 사용됩니다. 하지만 물리적 개체가 아니기에 마음의 문제는 영원히 철학적 논의와 과학 연구의 대상으로 남아 있습니다. 신경 과학에서는 두뇌를 마음의 물리적 기반으로 놓고 연구하고, 철학에서는 마음의 본질과 그것이 몸과 외부 세계와 어떻게 관련이 있는지를 주요 주제로 삼으며, 심리학에서는 행동에 따른 정신 과정을 이해하기 위해 마음을 연구합니다. 계속 연구해도 알쏭달쏭한 것이 마음이라 학자들에게 연구의 화수분으로 자리매김을 합니다.

그렇다면 왜 마음은 늘 연구 대상일까요? 첫 번째 이유로는 마음이 우리가 의식적으로 통제할 수 없는 자동적인 과정이기 때문입니다. 예를 들어 스트레스 상황에서 오는 불안감을 느끼는 것을 막을 수 없으며, 누군가를 사랑하거나 미워하는 마음을 통제하기도 힘듭니다. 우리의 뇌가 그렇게 작동하도록 설계되어 있습니다. 두 번째 이유는 마음이 항상 새로운 정보를 수용하고 반응하도록 설계되어 있기 때문입니다. 새로운 환경이나 경험, 상황처럼 의도하지 않은 환경을 맞닥뜨릴 때 이에 대응하기 위해 우리의 생각과 감정은 변화하므로 내가 자신을 어쩌지 못하는 상황이 발생합니다.

"그래서 마음이란 무엇인가요?"라고 질문하기는 쉽지만 답하기는 어렵습니다. 왜냐면 마음의 기본 값이 '흔들림'이기 때문입니다. 흔들림이 기본 값이라니, 그럼 마음은 알 수 없는 것일까요? 마음은 알고 싶어도 알 수 없는 것입니다. 굳이 정의를 내리자면 오락가락하는 감정을 가리키는 것이 아닐까요? 선과 악, 사랑과 미움, 옳고 그름, 진실과 거짓, 믿음과 배신, 정의와 불의, 손해와 이익, 욕망과 권태, 저항과 순종, 채찍과 당근, 판단과 보류, 갈까와 말까, 안과 밖을 오락가락하는 것이 마음입니다. 마음은 아침에 출근하고 저녁이 되면 집에 돌아오듯 몸 안과 몸 밖을 오가며 살아갑니다. 생존을 위해서 밖으로 나가 각종 정보들을 접한 다음 안에 들어와 그것을 소화하고 판단해야 합니다. 그래서 내부와 외부 사이의 균형을 유지해야 합니다. 균형을 잃지 않도록 마음을 모아 중심에 두어야 합니다. 내부 세계에서만 파묻혀 살면 고립되고, 외부로만 향하여 있다면 내부가 고갈되어 산만해지니까요. 마음이 중심에 있으면 흔들리지 않고 자신을 사랑할 여유가 생깁니다. 그러면 어떻게 마음을 모을까요? 자신을 있는 그대로 인정하고 사랑하면 됩니다. 간단하지요. 간단한 것이 실천하기는 어렵습니다.

마음은 사람한테만 있을까요? 마음이 쿵 하며 떨리는 심장에 있다면 마음이란 오직 인간에게만 해당하지 않고 동물에게까지 확장됩니다. 동물도 심장이 있으니까요. 그렇다면 심장이 없는 식물은 마음이 없나요? 이 문제는 쉽게 대답하기 어렵습니다. 식물도

서로 소통하며 협력한다는 것이 실험을 통해 밝혀진 것을 보면 식물에 마음이 없다고 단정 지을 수 없을 것입니다. 필자는 천연기념물로 지정된 나무를 진찰하는 사람인데 나무를 대할 때마다 나무가 지나온 세월의 무게만큼 몰려오는 경외감에 몸이 부르르 떨리기도 하고 오래된 사람의 뒷모습을 보는 것 같아 쓸쓸해지기도 합니다. 그럴 때 저는 나무의 마음을 읽으려고 노력합니다. 나무는 동사와 형용사를 동원하지 않고도 읽을 수 있지 않을까 생각하면서요. 결국 좋은 마음이란 흔들림 속에서도 순간 '민들레 걸음'으로 걸으며 할머니의 마음을 읽으려던 청년의 마음과 같은 것이겠지요.

감정 이입

empathy

---

how보다 why가 중요한 이유

미국의 명배우 로버트 레드퍼드가 주연하고 제작하고 감독까지 한 영화 「호스 위스퍼러 The Horse Whisperer」에서 주인공 벅 브래너먼은 이렇게 말합니다. "사람이 말에 타는 방식은 정확히 퓨마가 말을 덮치는 방식과 동일합니다. 퓨마는 말을 사냥할 때 말 등에 올라타서 자기 다리로 말의 몸통을 조이지 않습니까? 그렇게 생각해 보면 말이 자신의 등에 오르는 사람을 왜 그토록 싫어하는지 금세 이해가 될 겁니다. 녀석은 두려운 거예요." 말 치유사 브래너먼은 말에게 '감정 이입'이 된 상태에서 말의 감정을 읽고 말이 왜 사람이 타는 것을 싫어하는지를 쉽게 설명합니다.

감정 이입이란 다른 사람의 감정을 자신의 일처럼 느끼는 것입니다. 사전에는 "자연의 풍경이나 예술 작품 따위에 감정을 불어넣거나, 대상으로부터 느낌을 받아들여 대상과 자기가 서로 통한다고 느끼는 일"이라고 나와 있습니다. 감정 이입은 대상이 느끼는 감정을 직접 체험하는 것과 같습니다. 사람은 물론이고 사람이 아닐 경우에도, 즉 반려동물이나 반려식물에게도 감정 이입을 할 수 있습니다. 예를 들어 꽃을 사랑하는 사람은 마른 화분에 물을 줄 때 식물에 물이 차오르는 것을 느낍니다. 뿌리에서 줄기를 지나 잎에 이르는 물줄기를 온몸으로 느끼는 것입니다. 얼마나 시원한지 목젖으로도 느낍니다. 농부들도 가뭄 끝에 단비가 내리면 작물들이 물을 들이키는 감정을 느끼려고 막걸리를 마시기도 하지요.[1]

감정 이입을 공감과 혼동할 수도 있습니다. 공감이 남의 감정이나 의견, 주장 따위에 자신도 그와 같다고 느끼는 기분이라면 감정 이입은 남의 감정을 자신의 것처럼 느끼는 일입니다. 사회학자 리처드 세넷은 『투게더』라는 책에서 공감과 감정 이입을 구분해야 한다고 말했습니다.[2] 세넷에 따르면 둘의 차이는 타인과 나의 차이를 대하는 방법에 있다고 합니다. sym(함께)이라는 접두사에서 보듯, 공감 sympathy은 타인이 느끼는 것을 나도 느끼며 나와 타인을 동일시하는 것입니다. 이와 달리 감정 이입 empathy은 타인의 내면이 어떻게 움직이고 있는지 나의 온 신경을 곤두세워 알아채는 일입니다. 나와 타인의 차이를 인식하면서도 "나는 당신에게 열심히 관심을 쏟고 있다"는 것을 보여주는 태도이지요. 그래서 감정 이입에는 em(안으로)이라는 접두사가 붙어있습니다. 세넷은 공감보다는 감정 이입이 협력의 중요한 열쇠라고 주장합니다. 동일시에 기반을 둔 공감도 아주 강한 감정이지만, 감정 이입은 내가 결코 동일시할 수 없는 수많은 타인과의 협력을 이끌어내는 더 강력한 실천이 되기 때문입니다.

　감정 이입은 다른 사람과 관계를 맺을 때 가교 역할을 합니다. 감정 이입을 통해 우리는 다른 사람의 감정을 깊이 이해하고, 그로 인해 더욱 강한 유대감을 형성할 수 있습니다. 다른 사람들의 경험을 공유하고 그 감정을 직접 체험함으로써, 그들에게 동정심과 동료애를 느끼고 그들을 위로할 수 있는 마음을 지니게 됩니다.

　감정 이입은 사회의 구성원으로 살아남기 위해 반드시 필요한 기능입니다. 아이들을 보세요. 아이들의 마음은 하얀 도화지와 같아서, 그들이 세상을 보는 눈은 맑고 경험하는 감정은 깊습니다. 어린아이가 어른보다 감정 이입을 더 잘하는 이유는 그들이 세상을 복잡한 선입견 없이 바라보기 때문입니다. 아이들의 마음은 경계를 모르고 사랑과 슬픔을 순수한 형태로 느낍니다. 예를 들어 어린아이는 동화책을 읽을 때, 그 이야기에 완전히 몰입합니다. 공주가 슬퍼하면 같이 슬퍼하고, 토끼가 기뻐하면 같이 기뻐합니다. 아이들은 다른 존재를 이해하면서 성장함에 따라 사회적 규범을 알아가고 감정 표현을 조절하는 방법을 배우게 됩니다.

감정 이입은 생태계를 이해하는 데도 필요합니다. 그러기 위해서는 아이들의 마음으로 돌아가야 합니다. 아이들에게 놀이는 감정 이입을 전제로 합니다. 역할이 주어지기만 하면 바로 토끼가 되고 엄마가 되고 꽃이 됩니다. 우리가 야생 동물에 감정 이입을 하면 동물 보호에 더 적극적으로 참여하게 되고, 새들의 날아가는 모습에 감정 이입을 하면 이들의 서식지인 숲과 갯벌의 보존 활동에 참여하게 됩니다. 자연에 대한 감정 이입은 사회적 변화를 이끌어내는 것은 물론이고 우리의 정신 건강에도 좋습니다. 숲속에서 바람 소리를 느끼고 새 소리와 물 소리를 들으며 명상하는 것도 자연에 대한 감정 이입에서 시작되지요. 바람이 되고, 물이 되고, 새가 되고, 나무가 되면서 내가 사라지고 자연이 되는 것이야말로 진정한 행복입니다.

나무의사에게도 감정 이입은 필수입니다. 나무는 자신이 어디가 아프니 치료해달라고 말하지 않으므로 대화를 거부하는 환자를 대하는 것과 같은 벽을 나무에게서 느낍니다. 다양한 진단 장비를 동원하여 각종 수치를 들여다보지만 진정 근본 문제가 어떤 것인지는 알 수 없는 경우가 많은데, 그럴 때 감정 이입이 많은 도움을 줍니다. 이때 주의해야 할 점은 주관적 경험이나 과거의 사례들에 사로잡혀 길을 잃어버리면 안 된다는 것입니다. 오로지 앞에 서 있는 대상에 집중하며, 나무가 처한 현실을 느끼며 말을 걸어야 합니다. "어떻게how 아프세요?"라고 묻는 것보다 "왜why 아프세요?"라고 물어야 합니다. '어떻게'는 현상에 대한 질문이고, '왜'는 원인에 대한 궁금증에서 비롯되기 때문입니다. '왜'는 감정 이입의 관문입니다. 브래너먼이 말의 감정을 읽으며 '왜 싫어하지?'라고 묻듯 말입니다.

눈치
nunchi

때려 잡지 말고 따뜻한 마음으로

초등학교 때 여름 방학 숙제로 곤충 채집이 있었습니다. 평상시 숙제라곤 해본 적이 없었는데 곤충 채집만큼은 재미있을 것 같아 하기로 마음먹었지요. 그런데 매일마다 뛰어놀다 보니 숙제는 까맣게 잊고 어느덧 개학이 내일로 다가왔습니다. 부랴부랴 잠자리채를 들고 메뚜기, 방아깨비, 하늘소, 사슴벌레, 매미, 잠자리 등 닥치는 대로 잡아 와 와이셔츠 상자에다 골판지를 깔고 곤충들을 핀으로 꾹꾹 고정해 숙제를 무사히 마쳤습니다. 이튿날 여름 방학 숙제를 선보이는 전시회가 열렸습니다. 다른 아이들의 곤충은 조용한데 제가 채집한 곤충들은 현 상황을 이해하지 못한다는 듯이 잠자리는 고개를 갸우뚱거리고 하늘소는 더듬이를 부산스럽게 움직였습니다. 자세히 보니 곤충들의 관절이란 관절이 모두 움직이고 있었습니다. 그때 등 뒤에서 담임 선생님이 "숙제는 했구나" 하시며 저의 어깨를 두드려주셨습니다. 저는 그때 몸 둘 바를 몰랐습니다. '는'과 '를'의 차이를 처음으로 눈치 챘기 때문입니다.

눈치 없이 사회생활이 가능할까요? 우리 사회에서 눈치 없이 살다가는 왕따 당하기 쉽고 성공하기도 어렵습니다. 재미있는 것은 외국말에 우리말 '눈치'에 딱 들어맞는 말이 없다는 점입니다. 가장 적절한 영어 표현은 sense나 wit일 텐데 눈치에 대응하기에는 뭔가 부족한 느낌이 듭니다. 눈치는 우리나라 고유의 말로 "눈에 띄지 않게 다른 이의 기분을 잘 알아채는 미묘한 기술"을 가리킵니다. 이 기술을 잘 활용하면 상대방의 겉모습만 보고도 화가 났는지, 기분이 좋은지, 우울한지 알아챌 수 있습니다. 석가모니가 연꽃을 들었을 때 수석 제자인 마하가섭이 미소를 지었다는 데서 유래한 용어인 염화미소拈華微笑처럼, 눈치는 비언어적 의사소통 방식이지만 한국에서는 눈치가 없으면 살아가기 힘듭니다.

우리나라에서 눈치가 특별히 발달한 이유는 무엇일까요? 국가적으로는 강대국들 틈에서 살아남기 위해서, 개인적으로는 치열한 경쟁에서 살아남기 위해서일 수도 있습니다. "눈치가 빠르면 절간에 가서도 새우젓을 얻어먹을 수 있다"는 속담이 있듯이 눈치는 어느 모로 보나 참 유용한 감각 기술입니다. 눈치가 유용하려면 속도가 빨라야 합니다. '눈치가 없다'의 반대말이 '빠르다'로 표현되는 것을 보면, 눈치가 빠를수록 사회생활의 성공 확률이 높아집니다. 어찌 보면 우리도 토끼나 참새처럼 여린 몸으로 세상을 살고 있으므로 눈치가 있어야겠지요. 어떨 때는 눈치꾸러기들이 측은하게 느껴지기도 하지만 눈치가 우리의 생존 가능성을 높여준다는 사실은 부인할 수 없습니다.

저도 곤충 채집 사건 때 큰 충격을 받았나 봅니다. 당시 초등학교 4학년, 열한 살이었으니 사회적 인지 능력은 물론이고 생태 인지 능력도 없었겠지요. 그 뒤로도 계속 눈치 없이, 평생을 자영업자로 구물구물 살아왔습니다. 이렇게 살아남아 글을 쓰고 있는 것을 보면 스스로 대견하기도 합니다. 그렇지만 낚시나 사냥처럼 취미로 하는 살생은 하지 않아요. 제가 눈치를 본다면 그건 오로지 자연의 감정일 것입니다. 미국의 교육심리학자 로버트 셀먼은 남의 감정과 행동을 그 사람의 관점에서 이해하고 수용하는 능력을 다섯 단계로 나누고, 이것을 조망 수용 능력Perspective Taking Ability이라고 불렀습니다.

- 0단계, 미분화 조망 수용: 타인의 기분도 자기중심적으로 해석하며 다른 사람이 자신과 다른 관점을 지닐 수 있다는 것을 이해하지 못합니다.
- 1단계, 사회 정보 조망 수용: 타인의 생각이 나와 다를 수 있다

고 생각하지만 정확히 구분하지는 못합니다.
- 2단계, 자기반성 조망 수용: 타인이 자신과 다른 관점을 지닐 수 있다는 것을 이해하고, 타인이 자신을 어떻게 보는지 생각하기 시작합니다.
- 3단계, 상호 작용 조망 수용: 제3자의 입장에서 자신과 타인의 입장을 이해합니다. 이것은 개인 간의 관계를 외부에서 관찰자의 시점으로 볼 수 있다는 것을 의미합니다.
- 4단계, 사회 조망 수용: 내가 타인을 완전하게 이해할 수 없다는 것을 인정하고 사회적·문화적·윤리적 맥락에서 생각하는 능력을 발달시킵니다.

셀먼의 조망 수용 이론은 연령에 따라 자신과 다른 사람들의 감정, 생각, 동기를 어떻게 이해하고 해석하는지에 관한 중요한 통찰을 제공합니다. 여기서 셀먼의 이론과 달리 단계별로 연령을 기재하지 않은 것은 성인인데도 눈치 없이 사는 사람이 있기 때문입니다. 같은 맥락에서 이 이론을 생태계로 확장하여 단계를 나누어보는 것도 좋을 듯싶습니다. 조망 수용 능력을 '생태 인지 능력'으로 바꾸어 자연의 감정을 읽는 다섯 단계로 나누면 다음과 같습니다.

- 0단계, 미분화된 생태 수용: 도시에서 태어나 자연에 대한 교육을 거의 받은 적이 없으며 벼를 쌀나무라고 부르고 인공 환

경을 자연적이라 생각합니다. 이들은 도시를 떠나 만나는 자연은 더럽고 불편하다고 생각합니다.
- 1단계, 교육으로서의 생태 수용: 교육을 통해 풀과 나무의 차이점 정도는 알고 있으며 막연하게 자연의 중요성을 인식하고는 있으나 가까이 다가가려고 하지는 않습니다.
- 2단계, 체험으로서의 생태 수용: 사회로부터 자연 친화적인 생활을 배워 익혀왔으며 소나무와 잣나무 정도는 구분하고 마음속으로는 자연으로 나가 체험을 하고 싶어 합니다.
- 3단계, 동반자로서의 생태 수용: 주말이면 자연을 접하며 주변의 새들과 곤충과 식물의 이름을 꽤 많이 알고 있고, 자연의 고귀함을 인식하고 자연을 동반자로 삼으며 보호하려는 마음이 있습니다.
- 4단계, 영성으로서의 생태 수용: 자연 환경과 생태계는 우리와 공존해야 할 대상으로 인식하고, 자연에 사는 모든 생물·무생물과 교감을 이루며, 자연에서의 영성 체험을 고귀한 것으로 여깁니다.

자연은 우리에게 말을 걸어옵니다. 사물을 비롯하여 살아 있는 모든 것들은 그 나름대로 표정이 있고 스스로 자신의 상태를 표현합니다. 하지만 우리는 이를 눈치 채지 못합니다. 생태 인지 능력이 낮은 단계에 머물기 때문입니다. 생태 인지 능력은 조망 수용 능력에 비해 단계를 높이는 데 어려움이 많습니다. 사람에게는 공막(눈의 흰 부분)이 있어서 상대의 기분을 눈치 채기 쉽다고 합니다.[3] 하지만 자연에는 그렇게 하지 못합니다. 눈을 크게 뜨고 뚫어지게 쳐다봐도 알 수 없지요. 그래서 자연의 언어를 해독하기 위해서는 눈치보다 따뜻한 마음이 필요합니다.

  생후 3개월밖에 안 된 신생아는 울어도 눈물이 나오지 않는다고 합니다. 눈물샘이 발달하지 않았기 때문이죠. 신생아가 눈물을 흘리지 않는다고 눈치 없이 아프지 않다고 말할 사람은 없습니다. 아기가 울면 무조건 보듬어줘야 합니다. 야생의 동식물이 눈물을 흘리지 않는다고 해서 그들이 아프지 않을 것이라고 생각하지 마세요. 속으로 우는 울음이 더 깊습니다. 진짜 슬프면 오히려 웃음이 나는 것처럼요. 자연에서 상대의 아픔을 눈치 채려면 생태감수성이 풍부해야 가능합니다. 우리는 생태 인지 능력을 최대치로 끌어올려야 하는 시대에 살고 있습니다. 생태계 파괴로 인한 자연의 역습이 현실이 된 상황에서 올바른 길을 찾으려면 눈치로 '때려 잡지' 말고 따뜻한 마음으로 우리가 사는 곳을 들여다보아야 합니다. 그러면 생태감수성도 피어납니다.

생태감수성
ecological sensitivity

내 안에 있는 너를 만나기 위해

꽃아~ 너를 꺾어도 되겠니?
아니~ 난 아직 어려
잎사귀야~ 너를 따도 되겠니?
그래~ 너를 위해서
그럼 나는 미안한 질문을 해서 미안해.

녹색교육센터에서 엮은 동시집 『모든 것이 시가 되어요』에 수록된 이시현 어린이의 「미안한 질문」[4]이라는 시 전문입니다. 짤막하지만 어린아이가 아니라면 도저히 쓸 수 없는 글입니다. 꽃송이를 앞에 두고 망설이는 어린아이의 마음을 훔쳐보고 여러분은 어떤 생각이 드나요? 자연 앞에서는 아이가 어른의 스승이라는 말이 새삼 떠오릅니다. 우리는 어른이 아이에게 가르칠 것이 많다고 생각합니다. 그러나 아이가 어른에게 가르칠 때도 있는 것이지요.

아이들은 가식 없이 자신의 감정을 솔직하게 표현하고 호기심 가득한 눈망울로 세상을 탐색합니다. 대부분의 어른들은 대상을 보는 것에 만족할 뿐이지만, 아이들은 별다른 노력 없이 자연의 참모습을 읽습니다. 생태감수성이란 이렇게 자연의 참모습과 마주할 수 있는 능력이라고나 할까요? 인간과 자연을 나누어 바라보지 않고, 사람이 자연의 지배자가 아닌 생태계의 일부분이라는 점을 인정하며, 각각의 생물체가 고유한 방식으로 세상을 지각하고 있다는 것을 아는 일입니다. 다람쥐, 참새, 메뚜기, 잠자리, 개, 고양이, 풀과 나무가 어떻게 세상을 감각하는지 알기 위해 그들의 감각 기관으로 감정 이입을 할 때 아이들처럼 생태감수성이 풍부한 상태가 됩니다.

우리는 숲길에서 마음의 평화를 찾고, 바다를 바라보며 분노를 가라앉히며, 새들의 노랫소리를 들으며 상쾌함을 느낍니다. 그런데 과학은 오래전부터 자연에서 느끼는 즐거움은 감상적인 환상이라고 가르쳐왔습니다. 그렇게 우리는 자연의 아름다움과 서정성을 배제하고 객관화할 수 있는 인식만 선호한 채 그것만이 진실이라고 믿어온 것이지요. 이러한 교육은 생태감수성을 무시하는 결과를 낳았습니다. 산업혁명 이후 인간이 생태계에서 고립된 것은 인간의 본성 때문이 아니라 인간과 자연이 분리된 데서 비롯된 결과입니다. 사람들이 자연을 찾는 이유는 자기 안의 무엇인가를 잃어버렸다고 생각하기 때문입니다. 심리학자들은 자연으로부터의 소외가 인간에게 상실감을 느끼게 하고 우울증 같은 심각한 질환으로 이어진다고 강조합니다. 이처럼 자연과 분리된 상태에서 벗어나기 위해서는 생태감수성을 길러 자연의 가치를 느끼며 '내 안의 또 다른 너'를 만나야 합니다.

생태감수성을 지닌 사람들은 모든 생명체가 공존할 수 있는 건강한 환경을 유지하는 데 필요한 가치를 구현하기 위해 행동합니다. 지구 환경 문제를 거시적이면서도 실천적인 측면에서 해결하려고 노력하고, 자연과 자신의 삶이 깊게 연결되어 있다는 것을 이해하며, 주변의 다른 생명체에 대한 사랑과 존중을 표현합니다. 이들은 생태계에도 깊이 공감하며 모든 것이 어떻게 연결되어 있는지를 살펴보고, 특정 새나 식물의 부재와 같은 현지 생태계의 미묘한 변화에 주목하기도 합니다. 환경 윤리를 따르는 제품을 구입하거나 일회용품 사용을 피하고, 지금 세대와 미래 세대가 어떻게 하면 공존할 수 있는지를 모색합니다.

생태감수성을 쭉쭉 올리려면 우선 일상에서 자연과 직접적으로 접촉하는 것이 중요합니다. 알면 사랑하게 된다는 말이 있지요. 산책이나 캠핑, 텃밭 가꾸기처럼 다양한 야외 활동을 하거나 집 안에

작은 화분을 들이거나 화단을 만들어 상추, 깻잎, 방울토마토 등을 직접 재배해보세요. 식물의 성장 과정을 보면서 식물과 자연에 대해 호기심이 생기고 그것들을 조금씩 알아가게 됩니다. 주변의 식물들을 관찰하고 식물도감을 만들거나 버려진 땅에 꽃씨를 뿌리고 식물들의 생태를 알아가다 보면 생태감수성이 쑥쑥 올라가며 식물과 하나가 되는 경험을 하게 됩니다.

또 다른 방법은 대상과 일체화되는 것입니다. 시인들은 시를 쓰기 위해 대상과의 일체화를 통해 그것에 몰입합니다. 일체화의 방법 중에는 의인화 기법이 있습니다. 의인화 기법은 자연과 인간의 관계를 새롭게 정립하고자 하는 시도입니다. 조이스 킬머의 시 「나무」 중 "단물 흐르는 대지의 젖가슴에 마른 입술을 내리 누르고 서 있는 나무, 온종일 신神을 우러러보며 잎이 무성한 팔을 들어 기도하는 나무"라는 표현에서 나무는 마치 사람과 같은 존재가 됩니다. 사람들은 자연과 소통하고자 하는 욕구를 지니고 있습니다. 자연을 의인화하며 자연의 목소리를 인간의 언어로 번역하고 자연이 전하고자 하는 메시지를 해석함으로써 자연과 깊이 교감할 수 있게 됩니다.

생태감수성은 생태계가 환경 변화에 얼마나 민감하게 반응하는지를 알아차리는 능력입니다. 예를 들어 기후 변화는 해수면의 상승, 폭염, 홍수 같은 형태로 나타날 수 있으며, 이러한 변화는 생물 다양성에 심각한 영향을 미칠 수 있습니다. 환경 변화에 대응하기 위해 생물체들은 적응하거나 이주하거나 멸종하는 것을 선택해야 합니다. 우리의 행동 하나하나가 지구의 생태계뿐 아니라 우리 자신과 미래 세대에도 영향을 미친다는 사실을 많은 이들이 알면서도 모른 척합니다. 하지만 생태감수성이 풍부한 사람들은 생태계를 위한 행동에 적극적으로 나서며 모든 생명체가 지속 가능하게 공존할 수 있는 환경을 유지하기 위해 노력합니다.

더 늦기 전에 지구 환경 문제를 우리 자신의 문제로 바라보기 위해서는 적절한 앎이 필요합니다. 그것은 인지적 방법과 체험을 통해서 가능합니다. 어른들은 그동안 잘못 인식되어온 관념에서 벗어나 자연과 맺는 관계를 새롭게 정립하고 생태감수성을 키워야 합니다. 잘 안 되면 어린아이 시절로 돌아가면 됩니다. 이시현 어린이가 꽃에게 물어보는 것처럼 동심으로 돌아가 세상을 바라보면 내 안에 있는 나를 다시 만날 수 있지 않을까요?

움벨트

umwelt

나무의 눈으로 세상을 본다면

커다란 떡갈나무 한 그루가 들판을 마주하고 있습니다. 나이를 먹은 탓인지 가지가 하늘을 떠받칠 듯 우람합니다. 밑동에는 동굴 같은 구멍이 파였고, 가지에는 딱따구리가 쪼아서 생긴 구멍이 보이네요. 저녁이 되니 여우가 살금살금 와서 나무 밑동에서 하룻밤을 지내려는지 사방을 살펴봅니다. 여우는 가지 위까지 살펴볼 필요가 없습니다. 나무 위쪽은 여우의 '움벨트' 속에 존재하지 않기 때문입니다. 한편 가지의 구멍 속에서는 곤줄박이가 새끼를 키우고 있습니다. 여우와 반대로 곤줄박이는 밑동의 구멍에 관심이 없습니다. 여우와 곤줄박이는 한 나무에 있으면서도 같은 경험을 공유하지 않으므로 함께 살고 있다고 할 수 없습니다.[5]

독일어 um(둘러싸인, 주변)과 welt(세계, 환경)의 합성어인 움벨트Umwelt는 직역하면 '주변 환경', 즉 나를 둘러싼 환경이나 각자가 경험하는 세상을 가리킵니다. 따라서 움벨트는 자기중심적 세계에 해당합니다. 자기중심적 세계란 단 하나의 시공간만이 존재하는 것이 아니라 생명체에 따라 수많은 시간과 공간이 존재한다는 뜻입니다. 동일한 환경 속에 살면서도 동시에 경험되는 세계는 없습니다. 각자가 독특한 움벨트 속에서 살아가기 때문입니다. 따라서 움벨트는 모든 동물이 공유하는 경험이 아니라 개개의 동물들의 감각 세계에서 비롯됩니다.

그렇다면 사람의 움벨트에서 떡갈나무는 어떻게 보일까요? 인간에게 떡갈나무의 움벨트는 사람마다 문화마다 달라지고, 시간에 따라서도 다르게 변합니다. 바로 이 점이 사람과 동물의 다른 특성입니다. 한국 사람들에게는 도토리묵이 떠오르겠지만 미국의 원주민들은 떡갈나무를 힘 센 장수이자 식량의 근원으로서 숭배했습니다. 고대 로마 시대 켈트족의 종교인 드루이드교 성직자들은 영혼이 머무는 곳으로 여기고 떡갈나무가 있는 숲에서 숭고한 의식을 치렀습니다. 한편 어린아이에게 떡갈나무는 요정이 사는 마법의 세계일 것이고, 도시 사람들에게는 휴식의 장소가 될 것입니다.

움벨트라는 용어를 규정한 생태학자 야콥 폰 윅스퀼은 이렇게 말합니다. "떡갈나무는 많은 동물들이 살면서 백여 가지의 다양한

움벨트를 꾸리는 대상이 된다. 한때 이러했다면 또 다른 때에는 저러할 수도 있는 것이다. 똑같은 부분이라도 어떤 때는 넓게 보이고 어떤 때는 작게 여겨지기도 한다. 떡갈나무의 목재 또한 딱딱할 때도 있고 부드러울 때도 있다. 나무가 보호해줄 때도 있고 위협할 때도 있다."[6] 그렇다면 어떤 것이 진짜 떡갈나무냐고 질문하면 안 됩니다. 진정한 답을 얻으려면 질문부터 고쳐야 합니다. "떡갈나무는 왜 누구의 움벨트에서는 커 보이고 누구의 움벨트에서는 작아 보일까? 왜 어떤 동물은 떡갈나무를 딱딱하게 여기고 또 어떤 동물은 부드럽게 여길까?"라고 질문해야 합니다. 이렇게 질문할 수만 있다면 세상은 다르게 보일 것입니다. 실제로 우리는 자연에 대해서 거의 알지 못합니다. 겨우 인간의 입장에서 바라보면서 질문을 던질 뿐이지요. 충분한 여유를 지니고 실제로 눈앞에 보이는 생물들이 어떻게 감각하며 사는지 관찰한다면 정말 가치 있는 일이 될 것입니다.

움벨트는 사람과 사람 사이에서도 다르게 나타납니다. 사람마다 서로의 감각 기관이 다르기 때문입니다. 연암 박지원의 책 『그렇다면 도로 눈을 감고 가시오』에 나오는 이야기를 보면 어떤 사람이 길에서 통곡을 하고 울더랍니다. 이유를 물어본즉, 자신은 평생토록 앞을 보지 못하고 살았는데 갑자기 눈이 떠지더라는 것입니다. 그럼 경사 날 일인데 왜 우느냐고 물으니 평생 걸음 수를 세고 냄새를 맡으며 더듬더듬 집을 찾아갔는데 갑자기 눈이 떠지니

아무것도 알 수 없는 세상이 되었다는 것입니다.[7] 이런 이야기를 통해 후각, 청각, 시각, 촉각에는 사람마다 큰 차이가 있고, 동물로까지 확장해서 생각해보면 우리는 동물과도 서로 다른 세상을 살고 있다는 것을 알게 됩니다.

사람과 동물의 감각 기관을 비교해보면 개는 사람보다 후각 기능이 1만 배 뛰어나고, 매는 사람보다 4~8배 더 멀리 볼 수 있으며, 모기는 10미터 떨어진 곳에서도 사람들이 나누는 대화 소리를 들을 수 있다고 합니다. 영장류를 제외한 대부분의 포유류는 색깔을 잘 구분하지 못하고 미생물들은 독특한 방법으로 주변을 인식합니다. 나무들은 세상을 어떻게 볼까요? 나무도 세상을 봅니다. 우리와 같은 눈으로 보는 것이 아니라 식물에 있는 단백질 색소인 피토크로뮴Phytochromium으로 밝고 어두움을 감지합니다. 그렇다면 나무는 나를 어떻게 볼까요? 나를 보는 것이 아니라 나로 인해 생긴 그림자, 즉 어두움을 봅니다. 눈을 감고 밝고 어두운 것을 느껴보십시오. 그러면 잠시 나무가 되어볼 수 있으니까요.

움벨트는 저마다의 생명체가 자기중심적이고 주관적인 관점을 지니고 있음을 인정하도록 이끄는 중요한 개념입니다. 움벨트의 관점을 따르면 인간의 단일한 척도에 따라 생물들의 인지를 비교하는 우를 범하지 않을 수 있습니다. 동물과 식물의 감각에서 주요한 차이점은 인식 범위 및 환경과 상호 작용하는 방식에 있습니다. 동물은 일반적으로 식물에 비해 더 복잡한 감각 시스템을 지니고 있고, 종종 고도로 발달한 신경계와 연결되어 자극에 대한 신속한 반응을 유도합니다. 반면에 식물은 제한적입니다. 식물은 눈이나 귀와 같은 감각 기관이 없지만 빛, 중력, 온도, 접촉, 화학적 신호의 변화를 감지하며 그에 따른 성장을 유도하기 때문에 서로 다른 움벨트 속에서 삽니다. 특히 표현에 인색한 나무를 이해하기란 쉽지 않습니다. 적어도 나무를 치료하려는 사람들에게 나무의 움벨트를 이해하는 일이야말로 가장 중요한 능력이 아닐까요?

공감

sympathy

아프냐고 묻지 않는다

"한 소년이 나무 밑에 앉아 농부가 밭을 가는 것을 지켜보았습니다. 쟁기가 땅을 갈아엎을 때마다 많은 벌레가 죽었습니다. 죽은 곤충을 자세히 보던 소년은 곤충이 자기 자신 같다는 생각이 들었고 곧이어 걷잡을 수 없는 슬픔에 사로잡혔지요. 곤충의 죽음에 공감하는 순간 알 수 없는 희열이 밀려왔습니다. 소년은 자신도 모르게 가부좌를 틀고 선정에 들었습니다." 이 이야기는 가우타마 싯다르타의 어린 시절, 타자의 고통에 공감하는 순간 깨달음을 얻게 되는 장면을 묘사한 것입니다.

우리는 공감 덕분에 타인의 기분을 읽을 수 있습니다. 공감이란 상대방이 어떻게 느끼고 생각하는지 이해하는 마음의 영역입니다. 공감은 감정의 흐름을 따라 타인에게로 건너가는 다리와 같습니다. 아기가 배고파 울 때 엄마가 아기의 배고픔에 공감하지 못하고 젖을 물리지 않았다면 포유류의 역사는 쓰이지도 않았겠지요. 종을 보존하고, 타자를 이해하며, 서로 간의 신뢰를 증진하고 지속 가능한 사회를 만들어나가는 데 공감은 필수적인 요소입니다.

공감은 어떻게 해서 일어날까요? 이탈리아의 신경과학자 집단이 원숭이를 대상으로 해 실험을 하는 도중 우연히 중요한 발견을 이루었습니다. 원숭이의 머리에는 미세한 전극들이 부착되었는데 원숭이가 땅콩을 집어 들 때마다 특정 부위가 활성화되었습니다. 그런데 한 연구원이 땅콩을 집어 들 때에도 원숭이의 특정 부위가 활성화되었습니다. 마치 원숭이 자신이 땅콩을 집어 든 것처럼 전극이 반응한 것입니다. 연구원들은 그 특정 부위의 뇌세포에 '거울 신경세포 Mirror Neuron'라는 이름을 붙여주었습니다. 이 실험은 공감이 마음의 영역이 아니라 뇌의 영역이라는 사실을 알려준 커다란 사건입니다.[8]

거울 신경세포는 우리가 다른 사람의 행동을 볼 때 활성화됩니다. 예를 들어 다른 사람이 바늘에 찔려 피가 난다면 관찰자는 그 순간 자신이 바늘에 찔리는 기분을 떠올리고, 관찰자의 뇌에서는 실제로 고통을 느끼는 사람과 동일한 신경세포가 활성화됩니다. 그렇다면 우리의 뇌는 왜 진화의 과정에서 타인의 고통을 경험하도록 설계되었을까요? 첫 번째 이유는 고통을 간접적으로 경험하게 함으로써 피해야 할 것을 알려주기 위함이고, 두 번째 이유는 고통을 겪고 있는 당사자에게 도움을 주도록 동기를 부여하기 위함입니다. 다른 사람의 도움을 받은 누군가가 그 사람의 선의에 공감하며 또 다른 사람을 돕는 선순환이 반복된다면, 그 사회가 속한 구성원들의 생존 가능성이 높아집니다.

공감 능력이 발달하면 좋은 점이 많습니다. 공감은 단순히 타인을 이해하는 것을 넘어서, 우리가 더 건강하고 행복한 삶을 살 수 있게 도와주는 중요한 능력입니다. 공감은 상대가 어떤 기분인지, 이제 곧 어떤 행동을 하게 될지를 직관적으로 감지하도록 해주어 이로 인해 깊이 있는 인간관계를 형성할 수 있도록 합니다. 공감은 갈등을 해결하고 리더십을 길러줄 수도 있습니다. 공감 능력이 뛰어난 리더는 상대방의 관점을 이해하여 적절한 해결책을 찾아주고 팀원들의 요구를 받아들여 그에 따른 결정을 내립니다. 공감은 우리를 정서적으로 안정되게 하고 스트레스 해소에도 효과적입니다. "아픔을 나누면 절반이 된다"는 말이 있듯이 누군가 옆에서 슬픔과 걱정을 나누어주면 아픈 마음이 반으로 줄어드는 것을 경험해보셨을 테니까요.

공감은 역설적이게도 환경 문제에도 영향을 미칩니다. 『공감의 시대』의 저자 제러미 리프킨은 공감이 엔트로피를 증가시키는 이유 중 하나라고 강조합니다. 리프킨에 따르면, 인간 사회의 핵심이 된 공감은 개인과 사회, 그리고 문화 전반의 에너지를 재분배하고 연결시키는 방식으로 작동하며, 이 과정에서 더 많은 에너지가 소비되면서 엔트로피가 증가합니다. 이것이 리프킨이 주장한 '공감의 역설'입니다. 다시 말해 공감이 문명을 키우고, 문명이 엔트로피를 증가시켰다는 것입니다.[9] 약간 황당한 비약 같지만 생각해보면 그리 틀린 말도 아니지요.

제러미 리프킨은 공감의 역설을 해결하기 위해서는 더 높은 차원의 공감이 필요하다고 말합니다. 높은 차원의 공감이란 인류를 넘어 다른 생명체들에게까지 공감을 확장하는 것입니다.[10] 기후 변화로 인해 생물 종이 빠르게 사라지고 있는 지금, 공감의 한계를 다양한 생물 종에게로 확장한다면 기후 문제를 해결할 수 있을지도 모릅니다. 생태계에 대한 공감은 우리가 지구의 다른 생명체들이 살고 있는 환경을 이해하고 존중하는 능력이니까요. 한 세대 전만 해도 동물 윤리 운운하면 괴짜 취급을 받았지만, 이제 자연에 대한 연민을 넘어 공감으로 마음을 확장해야 한다는 주장도 무리가 아닙니다.

생태와 공감은 붙어 다니기를 좋아합니다. 생태공감 마당, 생태공감 교육, 생태공감 놀이, 생태공감 여행, 생태공감 전시회같이 생태와 공감은 금슬 좋은 부부처럼 붙어 다녀도 어색하지 않고 당연하게 보입니다. 왜 그럴까요? 생태계는 스스로 살아가는 데 부족함이 없지만 인간의 개입 때문에 절룩거립니다. 공감이 생태에 바짝 붙어 부축하면서 걸어가야 생태계가 아름다워집니다. 생태계와 공감은 접착제로 바짝 붙여야 엔트로피가 증가하지 않으며 환경 문제도 자연스럽게 해결됩니다. 싯다르타처럼 공감을 만물에까지 확장하기는 어렵겠지만, 한 발짝이라도 다가가 생태계를 관찰하다 보면 어느덧 사회에서 받은 피로는 사라지고 행복감이 밀려올 것입니다. 그런 측면에서 생태공감이야말로 공감이 주는 최대의 축복 아닐까요?

게으름
laziness

달콤한 열매

게으른 마음속에 악마가 깃들기 쉽다. 게으름은 마귀의 베게다. 게으름은 지치기도 전에 쉬는 버릇이다. 게으르면 이가 서 말이다. 게으름뱅이는 시간을 낭비하는 것이 아니라 자기 자신을 낭비한다. 사탄은 늘 게으른 손이 저지를 해악을 찾아낸다……. 게으름에 대한 속담은 누가 지어냈을까요? 사람은 일하려고 태어났나요? 노동 집약적인 문명이 사라지고 기계의 생산력 덕분에 인류는 과거보다 훨씬 더 적게 일하고도 풍요로운 삶을 누릴 수 있게 되었는데도 왜 아직도 '노동은 선하고 게으름은 악하다'는 생각이 지배적인 것일까요?

게으름을 부정적으로 여기는 이유는 사회가 생산성과 효율성을 중시하기 때문입니다. 전통적으로 우리 사회는 일을 통해 가치를 창출하고 개인적 성취를 이루며 사회에 기여한다고 믿어왔고, 게으른 사람은 이러한 가치 창출에 적극적으로 참여하지 않는다고 여겨져 부정적인 평가를 받아왔습니다. 게으름은 책임감이나 의지력의 부족으로 해석될 수도 있습니다. 책임감 있는 행동과 강한 의지력은 사회적으로 높이 평가되기에 이러한 관점에서 게으름은 개인의 능력이나 성격의 결함으로 비춰질 수 있습니다.

게으름은 인간의 본성입니다. 일례로 구석기 시대의 생활 방식을 유추해보면 이 말은 그리 어렵게 들리지 않습니다. 당시의 인류는 사냥과 채집하는 시간을 제외하고는 빈둥빈둥 놀았을 테니까요. 채집이나 사냥은 고도의 집중력과 체력을 요구하기에 에너지 보존을 위해 빈둥거리는 것이 당연한 일이었겠지요. 물가의 오리를 보더라도 대부분의 시간을 모래톱에서 웅크리며 보내고, 사자는 들판을 굽어보며 쉬고 원숭이들은 털 고르기를 하거나 가족과 스킨십을 하며 시간을 보냅니다. 현대에 이르러서도 이러한 본능은 여전히 우리 안에 존재합니다. 우리는 활동이 필요하지 않을 때 몸을 움직이지 않으려는 경향을 보입니다. 현대 사회는 게으름을 긍정적으로 받아들이지 않겠지만요.

인류 역사에서 축의 시대 Axis Age로 불리는 기원전 900년~기원전 200년경은 종교와 철학 사상이 급격히 발전한 시기입니다. 축의 시대에 서양에서는 소크라테스, 플라톤, 아리스토텔레스가 살았고 동양에서는 공자, 맹자, 노자가 살았는데 이들에게는 모두 뚜렷한 직업이 없었다는 공통점이 있습니다. 당시 노동은 노예나 노비들 몫이었지요. 게으름에서 위대한 사상이 탄생한 것입니다. 미래에 노동은 인공 지능이나 로봇의 몫이 될 것입니다. 기술 발전에 힘입어 반복적이고 단순한 작업이 자동화되자 유연한 근무 환경이 보편화되고 이에 따른 개인의 행복과 웰빙도 중요시되고 있습니다. 노동의 형태가 바뀌며 전통적 의미의 게으름에서 놀이와 일의 경계가 모호한 '신개념의 게으름'[11]으로 전환하는 것이 필요합니다. 여가 시간이 늘어나면서 모두가 창의적이고 혁신적으로 자신만의 삶의 의미를 꾸릴 수 있도록 말이지요.

창의적 생각에 잠긴 게으름, 해야 할 일을 회피하는 게으름, 계획적 게으름, 분석적 게으름까지 다양한 유형의 게으름이 있습니다. 번아웃burnout에서 오는 무기력증은 제외하겠습니다. 계획적이거나 분석적인 게으름은 바쁜 일상에서 벗어나 의식적으로 아무 것도 하지 않는 시간을 보내는 일입니다. 어떤 사람은 결정을 내리기 전에 깊이 생각하고 분석하는 데 시간을 많이 소비합니다. 이 과정에서 실제 행동으로 옮기는 것이 지연되며 남들 눈에 게으르게 비춰지기도 합니다. 자신이 게으르다고 생각하는 사람은 자신이 어떤 게으름의 유형에 속하는지 정의를 내려보는 것도 재미있을 일입니다.

게으른 사람은 시간의 진정한 주인이 됩니다. 시간은 모든 사람에게 공평하게 주어지는 자원이지만 어떻게 사용하는지에 따라 다른 삶을 살게 합니다. 부지런한 사람들은 남들보다 많이 일하고, 많이 공부하고, 많이 노력하지만 남들보다 적은 성과를 낼 수도 있습니다. 왜냐하면 그들은 그 많은 일을 하기 위해 자신에게 주어진 얼마 안 되는 시간을 쪼개서 사용할 수밖에 없기 때문입니다. 반면 게으른 사람들은 시간 부자입니다. 일과 가족, 친구, 취미 사이의 시간을 잘 분배하므로 시간을 여유롭게 관리합니다. 게으름은 단순히 무기력한 태도가 아니라 삶의 질을 높이고 인생을 더욱 풍요롭게 만드는 행복의 지름길입니다.

게으르다고 여기는 행동이 실제로는 창의적인 문제 해결에 필요한 과정일 수 있습니다. 창의적인 사람과 게으른 사람 사이에는 예상치 못한 연결 고리가 존재합니다. 일상적인 틀에 얽매이지 않고 자신만의 속도로 생각하고 행동하는 사람은 내적으로 활발한 사고 과정을 거치고 있는데도 게으른 사람처럼 보일 수 있습니다. 한가롭게 물살을 가르는 듯한 오리가 실제로는 물속에서 오리발을 분주하게 움직이는 것과 같습니다. 이들의 게으름은 창의적 사고와 혁신을 위한 공간을 마련하는 과정일 수 있습니다. 이런 게으름은 전통적인 노동 관념을 넘어서는 새로운 관점을 제공하며, 우리로 하여금 창의성과 게으름 사이의 경계를 다시 생각해보게 합니다.

게으른 사람 중에는 유용하지 않은 지식에 진심인 사람도 있습니다. 그들은 실용적이거나 일상에 맞닿아 있는 주제를 적극적으로 다루기보다는 사소하거나 당장은 필요 없는 비필수적인 정보로 자신을 채우는 사람들입니다. 이러한 지식에 대한 탐구는 휴식의 형태로도 볼 수 있습니다. 몸에 휴식이 필요한 것처럼 마음 또한 휴식이 필요한데 유용하지 않은 생각을 하면서 쉬는 것이지요. 그러나 이들이 추구하는 지식은 철학, 예술, 문화, 생태계에 대한 이해력을 높이는 데 중요한 바탕이 됩니다.

게으름과 생태감수성은 떼려야 뗄 수 없는 관계를 맺고 있습니다. 생태감수성의 확장이 게으름을 전제로 하기 때문이지요. 가령 새 둥지에서 방금 떨어진 새끼를 주워 집으로 왔다면 아주 느린 시선으로 새끼를 관찰해야 합니다. 먹이를 주거나 운동을 시키려면 엄마가 아기를 살피듯 세심하게 지켜보며 모든 신경을 집중해야 합니다. 심지어는 우리 몸의 관절을 이루는 모든 조직을 이완시키고 관절 없이 움직일 수 있는 눈동자까지 동원해 정지 화면처럼 응시해야 새끼를 살릴 수 있습니다. 게으르지 않으면 불가능한 일이지요. 게으름

은 지구를 위한 일이기도 합니다. 자동차나 비행기처럼 속도가 빠른 운송 수단보다 자전거를 타거나 걷는 일은 자연과 더 깊게 연결되도록 합니다. 현대 사회는 편리함과 높은 생산성을 추구하지만 이것은 지구의 부양 한계를 앞당길 뿐입니다. 게으름은 이러한 패턴을 끊고 우리가 모두를 위한 더 나은 선택을 할 수 있는 기회를 제공합니다. 게으름을 단순히 나쁜 습관으로 여기지 말고 지속 가능한 삶을 위한 중요한 도구로 받아들이면 좋겠습니다. 모든 일에 원인이 있으면 결과가 있듯 게으름도 열매를 맺습니다. 여러분도 게으름이라는 도구를 잘 활용하여 나쁜 열매가 아닌 달콤한 열매를 주렁주렁 맺으면 좋겠습니다.

경쟁
competition

당뇨병처럼 적절하게 조절하고 관리해야 할 대상

평생 경쟁 없이 살아온 사람이 있다면 믿으실까요? 운 좋게도 필자가 그런 삶을 살았습니다. 초등학교와 중학교에 다닐 때 성적이 중하위권에 머물렀다는 것은 누구와도 경쟁하지 않았다는 증거이고, 중학교를 졸업하고 바로 원예 농장에서 도제 생활을 시작했으니 경쟁으로 이루어진 교육이 얼마나 괴로운 일인지도 몰랐습니다. 이후 농사를 짓고 나무를 치료하며 틈만 나면 산에 가서 살았습니다. 숲 생태학에도 관심이 있어 책을 읽으며 숲을 관찰하러 다닌 것이 전부인 삶을 살아온 것이지요. 좋아하는 것이 직업이 되었고 경쟁으로 인한 열등감을 느껴본 기억이 없습니다. 막상 경쟁에 대한 글을 쓰려니 경쟁을 겪어보지 않아 당연히 떠오르는 것이 없어서, 고민하다 알피 콘의 『경쟁에 반대한다』를 읽고는 책과 같은 결심을 했습니다. 경쟁이 얼마나 사람을 피폐하게 만드는지 알게 되었거든요.

교육심리학자인 알피 콘은 경쟁과 그에 따르는 보상이 얼마나 해로운지를 연구했습니다. 그는 경쟁이 사람들에게 미치는 영향이 큰데도 경쟁에 별다른 주의를 기울이지 않는 현실을 지적합니다. 그 이유는 우리가 경쟁이 당연하도록 지속적으로 훈련받았기 때문입니다. 마치 물고기가 물이 없다는 것을 상상할 수 없으므로 물의 존재에 대해 생각할 줄 모르는 것처럼 말입니다. 경쟁은 아기 때부터 시작됩니다. 형제자매보다 부모의 사랑을 더 받기 위해 애쓰면서 자연스럽게 경쟁은 삶의 일부라고 배웁니다.

경쟁의 사전적 정의는 "같은 목적을 두고 이기려고 서로 겨루는 것"입니다. 사회 통념상 경쟁이란 피할 수 없는 현실이며 인간 본성의 한 부분이라고 인식되어왔습니다. 알피 콘은 이에 단호하게 아니라고 말합니다. 경쟁은 타고난 본성이 아니라 학습되는 현상이며 사회화 과정을 통해 강조되고 있을 뿐이라는 것입니다. 여기서 '인간 본성'은 우리가 하는 다양한 행동을 아주 간단히 설명할 때 쓰이는 표현입니다. 주로 자신이 저지른 불미스러운 일을 설명할 때나 스스로 면죄부를 줄 필요가 있을 때 사용되는 단어이지요. 그러니 '인간 본성의 한 부분'이라는 말 속에는 인간의 숙명이니 그냥 받아들이라는 진짜 의미가 숨어 있습니다. 그렇지만 이에 대해 알피 콘은 경쟁을 그냥 받아들이면 인류는 끊임없는 고통 속에서 살 것이라고 지적합니다.

대안은 무엇일까요? 알피 콘은 '협력'이라고 말합니다. 협력은 서로를 같은 운명으로 묶어주며 타인과 벌이는 경쟁 없이도 자신의 능력을 시험하고 즐길 수 있는 기초가 됩니다. 협력은 우리 사회는 물론이고 숲에서도 흔히 관찰됩니다. 나무들은 서로 경쟁하기보다는 나눔과 협력을 무기로 삼아 자신의 한계를 극복하는 존재입니다. 나무는 움직일 수 없으므로 주위의 온갖 생물들과 협력해야 합니다. 꽃가루를 옮겨주는 벌, 나비와 협력해야 하고 새들이 좋아하는 열매를 만들어 씨앗을 멀리 퍼뜨려야 합니다. 땅속에서는 많은 미생물과 긴밀히 협력하며 필요한 것들을 주고받으며 삽니다.

협력은 '자연 선택'의 핵심적인 메커니즘이기도 합니다. 자연 선택은 하나의 종이 환경 변화에 잘 적응할수록 후손을 남길 가능성이 높아진다는 생각을 전제로 합니다. 이와 비슷한 말로 '적자생존'이 있습니다. 적응하는 종만이 살아남는다는 의미의 적자생존은 마치 투쟁을 암시하는 말처럼 보입니다. 오랫동안 일부 생물학자와 행동생물학자 들이 적자생존은 경쟁과 같은 개념이라고 말해왔기 때문입니다. 사실 적자생존과 경쟁은 특별한 관계가 없습니다. 진화생물학자인 스티븐 제이 굴드는 이렇게 말합니다. "자연 선택이 경쟁을 통한 성공과 동일하다고 여기는 것은 문화적 편견에 가깝다. … 성공을 더 많은 자손을 남기는 것으로 정의한다면 … 그 목표는 상호 부조와 공생을 포함하는 다양한 전략을 통해 달성될 수 있으며, 이것을 우리는 협력이라고 부른다. 일반적으로 자연 선택이 선험적으로 경쟁이나 협력 행동 중 어느 쪽을 더 선호한다는 것은 사실이 아니다."[12]

위 내용은 경쟁을 요구하는 진화란 없다는 것입니다. 찰스 다윈 역시 '생존 투쟁'이란 용어를 "다른 생물에 의존하는 것을 포함하여 아주 폭넓고 비유적인 뜻으로 사용했다"고 분명히 밝혔습니다. 러시아의 철학자 표트르 크로포트킨은 저서 『상호부조론』에서 이렇게 말합니다. "경쟁하지 마라! 경쟁은 언제나 같은 종에 피해를 입힌다. 그리고 당신에겐 경쟁을 피할 수 있을 만큼 충분한 자원이 있다."[13] 이것은 우리가 잘 깨닫지 못하는 자연의 본질로서, 서로 화합하고 도울 때 자신의 능력을 계속해서 증명할 필요가 없이 자유로운 상태가 된다는 것을 의미합니다.

경쟁은 두 얼굴을 하고 있습니다. 경쟁은 더 나은 성과를 위해 노력하게 만들며, 도전 의지를 불태우게 하고, 우리의 성장 가능성을 높여줍니다. 자기 계발을 향한 의지를 길러주고, 명확한 경쟁 상대가 있는 경우 목표를 세우고 달성하는 데도 도움을 줍니다. 반면 과도한 경쟁은 불안감을 조장하고 인간관계를 파괴하며, 스트레스를 일으켜 심리적 건강을 악화시킬 수도 있습니다. 모든 상황을 경쟁으로 바라보는 태도는 협력적인 관계 구축을 방해하고 사회적 연결망을 약화시킵니다. 나아가 경쟁에서 승리하기 위해 불공정한 수단을 동원하는 경우도 있습니다.

그러므로 경쟁은 당뇨병처럼 적절하게 조절하고 관리해야 하는 대상입니다. 적절한 경쟁은 개인과 사회의 발전을 촉진할 수 있는 중요한 동력이 되므로 지속 가능한 성장과 더 나은 미래를 위한 핵심 요소로 작용합니다. 완전 경쟁, 완전 협동은 있을 수 없지만 협력에 바탕을 둔 경쟁을 하지 않으면 모두 패자가 됩니다. 알피 콘은 "경쟁은 실제 존재하지도 않는 결핍을 만들어 경쟁을 조장한다"고 말합니다. 그는 경쟁이 협력보다 더 나은 결과를 가져오지 않으며, 사람들 사이의 관계를 파괴하고 스트레스와 불안을 키운다고 지적하며 이 둘 사이의 조화를 강조합니다.

경쟁은 경쟁이 없을 때 아름다워 보입니다. 해마다 열리는 국제 마라톤 대회에서는 과연 인간이 2시간대의 벽을 깨느냐 못 깨느냐가 초미의 관심사입니다. 케냐의 엘리우드 킵초게 선수가 비공식적으로 1시간 59분대를 기록하며 인간의 능력에 한계가 없음을 보여주었습니다. 이제 프로 선수들은 킵초게의 기록을 넘어서야 합니다. 마라톤 경기를 생중계하는 화면은 선두 그룹만 비춰줍니다. 오로지 누가 몇 분 안에 테이프를 끊느냐에만 초점을 맞출 뿐입니다. 기록이 3시간대인 선수들은 화면에 나오지도 않지만 멋진

드라마는 그들에게 있습니다. 자신도 힘들 텐데 상대 선수를 응원하며 물을 건네기도 하고 언덕길에서는 서로의 등을 밀어주기도 합니다. 그들은 비록 순위에서는 밀려났지만 경쟁의 고통에서 벗어나 행복하게 달립니다. 경쟁보다는 협력을 선택하며 그저 앞으로 나아갈 뿐이니까요.

고통
pain

자신을 보호하기 위한 인정머리 없는 장치

나무도 고통을 느낄까요? 아니면 아픔만 느낄까요? 질문이 이상한가요? 고통은 아픔으로 인한 괴로움까지 포함한 정신 활동이고, 아픔은 해당 세포가 당한 것을 느끼는 사건입니다. 고통이 통증에 따르는 절망, 자기 자신과의 갈등, 그에 따르는 외로움까지도 포함하는 사적인 상태라면 아픔은 물리적·화학적 자극을 객관적으로 느끼는 상태입니다. 물론 소나무나 벚나무가 사람과 같은 고통을 느낀다고는 생각하지 않습니다. 그렇다고 그들이 아픔을 느끼지 않는다고 말할 수는 없겠지요.

고통의 기억은 자신을 보호하는 데 도움이 됩니다. 고통은 괴로움을 안겨주지만 손상된 부위를 보호하게 하고, 앞으로 닥쳐올 상황을 미리 예측하여 피해를 막는 역할을 합니다. 극히 드문 일이지만 선천적으로 고통을 느끼지 못하는 사람들이 있습니다. 고통이 없다면 행복할 것 같지만 불행하게도 오래 살지 못한다고 합니다. 식물이든 동물이든 고통과 아픔을 느껴야만 살아남는 데 유리합니다. 그러나 고통의 기억은 대부분의 사람들에게서 쉽게 사라집니다. 우리는 고통의 원인이 제거되면 언제 그랬냐는 듯이 이내 잊어버립니다. 그래야 또 사니까요. 하지만 고통의 의미는 잊지 말아야 합니다. 왜냐면 고통이 남기는 교훈마저 놓쳐버리게 되니까요.

고통은 현재 진행형인 새로운 고통을 극복하는 데도 도움을 줍니다. 차분하게 고통의 원인과 본질을 파악하고 그 고통이 나에게 어떤 영향을 주었는지를 분석하는 일은 고통을 객관적으로 바라보도록 하고 고통에 적절하게 대응하는 법을 찾을 수 있도록 도움을 줍니다. 예방주사를 맞으면 동일한 균에 몸이 반응하는 것과 같은 원리지요. 고통을 정면으로 바라볼수록 고통의 긍정적인 면이 떠오릅니다. 헬렌 켈러가 "세상은 고통으로 가득하지만, 그것을 극복하는 사람들로도 가득하다"고 말했듯이 고통은 성장의 기회를 제공하고, 감사와 자비의 마음을 키우며, 삶의 가치와 의미를 깨닫게 합니다.

고통은 교만한 사람도 낮은 곳으로 데려다줍니다. 사람마다 다르겠지만 우리는 대부분 고통을 겪으면서 자신의 한계와 약점을 인식하고 자신의 성격을 돌아봅니다. 고통은 인간성을 회복시키며 더 따뜻하고 친절하고 관대한 마음을 길러주는 역할도 합니다. 없는 사람이 없는 사람의 실정을 알고 아픈 사람은 아픈 사람의 실정을 아는 법이지요. 또한 고통은 삶의 가치와 의미를 깨닫게 해줍니다. 낮은 곳으로 내려와 삶에서 소중한 것을 찾고 풍요롭고 행복하게 사는 방법을 모색하게 합니다.

고통의 문제는 생태 측면에서도 조금씩 논의되고 있습니다. 오스트레일리아의 철학자 피터 싱어는 "고통받는 존재는 평등하며, 동물도 고통을 느낀다면 도덕적 공동체 안에 포함시켜야 한다"고 말했습니다.[14] 이러한 주장을 근거로 하여 우리나라의 동물보호법 제2조에도 "동물이란 고통을 느낄 수 있는 신경체계가 발달한 척추동물로서 포유류, 조류, 파충류, 양서류, 어류 등을 포함한다"고 나와 있습니다. 인간이 아플 때 느끼는 고통과 같은 고통을 느낀다는 점에서 동물보호법의 핵심 논리가 척추동물이 느끼는 고통을 기준 삼고 있음을 알 수 있습니다. 그렇다면 나머지 생물들의 고통은 어떤 시선으로 보아야 할까요?

"식물도 고통을 느낄까?"라는 질문은 많은 식물생리학자들의 공통 관심사였습니다. 고통을 느끼려면 뇌가 있어야 한다고 생각하는 것이 일반적인데 식물에서는 아직 뇌의 존재를 찾지 못했거든요. 하지만 외부의 충격에 즉각 반응하는 미모사를 보면 생각이 달라집니다. 미모사는 동일한 자극을 반복하면 반응하지 않지만,

색다른 자극을 주면 즉각 반응합니다. 특정 상황을 인식하고 기억하지 않으면 할 수 없는 행동이지요. 그렇다면 미모사의 어느 부위에서 그렇게 반응하도록 유도하는 결정을 내렸을까요? 제 짧은 소견을 밝히자면 식물은 고통을 느낄 수는 있지만 사람처럼 고통이 증폭되지는 않을 것이라고 짐작합니다. 왜냐면 식물은 두려움을 느끼지 않을 테니까요.

모든 생물에 가해지는 고통을 줄이는 일은 인류가 풀어야 할 숙제입니다. 고통은 직접 고통을 받는 자 외에는 그 누구도 경험할 수 없는 주관적인 영역이기에 우리는 타자의 고통에 무관심하기 쉽습니다. 다행스럽게도 생태감수성을 키우고 생태계에서 살아가는 생물들의 고통을 줄이려는 임무에 동참하려는 사람들이 늘고 있습니다. 그들은 인간을 위한 유용성과 관계없이 모든 생명체가 주관적 경험을 지니고 있다고 여기며 고통의 범위를 확장하고자 합니다. 그러기 위해서는 인간 중심적인 시각에서 벗어나 생물들의 고통을 인식하는 일에서 출발해야겠지요. 우리가 아픔을 느낄 때마다 그 의미를 객관화하려고 애쓴다면 "나무도 고통을 느낄까?"라는 질문에 대한 답을 얻을 수 있지 않을까 생각해봅니다.

걷기
walking

분열된 나를 하나로 통합하는 행위

저의 별명은 '먼 발'입니다. 언 발도 아니고 먼 발이라니 이상하게 들리겠지만 저는 이 별명을 굉장히 자랑스럽게 생각합니다. 제가 걷기를 좋아하기 때문이지요. '발'을 냄새나는 것쯤으로 생각할 수도 있겠지만, 우리 몸에서 발만큼 중요한 기관이 있을까요? 발이 없으면 나무처럼 시속 0킬로미터의 삶을 살아야 하니까요.

순수 우리말인 '먼 발'은 소풍을 뜻합니다. 어릴 적 먼 발을 다녀오면 어르신들이 원족遠足 다녀오냐고 하였는데, 일본어 えんそく(엔소쿠)에서 유래한 말인 원족은 직역하면 '발이 멀리 다녀왔다'는 뜻으로 소풍을 가리킵니다. 영어로는 피크닉picnic, 한자어로는 소풍逍風인데 우리말로는 이에 해당하는 단어가 없습니다. 그래서

감히 제가 소풍을 '먼 발'로 불러봤는데, 이 단어가 사회적 합일을 이루고 살아남을지는 미지수이지만 그만큼 제가 걷기를 좋아한다는 뜻이겠지요.

몸과 마음이 지쳐 건강을 잃고 나면 이런 말이 생각납니다. "우물쭈물하다 내 이럴 줄 알았지." 오역으로 밝혀진 이 문장을 조지 버나드 쇼의 묘비명이라고 생각하는 사람은 이제 없겠지만, 이 문장이 살아서 회자되는 이유는 '문장의 힘'에 있습니다. 나이를 먹어도 자신은 늙지 않을 것이라는 환상에 젖지 말라는 말과 같으니까요. 내가 보유한 주식은 떨어지지 않을 것이라는 신념처럼 말이지요. 이러한 신념은 불길합니다. 그리고 왠지 불길한 예감은 잘 들어맞는 경우가 많지요. 그럴 때는 어찌해야 할까요? 바로 걸어야 합니다.

사람은 종아리와 함께 늙어간다는 말이 있습니다. 걷지 않으면 나이와 관계없이 늙는다는 뜻이지요. 다행히 코로나 사태 이후 걷는 사람들이 부쩍 늘었습니다. 특히 장거리 걷기가 유행입니다. 국내의 해파랑길이나 백두대간뿐만 아니라 산티아고 순례길과 네팔의 히말라야 트레킹처럼 국외에도 걷기에 매력적인 길들이 점점 늘고 있습니다. 그렇다면 왜 걷기 열풍이 일어났을까요? 걷지 않으면 몸과 마음이 분리되기 때문입니다. 걷지 않으면 마음이 몸을 무시하면서 교만해집니다.

걷기는 몸과 끊임없이 타협하는 행위입니다. 그동안 쓰지 않았던 근육들이 아우성을 칠 때면 기계를 돌보는 엔지니어처럼 몸 구석구석을 점검하게 되지요. 그럴수록 마음이 낮은 곳으로 내려가는 기이한 경험을 하게 됩니다. 오래 걸을수록 가슴에 있어야 할 마음이 발바닥에 머무르게 되고, 그 결과 온몸이 발바닥의 지시를 받게 되는 것이지요. 그러므로 걷기는 발바닥의 잔잔한 고통을 통해 몸과 마음을 화해시키는 행위입니다.

걷기는 일상으로부터 잠시 멀어지는 일이기도 합니다. 이 말이 꼭 거리감만을 가리키는 것은 아닙니다. 만약 주머니 속의 휴대폰이 켜져 있다면 힘들여 떼어놓은 일상이 나와 여전히 딱 붙어 있게 됩니다. 그래서 진정한 걷기란 일상으로부터 불거져 나오는 방해물을 걷어낸 상태입니다. 이는 완벽한 자유를 추구하는 행위라고 할 수 있습니다. 낯선 대상을 마주하는 데서 오는 관찰의 기쁨은 대상과 자신의 일체감을 느끼게 하고, 애써 외면하려 했던 것들로부터 자유로워지는 경험을 선사합니다.

때때로 맨발로 걷기를 권합니다. 맨발 걷기란 걸으면서 땅과 소

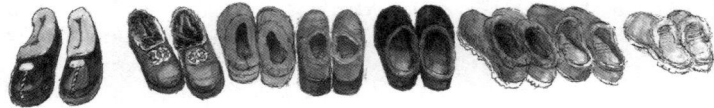

통하는 행위입니다. 신발을 벗어들고 조심스럽게 땅을 밟으면 촉촉한 감촉이 전해옵니다. 맨발로 걸으면 아무데나 밟지 않으려는 발바닥의 조심스러움을 가장 먼저 느낄 수 있습니다. 행여 가시가 있지는 않은지 살피기도 하고, 애벌레나 지렁이를 밟지 않으려 노력하기도 합니다. 그러다 보면 온전하게 전해지는 땅의 질감이 온몸에 문신처럼 새겨지는 경험을 하게 됩니다. 이처럼 걷는다는 것은 자연과 가까워지는 일입니다.

땅과 교감하며 발맘발맘 걷다 보면 생태감수성도 생깁니다. 땅과 접촉하지 않는 사람은 신God과도 멀어진다는 말이 있듯이, 신발을 신으면서부터 인간은 자연과 멀어졌습니다. 걷기를 통해 발바닥에서 올라오는 알싸한 고통이 다른 생명의 아픔처럼 전해오면서 환경을 보호하려는 마음도 생깁니다. 대지의 여신 가이아는 스킨십을 원합니다. 부드러운 발바닥으로 땅을 어루만지면 땅의 기운이 온몸을 정화해줍니다. 프랑스의 철학자 장폴 사르트르는 "인간은 걸을 수 있는 만큼만 존재한다"고 말했습니다. 혼자서 걸으며 길 위에 떨어진 나뭇가지나 조그만 돌멩이 하나에도 의미를 부여하기도 하고, 무심히 떠가는 구름을 쪼개보거나 이웃 구름과 만나게 해서 새로운 모양을 만들어보기도 할 때 살아 있음을 느낍니다. 걷기는 나무가 그토록 하고 싶어 하는 일입니다. 일단 걸어보세요. 걷기의 힘이 무한하다는 것을 느끼게 될 테니까요.

다름

difference

나를 이루는 방식

나무와 풀, 둘 중에서 어떤 것이 더 구분하기 쉬울까요? 풀은 작고 나무는 크니까 나무가 더 구분하기 쉽다고 생각하겠지만, 30여 년 동안 식물에 대한 강의를 해온 제 경험에 비추어보면 나무가 더 알아보기 어렵습니다. 왜 그럴까요? 우리나라처럼 온대 지방의 풀은 대부분 일년생이거나 다년생이어서 생애 주기가 짧지만 나무는 오래 삽니다. 따라서 풀은 자신의 몸을 변화시킬 시간적 여유가 없으나 나무는 한자리에서 오래 살기에 끊임없이 자신을 변화시켜야 합니다. 그렇지 않고서 물려받은 유전자의 명령대로 살다 간 살아남기 어렵기 때문이지요. 이것이 같은 종의 나무라도 알아보기 힘들 정도로 저마다 다른 모습을 하고 있는 이유입니다.

나무만 그럴까요? 사람도 마찬가지입니다. 비슷해 보이지만 모든 사람이 다릅니다. 하물며 일란성 쌍둥이도 서로 다른 환경에서 자라면 외모는 물론이고 성격까지도 차이가 난다고 합니다. 다름은 차이에서 비롯됩니다. 우리는 문화, 언어, 생각, 그리고 삶의 방식까지도 크게 다른, 다양성으로 가득 찬 세상에 살고 있습니다. 서로 다른 성장 배경과 경험을 갖춘 사람들이 모이면 다양한 시각과 접근 방식이 만나 새로운 아이디어와 해결책이 탄생하기도 하고, 상대방의 문화와 전통과 생각을 알아가며 세상을 깊게 이해하게 됩니다. 우리는 이러한 차이에 따른 다름을 이해함으로써 새로운 관점을 얻고 폭넓게 세상을 바라보게 됩니다.

다름은 내 안의 나를 구성하기도 합니다. '나'는 나와 다른 타인들과 교류하면서 만나는 대상마다 내가 달라지는 마음을 느낍니다. 『나란 무엇인가』의 저자 히라노 게이치로에 따르면 '나'는 하나가 아니고 상대에 따라 변하기 때문에 하나라고 볼 수 없으며, 내가 교류하고 있는 타자의 숫자만큼이 바로 '나'입니다. '나'는 상대에 따라 내가 다양한 모습으로 변하는 감정을 인지합니다. 즉, 변하지 않는 진정한 내가 있는 것이 아니라 관계에 따라 나타나는 다양한 모습이 바로 '나'라는 것이지요. 결국 개인은 유일한 자기가 아니라 타자와의 상호 작용에서 생겨난다는 것입니다. 히라노 게이치로는 '나'란 나눌 수 없는 개인이 아니라 여러 개의 나로 이루어졌으므로 '분인'이라고 표현했습니다. '개인individual'이 아니

라 분할 가능한 '분인分人, dividual'이라는 것이지요.[15]

다름은 다양성의 원천입니다. 다양한 문화와 관습, 언어와 종교, 생각과 의견이 공존하는 세상은 풍부하고 다채로운 곳이 됩니다. 따라서 다양성은 사회가 얼마나 건강한지 측정하는 지표가 됩니다. 농장에서 작물의 생산성을 측정하기 위해 땅의 영양 상태를 확인하는 것처럼, 사회의 건강도도 다양성이라는 지표로 확인할 수 있습니다. 다양성은 단순히 서로 다른 문화와 전통을 허용하는 것을 넘어, 사회의 기본 구조 안에 그것들이 얼마나 잘 녹아들고 있는지를 보여주기 때문입니다. 다양성이 풍부한 사회일수록 건강함을 유지하고 지속적인 발전을 약속하지요.

다름은 생태계에서도 중요한 가치를 지닙니다. 특히 생물 다양성은 생태계에서 아무리 강조해도 지나치지 않습니다. 다양한 생태계는 환경 변화와 교란에 대응하는 능력이 더 뛰어납니다. 질병이나 환경 변화로 인해 한 종이 멸종되면 다른 종이 그 자리를 대신하여 생태계가 계속해서 제대로 기능할 수 있기 때문이지요. 유전적으로 다양성이 클수록 질병과 해충에 대한 저항력이 강해지며, 미래의 진화적 적응을 위한 자원을 제공하여 지구상에 살고 있는 생명체의 장기적인 생존을 보장하기도 합니다. 생물 다양성은 단순히 생물이 많은 것을 의미하는 것이 아니라 얼마나 다른 종들이 함께 사느냐를 가리킵니다. 이처럼 다름은 생태계를 유지하는 힘이고 삶을 윤택하게 하는 실용적 가치를 지닙니다.

하지만 현실은 그렇지 못합니다. 나와 다른 것은 죽여도 괜찮다고 인식되기도 하니까요. 과연 그럴까요? 히라노 게이치로는 "한 사람을 죽이는 행위는 그 사람의 주변, 나아가 그 주변으로부터 무한히 뻗어나가는 '분인'끼리의 연결을 파괴하는 짓이다"라고 말했습니다. 이 생각을 생태계의 문제로 확장하면 한 종을 죽이는 행위는 한 종만 죽이는 데 그치지 않고 연쇄 살생을 벌이는 일입니다. 문학평론가 신형철은 저서 『인생의 역사』에서 히라노 게이치로의 말 덕분에 "비로소 죽음을 세는 법을 알게 됐다"고 했습니다.[16] '나'는 여러 개의 나로 이루어졌고 여러 개의 '나'는 모두 연결되어 있으므로 나와 다른 생명을 죽이는 행위는 모두 '나'에게로 향한다는 사실을 알게 된 것이지요.

매년 5월 21일은 유엔이 제정한 '세계 문화 다양성의 날'입니다. 이 날은 전 세계 인류가 직면하고 있는 일방적인 문화의 획일화, 거대 자본에 따른 소비문화의 상업화에 대응하기 위해 제정되었습니다. 또한 다른 문화를 존중하여 다름의 가치를 보전하고, 문화의 차이로 인한 민족 간의 갈등을 극복하기 위한 취지가 담겨 있습니다. 재미있게도 대회의 슬로건은 "서로의 다름을 즐기자"입니다. 창밖의 나무도 다름을 즐기고 있나 봅니다. 바람에 고개를 까딱하는군요. 한 나무에 주변 나무의 문신이 새겨져 있는 것이 보이시나요? 그 나무의 유전자와 주변 나무의 문신이 새겨져 한 나무의 다름을 만들었으니까요.

부엔 비비르

buen vivir

참살이

자신의 신념을 굽히지 않은 사람, 스콧 니어링과 헬렌 니어링 부부의 삶을 따라가봅니다. 그들은 서구 문명의 야만성이 누구에게도 안전한 삶을 보장해주지 못한다고 생각하며 뉴욕을 떠나 자연 경관으로 유명한 버몬트주의 작은 시골 마을로 들어갔습니다. 이들은 자연 속에서 자유로운 시간을 실컷 누리면서 좋은 것을 생산하고 창조하는 삶을 살기 위한 원칙을 세웠습니다. 먹고사는 데 필요한 것들을 적어도 절반 넘게 자급자족할 것. 스스로 땀을 흘려 집을 짓고 땅을 일구어 양식을 장만할 것. 되도록이면 원주민들과 힘을 합쳐 일하고 이윤 추구의 경제에서 벗어나 돈을 모으지 않을 것. 집짐승을 기르지 않고 고기를 먹지 않을 것. 니어링 부부는 원칙을 따르며 조화로운 삶이 무엇인지를 몸소 실천하며 살았습니다.

조화로운 삶이란 어떤 삶일까요? 기준은 사람마다 다르겠지만 대체로 본인과 가족의 건강, 물질적 풍요, 심리적 안정감 등이 삶의 중요한 요소로 꼽힙니다. 이러한 요소는 대부분의 문화권에서 중요하게 여겨지며 삶의 만족도와 행복에도 큰 영향을 미칩니다. 눈여겨볼 점은 각 문화권에서 강조하는 가치와 신념, 그리고 삶의 방식이 다르다는 것입니다. 예를 들어 동아시아 문화권에서는 전통적으로 사회적 계층 간의 관계와 집단주의적인 가치를 중시하는 반면, 서구 문화권에서는 개인의 자유와 권리라는 개인주의적인 가치를 중시합니다. 또한 일부 문화권에서는 종교나 정신적인 요소를 삶의 중요한 부분으로 여기기도 합니다.

안데스 산맥의 원주민들에게는 '부엔 비비르Buen Vivir'라는 개념이 있습니다. 우리말로는 '참살이'입니다. 볼리비아에서는 '비비르 비엔Vivir Bien', 에콰도르에서는 '부엔 비비르'라고 합니다. 영어로는 good living(풍요로운 삶) 또는 well-being(안녕함) 정도로 번역됩니다만 딱 들어맞는 표현은 아닙니다. good living이나 well-being이 개인 중심적인 표현이라면 부엔 비비르는 같이 잘 살자는 공동체의 개념을 강조하기 때문입니다. 부엔 비비르는 21세기 초에 등장하여 이제 막 이론화되기 시작한 용어라서 다양하게 해석

되고 있습니다.

'부엔 비비르'는 볼리비아와 에콰도르에서 헌법으로 제도화되면서 세상에 알려졌습니다. 다양한 규범과 제도적 근거의 축이 마련되면서 점차 공식적인 담화의 중심이 되었으며 국가 발전 계획도 이 모델에 따라 만들어졌습니다. '부엔 비비르'라는 개념이 제도적 차원에서 승리를 거두면서 원래 '부엔 비비르'에 없던 개념인 '어머니 지구 권리법'●과 같은 제안이 법적으로 명문화될 수 있었고 탈성장, 커먼즈commons, 생태 여성주의 같은 대안적 체제가 주목받기 시작했습니다. '부엔 비비르'는 특히 환경보호주의자, 사회주의자, 지속 가능한 발전을 추구하는 전 세계의 많은 사람들에게 주목받으며 개인주의, 소비주의, 무한한 경제 성장이 중요한 가치로 여겨지는 서구 세계관과 대조적인 개념으로 자리매김했습니다.[17]

'부엔 비비르'의 십계명은 따로 없습니다. 이것을 어떤 절대적인 용어로 정의하려고 한다면 현재 진행형인 이 제안을 옭아매는 셈이 되기 때문이지요. 하지만 그 본질은 엿볼 수 있습니다. 이 개념의 첫 번째 특성은 자연과의 조화를 중시한다는 점입니다. 인간

- 주석, 은을 포함한 천연자원 채굴로 인해 심각한 환경 문제에 시달려온 볼리비아가 2011년에 제정한 법안. 어머니인 지구의 생존 권리를 보장하는 내용이 담겨 있으며, 자연과 인간의 관계를 조화를 추구하는 방향으로 전환하는 큰 계기를 마련했다.

은 자연의 일부이며 자연과 조화롭게 공존해야 한다는 생각이 '부엔 비비르'의 바탕에 깔려 있습니다. 이 철학에 따르면, 인간은 자연을 지배하는 주체가 아니고 모든 생명체와 상호 연결된 상태에서 서로 존중하며 지속 가능한 방식으로 공존해야 합니다. 두 번째 특성은 공동체 중심의 생활을 추구한다는 점입니다. '부엔 비비르'는 개인주의가 아닌 공동체의 복지를 중시합니다. 개별적 이익이나 소비보다는 공동체의 복지와 협력에 방점을 둡니다. 이러한 접근 방식은 공동체 구성원 간의 상호 의존성을 강조하며, 모든 사람이 풍요로운 삶을 누리는 것을 지지합니다. 세 번째 특성은 문화의 다양성을 존중한다는 점입니다. '부엔 비비르'는 특히 지역적 특성을 존중하고 발전시키는 것을 중요하게 여깁니다. '부엔 비비르'의 이러한 특성은 지속 가능하고, 포괄적이며, 공정한 사회를 추구하는 방향으로 통합되어 있습니다. 각 특성은 인간, 자연, 공동체 간의 균형 있는 관계를 기반으로 하며, 이를 통해 더 나은 세상을 만들어가는 데 기여합니다.

'부엔 비비르'의 철학은 우리의 전통 사상과도 흡사합니다. "좁쌀 한 알 속에 우주가 들어 있다"는 무위당 장일순 선생의 말처럼 우리 조상도 생명을 존중하고 보호하는 태도를 지니며 인간과 자연이 공존해야 한다고 믿었습니다. 이러한 생각은 어쩌면 세상의 모든 원주민들이 공통적으로 지니고 있는 철학이기도 합니다. 그래야만 땅을 훼손하지 않고 그 땅 위에서 오래도록 살 수 있으니까요. 원주민들은 모든 생명이 상호 연결되어 있으며, 이 연결성이 생명의 다양성과 풍요를 만든다고 인식합니다. 이러한 상생의 원리는 인간과 자연이 서로를 보호하고 지속 가능한 관계를 구축하는 데 도움을 줍니다. 니어링 부부가 시골의 작은 마을에 들어가 자연과 함께 호흡하며 스스로 원주민이 되어 조화로운 삶을 추구한 것도 '부엔 비비르'의 정신과 다르지 않습니다.

필자도 서른여섯 살 때부터 지금까지 강원도 산골에 오두막을 짓고 나무를 심고 농사를 지으며 도시와 산촌을 오가며 살고 있습니다만 니어링 부부처럼 살지는 못했습니다. 뜻대로 되지 않은 이유는 의지박약하기도 하려니와 현실이 그만큼 녹록치 않았기 때문이겠지요. 그렇다고 냉탕과 온탕을 오가며 경계인으로 산 것은 아닙니다. 도시에서 해야 할 가치 있는 일들도 많았기 때문입니다. 그런 삶 속에서 '부엔 비비르'의 철학을 조금이나마 이해하게 된 것이 소득이라면 소득입니다. 도시에서도 '부엔 비비르'의 철학을 얼마든지 실천할 수 있으니까요.

생태언어
ecological language

언어가 풍부하면 생태계도 풍성해진다

잎들 사이로 햇살이 반짝거립니다. 이를 무어라고 부를까 생각해봅니다. 국어사전대로 하면 '잎새'는 잎이 생긴 모양새라고 풀이할 수 있습니다. 그러니 '잎새빛'이라고 하면 잎몸에 비치는 빛이라는 뜻이 됩니다. 그렇지만 잎새는 '잎 사이'의 준말 아니던가요? 틈새가 '틈 사이'의 준말이듯 말입니다. 잎새를 잎 사이의 줄임말이라고 우리말 사전에 하나 더 추가해준다면, 잎 사이로 반짝이는 빛이 잎새빛으로 불리게 될 텐데 여러분은 어떻게 생각하시나요? 철학자 루트비히 비트겐슈타인은 "나의 언어의 한계는 나의 세계의 한계를 뜻한다"고 하였는데 마땅히 대응하는 어휘가 없으면 그것에 대한 어떤 관념도 일어나지 않는 것은 당연한 일이지요.

『마음도 번역이 되나요』라는 책에는 다음과 같은 재미난 단어들[18]이 등장합니다. 필리핀 인구의 4분의 1이 쓰는 언어인 타갈로그어에는 '킬릭kilig'이라는 말이 있습니다. "배 속에 나비가 날아다니는 듯한 기분"을 뜻한다고 합니다. 뭔가 로맨틱하거나 귀여운 상황이 벌어졌을 때 주로 쓴답니다. 독일어 '발트아인잠카이트waldeinsamkeit'는 "숲속에 혼자 남겨진 기분"는 뜻입니다. 도시에 사는 대부분의 사람들은 잘 느끼지 못하겠지만, 용기를 내서 숲속으로 성큼 들어간다면 골치 아픈 일상에서 벗어나 이런 기분을 느낄 수 있겠지요. 스웨덴어 '만가타mangata'는 "물결 위에 길처럼 뜬 달"이라고 합니다. 무슨 뜻인지 이미지가 바로 떠오르지 않나요? 그 다음으로 일본어 '코모레비こもれび'는 "나뭇잎 사이로 스미며 내리는 햇살"이라고 합니다. 나뭇잎 사이로 반짝이는 찰나의 순간을 표현한 것이지요. 우리말로는 어떻게 표현하면 좋을까요? 우리말로 '코모레비'에 필적할 만한 단어가 만들어져 여러 사람과 공유한다면, 그동안 잊고 살았던 잎 사이의 영롱한 빛이 살아나 마음이 풍요로워질 텐데 말입니다.

언어와 생태학이 만나면 언어생태학이 탄생합니다. 언어생태학은 생태학 측면에서 언어를 연구하는 학문입니다. 만약 이 글로 인해 '잎새빛'이라는 단어를 사람들이 쓰기 시작한다면 생태학적으로 한 종이 추가된 것과 같습니다. 생태계에서 종의 추가는 그동안 그 존재를 몰랐다가 새롭게 발견하거나 한 종이 외부에서 들어와 제집처럼 사는 것을 의미합니다. 외부에서 들어온 종은 생태계를 교란하지만 토종의 추가는 생태계를 풍성하게 합니다. 언어도 생태계에서 일어나는 일과 똑같은 일을 겪습니다. 교란되기도 하고, 오염되기도 하며, 멸종의 길을 걷기도 합니다. 생태학의 관점에서 언어를 살펴보면 언어가 생태계에 얼마나 기여하고 있는지 궁금해집니다.

언어도 오염됩니다. 산업이 발달할수록 환경이 오염되듯 언어도 기술의 발달로 오염됩니다.[19] 휴대폰의 영상이 문자를 밀어내고 그 자리에 이미지가 들어오면서 언어 오염은 날이 갈수록 심해지고 있습니다. 제한된 공간과 시간 내에 많은 정보를 전해야 하는 상황에서는 음절을 줄이게 되고, 이런 과정에서 자연스럽게 언어가 오염됩니다. "ㅎㅇ, 꿀잼, GG" 하면 뭔 소린지 알 수 없습니다. 자동차가 많이 달릴수록 공기가 오염되듯 언어도 과잉 소비를 하면서 오염됩니다. 환경 오염이 자연을 황폐화하듯 언어 오염도 인간의 정신을 황폐하게 만듭니다.

언어도 소멸합니다. 언어의 소멸은 언어학자들이 가장 관심을 보이는 분야입니다. 그들은 언어의 소멸을 생물이 멸종하는 차원에서 살펴보려 합니다. 1980년대의 연구 보고서에 따르면, 지금 세계에서 사용하는 언어는 6천5백여 개이며 이 가운데 90퍼센트 이상이 금세기 안에 소멸될 것이라고 합니다. 언어의 소멸은 생물

종 못지않게 심각한 현상으로 인식되며 1990년대 들어서야 비로소 언어학자들이 이를 보호하는 데 관심을 기울이기 시작했습니다. 언어의 소멸이 세계적인 차원에서 이루어지는 문제라면, 방언의 소멸은 한 공동체 안에서 일어납니다.[20] 지방의 방언이나 사회 계층에 따른 방언이 없어지면 그 나라의 언어는 그만큼 빈약해집니다. 조림지같이 한 종류의 나무만 사는 곳이 생태적으로 건강하지 못한 것처럼, 표준어 하나만 통용되는 언어 공동체도 건강하지 못합니다. 언어도 다양한 생물이 공존하는 생태계처럼 다양하게 존재해야 건강해집니다.

언어는 그 지역의 생태계를 반영합니다. 대다수 원주민들의 언어에는 생태적 지식이 포함되어 있습니다. 예를 들어 오스트레일리아 원주민의 언어에는 특정 식물과 동물의 생태적 특성, 이를 활용한 전통적인 사냥 및 채집 방법에 대한 자세한 설명이 포함되어 있습니다. 오스트레일리아의 원주민 중 소수 부족이 쓰는 와기만어 Wagiman의 '무르마 murr-ma'라는 단어의 뜻은 "물속에서 발가락으로 무언가를 더듬어 찾는 행동"이라고 합니다.[21] 이들이 물속에서 무엇을 찾을까요? 잃어버린 열쇠가 아니라 물밑에 있는 조개나 물풀 등 다양한 먹거리를 찾는다는 표현일 것입니다. 이외에도 원주민의 언어에는 다양한 식물 종의 특성과 그들의 의학적 지식도 포함되어 특정 지역의 생태계에 대한 귀중한 정보가 담겨 있습니다.

언어가 풍부해야 생태계도 살아납니다. 언어는 단순한 소리의 조합이 아니라 우리가 세계를 인식하고 경험하는 방식입니다. 이러한 관점에서 언어의 풍부함은 단순히 어휘의 다양성을 넘어서, 우리가 거주하는 생태계의 건강과 직결됩니다. 예를 들어 북극에 사는 이누이트의 언어에는 눈과 얼음을 묘사하는 수십 가지의 단어가 있다고 합니다. 이 단어들은 그들이 얼음의 세계를 어떻게 인식하고, 그 세계 안에서 어떻게 생존하는지를 보여줍니다. 이처럼 언어의 다양성은 생태계의 다양성과 긴밀하게 연결되어 있습니다. 언어가 사라지면 그 언어가 담고 있던 자연 세계에 대한 지식과 이해도 사라질 뿐만 아니라 생태계도 사라집니다.

언어생태학은 갈수록 중요한 학문이 되리라 전망됩니다. 그 첫 번째 이유는 언어가 해당 지역의 식물, 동물, 그리고 지형에 대한 상세한 정보를 포함하기 때문입니다. 언어가 사라지면 전통적인 생태 관리 방법에 대한 지식도 함께 사라집니다. 두 번째 이유는 언어가 인간이 환경과 상호 작용하는 방식을 반영하기 때문입니다. 언어는 특정 환경에서 살아가는 사람들의 경험, 가치관, 환경에 대한 인식을 나타냅니다. 세 번째 이유는 언어가 생태계의 변화를 감지할 수 있기 때문입니다. 기후 변화, 환경 파괴와 같은 전 지구적 이슈들은 언어 사용에 영향을 미칩니다. 이것은 변화에 대한 중요한 신호로 해석될 수 있습니다. 마지막으로 언어생태학이 일반 생태학처럼 다양성의 중요성을 강조하기 때문입니다. 언어의 다양성을 보존하는 것은 인류의 지적·문화적 다양성을 보호하는 것과 같으니까요. 이 글을 쓰고 나니 갑자기 '킬릭' 상태를 느끼며 기분이 좋아집니다.

재미
fun

결정의 순간, 제일 먼저 고려해야 할 것

제 인생에서 가장 재미있었던 시기를 꼽으라면 식물 공부에 입문했을 때입니다. 그때 처음으로 한 일은 겨울에 고무나무를 꺾꽂이하는 것이었습니다. 순서는 정해져 있었고 과정은 엄격했습니다. 하나의 생명을 태어나게 하는 일이었으니까요. 먼저 마사토를 퍼다가 가마솥에서 소독하고 상자에 넣고 물을 뿌린 다음, 연탄난로 위에 미리 만들어둔 시렁에 나무 상자를 얹었습니다. 그리고 고무나무 상순의 밑을 네다섯 마디 정도 잘라 미지근한 물에 담가놓으면 뿌리를 내리는 데 방해가 되는 진액이 뿌옇게 빠져나오는 것이 보입니다. 그 다음에는 거름기 없는 빨간 진흙을 개어 호두알만 하게 경단을 만듭니다. 그리고 아래쪽 잎을 두 장 정도 떼어내 나머지 잎을 동그랗게 만 다음 끈으로 묶고, 그 밑에다 경단을 붙여 마사토에 꽂습니다. 그렇게 한 상자가 다 채워지면 한 달 안에 뿌리가 경단을 뚫고 하얗게 나옵니다. 한 달 동안 상자 앞을 떠나지 못하고 매일 쳐다보던 때가 제일 재미있었습니다. 달걀을 품은 네 살짜리 에디슨처럼 가슴이 설레었지요.

재미와 놀이는 한 몸일 때 더 재미있어집니다. 재미는 "아기자기하게 즐거운 기분이나 느낌"을 가리킵니다. '아기자기'는 크지 않다는 뜻입니다. 따라서 재미는 작은 즐거움이나 그런 느낌을 가리킵니다. 깨알 한 알을 앞니로 물고 거기다 혀를 대고 톡 깨뜨려 씹었을 때의 느낌 같은 것입니다. 어떤 일을 재미 삼아 한다고 하면 대충 한다는 뜻이 아니라 깨알 같은 디테일을 즐긴다고 생각하시면 됩니다. 한편 놀이는 재미를 얻기 위한 활동 혹은 물질적 보상이나 대가를 바라지 않고 몰두하는 행위를 가리킵니다. 네덜란드의 역사학자 요한 하위징아에 따르면 놀이가 재미있으려면 다음과 같은 특징이 있어야 합니다.[22]

우선 놀이의 첫 번째 특징은 자발성에 있습니다. 자발성은 내적 동기가 작용한 것입니다. 노동이나 업무와 달리 놀이는 자기가 원하면 언제든지 시작하고 끝낼 수 있으니까요. 명령에 따른 놀이는 결코 놀이가 될 수 없습니다. 같은 게임을 하더라도 자발성 여부에 따라 놀이가 되거나 안 될 수도 있습니다. 요리사에게 요리는 놀이가 아니지만 취미로 하는 사람이라면 언제든지 요리를 그만둘 수 있습니다. 그렇다면 요리가 즐거워 직업으로 삼았는데 일을 하다 보니 요리가 싫어지면 어떻게 할까요? 그런 경우 자발적 재미를 추구하는 사람은 요리를 그만두는 것이 아니라 요리와 관련한 창의성이 요구되는 일을 찾게 될 것입니다. 요리를 개발하거나 프랜차이즈 같은 사업을 하겠지요.

두 번째 특징으로 놀이는 일상과 구분되어야 합니다. 놀이는 시간과 공간의 제약을 넘어, 실제 상황에서 벗어나 '~인 척하는' 것입니다. 특히 아이들은 척하는 데 선수입니다. 하위징아의 책 『호모루덴스』에는 다음과 같은 일화가 나옵니다. 네 살 난 아들이 의자를 일렬로 늘어놓고 '기차놀이'를 하고 있었습니다. 아들은 기관차 역할을 맡았습니다. 아버지가 아들을 껴안고 키스하려 하자 아들이 말했습니다. "아빠, 기관차에 키스하지 말아요. 그러면 객차들이 진짜 기관차가 아니라고 생각할 거예요." 아이의 진지한 모습이 떠오르지요? 아이는 자기가 기관차가 아니라는 것을 알고 있으면서 그렇게 말한 것입니다. 아이들은 소꿉장난을 할 때 의사와 간호사 역할을 맡으면 진지하게 병을 진단하기도 하고 환자가 아픔을 잊도록 노래를 불러주기도 합니다. 그러다 엄마가 밥 먹으라고 부르면 일상으로 돌아가며 병원은 순식간에 사라지지요.

세 번째 특징으로 놀이에는 규칙이 있습니다. 규칙이 있어야 놀이가 재미있습니다. 예를 들어 사방치기 놀이를 할 때도 제일 먼저 하는 일이 규칙을 정하는 것입니다. 각 칸에다 번호를 정하고 특정 번호를 밟으면 놀이에서 진다는 식이지요. 점점 규칙의 난이도를 올리면 놀이에 더 빠져들게 됩니다. 어른들이 노는 장기와 바둑, 심지어 당구도 그때그때 규칙을 정하면 훨씬 재미있습니다. 새로운 규칙은 도전적인 요소를 제공하며, 전에 없던 성취감과 자기 만족감에 미소 짓게 합니다. 일상에서 벗어난 새로운 규칙은 뇌에 새로운 자극을 주고, 호기심과 탐험의 욕구를 충족시킵니다. 뇌가 새로운 정보를 처리하고 학습하는 과정에서 쾌감을 느끼기 때문입니다. 새로운 놀이의 규칙은 뇌의 자극제라고나 할까요?

재미있게 놀 줄 아는 사람이 일도 잘합니다. 첫 번째 이유는 놀이가 집중력을 높여주기 때문입니다. 적절한 여가 시간과 놀이는 정신 건강에 좋으며 스트레스를 감소시켜 더 나은 정신 상태를 유지하도록 합니다. 그 다음으로 놀이는 일과의 균형을 잘 맞추게 도와주고 자기 조절 능력을 향상시킵니다. 마지막으로 놀이는 창의력과 문제 해결 능력을 키워줍니다. 새로운 환경이나 활동을 통해 다양한 경험을 하게 되고, 이는 새로운 아이디어나 해결책을 떠올리는 데 도움을 줍니다. 이런 요소들을 다 충족시킬 수 있는 공간이 있을까요? 네, 있습니다. 아이들에게 자연은 호기심 천국입니다. 잠자리가 날아다니고 오리가 보트처럼 물살을 가르며 개구리가 폴짝 뛰는 모습을 보면 아이들의 눈은 초롱초롱해집니다. 자연은 예측 불가능한 요소로 가득 차 있는 호기심 천국이라 재미있는 줄도 알아채지 못할 만큼 재미있는 곳이니까요.

눈부처
nun-buchea

아기 눈동자에 비친 엄마의 모습

이탈리아의 화가 아메데오 모딜리아니가 그린 초상화 「큰 모자를 쓴 잔 에뷔테른」에는 고개를 갸우뚱하고 있는 목이 긴 여인이 등장합니다. 그런데 여인에게는 눈동자가 없고 흰자위만 있습니다. 에뷔테른은 모딜리아니가 뜨겁게 사랑한 연인이었습니다. 사랑하는 사람을 화폭에 담으면서 눈동자를 그리지 않았다니 더 이상하게 느껴지지 않나요? 당사자인 에뷔테른도 궁금해서 모딜리아니에게 물었답니다. 그러자 그가 이렇게 답했습니다. "당신의 영혼을 다 알고 난 후에 눈동자를 그리겠소." 너무나 사랑한 연인의 눈동자를 그리지 않은 이유는 당신이 나를 아직 사랑하지 않기 때문이라는 것이겠지요.

모딜리아니는 그림을 그리며 연인을 바라보지만 그림 속 연인은 눈동자가 없으므로 화가를 보지 않습니다. 여기서 누군가를 바라보는 자는 오직 화가 한 사람뿐입니다. 그래서 화가는 연인의 눈동자를 채워 넣지 않음으로써 상대가 나를 사랑하지 않을 수도 있다는 위험 요소를 제거해버립니다. 그러나 모딜리아니는 외롭습니다. 타인의 시선에 포착되지 않는다면 내가 타인에게 사랑받을 수 있는 가능성 또한 사라지기 때문입니다. 모딜리아니가 그린 초상화는 서로 눈을 맞춘다는 것이 얼마나 숭고한 일인지를 깨닫게 해줍니다.

눈 맞춤은 소리를 내지 않고 소통하기 위한 기본적인 수단입니다만, 한때 우리나라에서는 어색한 행위였습니다. 윗사람을 빤히 쳐다보면 무례하다고 여겼기 때문입니다. 하지만 사회가 서구화되면서 눈 맞춤은 오히려 진심을 전달하는 수단으로 자리 잡았습니다. 상대방의 눈동자를 바라보고 대화를 하면 상대는 자신이 존중받고 있다고 느낍니다. 성공적인 비즈니스를 위해서든 사랑을 쟁취하기 위해서든 눈으로 소통하는 것이 중요한 시대가 되었습니다. 눈은 거짓말을 못하니까요.

상대방의 눈동자를 바라보면 문득 상대의 눈동자에 나의 모습이 비춰질 때가 있습니다. 그 모습을 눈부처라고 합니다. 눈 맞춤이 상대방의 눈을 마주 보며 관심을 표현하는 일이라면, 눈부처는 오직 사랑하는 마음만을 품고서 서로의 눈을 맞출 때 비로소 보이는 것입니다. 이것은 결코 쉬운 일이 아닙니다. 딴마음을 품거나 거짓말을 하고 있다면 상대의 눈을 피하게 되므로 아무리 가까이 있어도 눈부처는 보이지 않습니다.

사람마다 자기의 참모습을 보여주기란 쉽지 않은 일입니다. 겉모습이 아니라 속에 있는 사람됨을 보여주어야 하기 때문입니다. 겉모습은 거울 앞에서 보면 잘 보입니다. 거울이 없던 시절 그리스 신화에 나오는 아름다운 소년 나르키소스는 호수에 비치는 제 모습에 반하여 황홀히 바라보다 그만 물에 빠져 죽었다고 하지요. 이것은 겉모습에만 도취한 결과입니다. 사랑하는 연인, 정다운 친구, 인자한 어머니, 티 없이 깨끗한 아기들의 눈동자에 나타난 나의 모습은 참다운 자기의 모습입니다.

눈부처는 '눈'과 '부처'의 합성어입니다. 부처는 '깨달음을 얻은 사람'을 뜻하는 단어이기도 하지요. 상대방의 눈을 바라볼 때 그 동공瞳孔 속에 나타난 자신의 모습이 마치 불상처럼 보여서 생긴 표현이라고 이야기하기도 합니다. 사실 어원적으로 눈부처는 불상과는 관계가 없어 보입니다. 조선 중종 22년에 어문학자 최세진이 펴낸 한자 학습서『훈몽자회』에서 '瞳'을 '눈부처 동'이라 한 것을 보면 순우리말이라고 하여도 무리가 없을 것 같습니다. 눈동자를 의미하는 동瞳자를 파자해보면 눈 목目자에 아이 동童자입니다. 말하자면 눈부처는 아기의 눈에 비친 모습이라는 뜻이지요. 신생아는 엄마를 빤히 바라보는 버릇이 있습니다. 이때 엄마도 아기의 눈동자를 물끄러미 쳐다봅니다.[23] 아기의 눈동자에 비친 엄마의 모습과 엄마의 눈동자에 비친 아기의 모습이 진짜 눈부처입니다. 눈부처는 내 모습이니 '나'이기도 하고 상대방의 눈 속에 맺힌 상이니 '너'이기도 합니다. 아기의 눈동자 속에 비친 엄마의 모습이 부처라니, 세상을 보는 아이의 마음이 그만큼 순수하기 때문 아닐까요?

부처의 눈에는 부처만 보인다지요. 눈부처는 우리가 서로를 바라보면서 하는 대화가 얼마나 중요한지 알려줍니다. 눈부처에는 상대를 깊게 이해하며 지켜주겠다는 의미가 담겨 있습니다. 그럼 눈부처를 확장하여 자연으로 눈을 돌린다면 어떨까요. 반려동물의 눈동자에서도 눈부처를 발견할 수 있고 야생 동물의 눈동자에도 있습니다. 나무와 풀꽃에서도 나의 모습, 우리의 모습을 볼 수 있습니다. 태양이 떠오르는 순간 사라질 아침 이슬도 아기의 눈동자처럼 순수합니다. 이슬을 가까이 들여다보면 자신의 모습도 보입니다.

환상방황

ringwanderung

방황의 끝이 방황의 시작점

잘린 그루터기에는 등고선처럼 생긴 나이테가 선명합니다. 나이테는 어떻게 만들어질까요? 해마다 한 줄씩 만들어집니다. 나무는 봄부터 가을까지 자라는데 세포 분열이 활발해지는 봄에는 세포가 커지고 세포벽은 얇아져서 밝은 색을 띠고, 봄 이후에 자란 세포들은 세포가 작고 세포벽이 두꺼워 짙은 색을 띱니다. 이 짙은 색의 줄이 나이테입니다. 나이테는 폐곡선을 이룹니다. 폐곡선이란 곡선 위의 한 점이 한 방향으로 움직여 다시 출발점으로 돌아온 궤적을 말합니다. 시작점과 종점이 일치하므로 철저하게 닫힌 선인 것이지요.

나무는 폐곡선을 어떻게 만들까요? 한 점에서 출발하여 시작점으로 되돌아올까요? 아닙니다. 나무의 나이테는 밖에서 안으로 만들어집니다. 나무는 폐곡선에서 아무도 탈출하지 못하도록 특별한 기술을 사용합니다. 예를 들어 이차원의 벽돌공을 생각해봅시다. 벽돌공이 동그랗게 둘러서서 벽돌을 동시에 놓고, 벽돌을 놓은 만큼 벽돌공이 동시에 뒤로 물러난다면 시간의 공백 없이 완벽하게 꽉 닫힌 폐곡선을 만들 수 있습니다.

우리는 살면서 폐곡선에 갇히지 않으려고 부단히 노력합니다. 폐곡선에 갇히면 자신도 모르게 제자리걸음을 하게 됩니다. 이런 일은 산행 중에 일어납니다. 정확하게 표현하자면 산길을 걸으며 스스로 폐곡선을 만들어 갇히는 것입니다. 한참을 걸어갔는데 어째 느낌이 싸해서 살펴보니 제자리인 것이죠. 등반가들끼리는 이런 경우 '알바'했다는 '웃픈' 단어를 쓰기도 하는데 당한 사람 입장에서는 등골이 오싹합니다. 이런 현상을 링반데룽Ringwanderung이라고 합니다. 링Ring(고리 혹은 원)에 반데룽Wanerung(걷는 것)이 합쳐진 말로서 제자리를 원을 그리며 돈다는 등산 조난 용어입니다.

우리나라에는 사막이나 초원이 거의 없으므로 흔히 일어나지 않는 현상입니다만 주로 안개가 짙은 날 초지나 돌이 깔려 있는 산비탈인 너덜 지대에서 드물게 일어납니다. 왜 이런 일이 일어날까요? 주로 악천후나 피로로 인해 사고력이 감퇴했을 때 일어납니다. 특히 삶에서 얻은 상처를 치유해볼까 하는 마음으로 산을 등반

할 때 잠시 정신을 놓은 상태에서 잘 일어납니다. 필자도 예전에 설악산 황철봉에서 링반데룽 현상을 경험한 적이 있는데, 지금 돌이켜봐도 도깨비에 홀린 것 같은 느낌을 지울 수 없습니다.

이렇게 제자리를 맴도는 일을 우리 식대로 표현하면 '환상環狀방황' 또는 '환상幻想방황'이라고 합니다. 이 둘을 따로 떼어놓고 생각하기란 쉽지 않습니다. 이유는 환상環狀, ring 방황을 하면 환상幻想, illusion을 경험하기 때문이지요. 눈을 뜨고 걸었으므로 길을 잃을 것이라고는 상상조차 하지 못했으나, 막상 그런 일을 당했다는 사실이 드러나면 그동안 환상 속에서 걸은 꼴이 됩니다. 독일 막스

플랑크연구소의 잔 소우만 박사는 사막에서는 사람들의 눈을 가리고 숲에서는 날씨가 흐린 날에 사람들이 어떻게 길을 찾아가는지 실험한 적이 있습니다. 실험 참가자들의 몸엔 GPS가 부착됐는데 그들 중에는 방향을 잃고 계속해서 같은 자리를 맴도는 사람들이 있었습니다. 그들은 스스로 똑바로 걷고 있다고 착각하고 있었습니다.

이런 황당한 일을 당하지 않으려면 지도나 나침반을 이용해야 합니다. 가고자 하는 방향의 방위각을 확인한 뒤 수시로 나침반을 보아야 합니다. 원래의 목적지와 혹시 반대되는 방향으로 가고 있지는 않은지 확인하는 것이지요. 그 다음으로는 앞사람만 보고 걷지 말고 수시로 갈 길을 확인해야 합니다. 앞사람이 잘못된 방향으로 갈 수도 있으니까요. 그리고 걷다가 길이 희미해지거나 낭떠러지가 나오면 길을 찾으려 하지 말고 '알바'했다는 셈치고 미련 없이 왔던 길을 되돌아가야 합니다. 고집을 부리다가는 자칫 목숨을 잃을 수도 있습니다. 이렇게 가던 길을 점검하는 습관은 어디서나 필요합니다. 산에서 얻은 지혜는 값진 것이지요.

그렇다면 나무의 나이테는 영원히 폐곡선만 만들까요? 앞서 이야기한 벽돌공은 목질부의 형성층^{cambium}을 가리키는 메타포입니다. 벽돌공은 정직하게 폐곡선을 만듭니다. 그런데 여기서 반전이 나타납니다. 나무는 자라면서 가지를 벋어야 하는데, 가지 벋은 자리를 마디node라 하고 마디와 마디 사이를 절간internode이라고 합니다. 절간은 어김없이 폐곡선을 이루지만 마디는 가지가 자라면서 폐곡선을 무력화합니다. 가지는 폐곡선의 틀을 깨고 세상을 향해 벋어나온 것입니다. 인류의 역사에도 개인의 삶에도 폐곡선에 갇혀 지내다 그것을 찢고 나와야 할 때가 있습니다.

숲을 깎아 개발하려는 현장에서 그루터기를 보며 잠시 생각해 봅니다. '나무는 죽어서도 삶의 지혜를 가르쳐주는구나.' 환상방황에서 헤어 나오는 방법을 한 수 알려주려는 듯 나이테가 명징합니다. 아직 가르침의 깊이를 모르는 나에게 말입니다.

생태적 개명
ecological renaming

이름이 반

1995년에 삼천포시와 사천군이 통합되면서 어느 지명을 쓸 것이냐를 놓고 꽤나 신경전이 벌어졌던 모양입니다. 일부에서는 두 지역을 합쳐 칠천포로 하자는 말도 나왔으나 해프닝으로 끝났고, 민심은 사천의 손을 들어주었습니다. 그렇게 삼천포시는 역사 속으로 사라지게 되었는데 왜 그렇게 되었을까요? 삼천포 사람들이 듣기 싫어하는 "잘 나가다 삼천포로 빠진다"는 말 때문입니다. 이 말의 유래는 기찻길에서 발단했습니다. 당시 경전선에는 지금은 철거된 진주의 개양역에서 다시 삼천포로 갈라지는 진삼선이 있었는데, 삼랑진역을 떠난 기차가 개양역에 도착하면 객차를 분리해서 일부가 삼천포로 갔다고 합니다. 이때 깜박하는 사이 전라도 방향으로 가야 할 손님들이 삼천포로 가는 일이 잦았습니다. 그래서 나온 말이 "삼천포로 빠진다"인데 의미가 와전되어 "잘못된 곳으로 빠진다"는 뜻으로 굳어지고 말았습니다. 실제로는 삼천포를 비하하거나 안 좋은 의미로 쓴 것이 아니었는데 말입니다.

이름은 다른 것과 구별하기 위하여 사람이나 사물, 장소, 단체, 현상, 생각, 개념 등에 붙은 기호입니다. "내가 그의 이름을 불러주기 전에는 그는 다만 하나의 몸짓에 지나지 않았다"는 김춘수의 「꽃」이라는 시 구절처럼, 이름이 주어짐으로써 사물은 비로소 의미를 지니고 존재의 가치를 지니게 됩니다. 이름을 붙여준다는 것은 그 사물에 그만큼의 가치가 있다는 것을 뜻합니다. 이름을 불러주었을 때 비로소 존재 가치를 얻는 것이 어디 꽃뿐입니까. 사물의 형상이나 품성에 꼭 맞는 이름이 주어졌을 때 대상은 온전하게 기억됩니다. 그런데 이름이 대상과 딱 맞아떨어져 이름만 들어도 이미지가 떠오르거나 품성을 짐작할 수 있는 경우는 흔치 않습니다. 오히려 삼천포처럼 이름 때문에 선입견이 생기는 경우가 흔합니다.

사람도 이름 때문에 제대로 평가받지 못하는 경우가 종종 있습니다. 역사에서 조선의 문신이자 군인이었던 김여물, 발해의 시조 대조영의 아버지 걸걸중상, 고구려 고국천왕의 동생이자 산상왕의 형인 고발기, 동양 철학자 고자, 조선 시대 문관 김치, 조선 시대

문관 이시발, 조선의 무신 배설과 그의 동생 배즙, 광해군의 본명인 이혼은 당시에는 고상했을지 몰라도 지금의 잣대로 보면 우스꽝스러운 이름들입니다. 그 외에도 아이의 이름을 예쁘게 지으면 단명한다고 생각하여 개똥이, 쇠똥이, 언년이라는 이름이 있었고 저승사자가 잡아가지 못하도록 붙들어 매어놓는다고 하여 붙들이라는 이름도 꽤 흔했습니다. 옛날에는 의술이 발달하지 않아 유아 사망이 많았기 때문입니다.

자연 속에 존재하는 이름도 만만치 않습니다. 한복의 허리춤에 다는 복주머니처럼 생긴 복주머니꽃은 한때 개불알꽃이라고 불렸습니다. 꽃봉오리를 숙이고 있다고 하여 할미꽃, 제비꽃의 방언인 앉은뱅이꽃, 갈고리 같은 가시의 쓰임새를 상상한 며느리밑씻개, 비하의 의미를 지닌 개똥쑥, 개옻나무, 거지딸기 같은 이름도 있습니다. 동물에도 꼽추재주나방, 무당벌레, 벙어리뻐꾸기, 송장벌레, 문둥이박쥐 등 부정적인 이름이 많습니다. 개가 들으면 기절할 이름인 개나리, 개비자, 개여뀌, 개살구처럼 '개'가 접두어로 들어가면 부정의 의미를 지녀 어떤 것의 아류쯤으로 인식하게 됩니다. 바꿔 생각하면 개들의 사회에서 못된 개를 일컬어 '사람 같은 개'라고 부르는 것과 같은 이치입니다.[24]

언어생태학자들은 인간이 자연을 파괴하고 환경을 오염시키는 행동을 은폐하거나 호도하기 위해 사용하던 용어를 버리고, 있는 그대로 솔직하게 현실을 드러내는 표현을 사용할 것을 주장합니다. 인간 중심주의를 버리고 자연의 관점에 걸맞은 이름을 붙여주는 일을 '생태적 개명'이라고 합니다. 종 차별을 넘어 생물의 눈높이에 맞게 이름을 붙여주면 세상은 그만큼 환해집니다. 인간의 입장이 아니라 생물이나 무생물의 입장에서 이름을 붙여준다면 대상은 새롭게 다가올 것입니다. 한편 인간중심주의에 젖어 있어도 자연을 열린 마음으로 들여다보면 좋은 이름이 탄생하기도 합니다. 앵도나무, 달맞이꽃, 담쟁이, 노루귀, 겨우살이, 괭이눈, 나팔꽃, 백리향, 붓꽃, 초롱꽃, 해바라기 등은 한 번 들으면 잊히지 않는 예쁜 이름, 대상과 찰떡궁합을 이루는 이름입니다.

이름은 한 존재의 인격을 대변하기도 하고, 운명을 점치는 기준이 되기도 하며, 호감과 비호감을 가르기도 합니다. 특히 유교가 지배하던 시대에는 이름을 통해 사람을 평가하고 심판하기도 했습니다. 이름이 운명의 반을 지배한 셈이지요. 그래서 아이가 태어나면 이름 짓는 데 여간 신경 쓴 게 아니었다고 합니다. 이름이 삶에 미치는 영향이 큰 것을 보면 이름을 잘 지어야겠다는 생각이 들지 않나요?

강아지를 입양해 집에 들어오는 날 식구들이 모여 강아지의 이름 짓기에 골몰합니다. 이름이 운명의 반을 좌우한다고 생각하니 쉽게 의견이 좁혀지지 않습니다. 개는 자기 이름을 알아들으므로 한 번에 잘 지어야 합니다. 만약 중간에 생태적 개명이라도 당하면 어리둥절 못 알아들을 테니까요. 참고로 저는 옆집 개 이름을 '왈왈이'라고 부르는데 개 양육자는 '해피'라고 부릅니다. 재미있는 일은 개 양육자가 '해피'라고 부를 때보다 제가 '왈왈아' 하고 부를 때 개가 더 좋아한다는 것입니다. 자기가 잘 짖는 개라는 것을 알아서 그러는 것일까요? 아니면 영어를 못 알아들어서 그러는 것일까요?

생명윤리
bioethics

의술이 윤리와 손잡아야 하는 이유

1980년대 후반 미국의 병리학자 잭 키보키언이 자살 기계를 고안했습니다. 그가 기계를 만든 동기는 불치병으로 고통받는 환자들을 안락사하는 것이었습니다. 기계의 원리는 간단했습니다. 환자가 스위치를 누르면 링거를 통해 마취제가 주사되고, 의식을 잃은 환자의 몸속에 염화칼륨 용액이 흘러들어 심장이 멎는 원리입니다. 여기서 중요한 사실은 의사 자신이 법적인 문제를 피하려는 목적도 있지만 환자가 스스로 스위치를 작동하므로 자율적으로 죽음을 선택할 수 있게 자살 기계가 설계되어 있다는 것입니다. 키보키언의 발명은 안락사에 대한 윤리적 논쟁에 불을 붙였고, 의술의 발달에 따르는 윤리 의식이 얼마나 중요한 것인지 보여주는 사

례가 되었습니다.[25]

인류는 '생명 연장'이라는 꿈을 실현하기 위해서도 부단히 노력해왔습니다. 의료 기술의 발달에는 많은 윤리적 문제가 따랐습니다. 인공 심장이나 장기 이식, 줄기 세포를 이용한 치료뿐 아니라, 특히 최근 유전공학의 발달로 유전자 치료, 유전자 가위, 배아 복제 같은 기술이 등장하며 기대와 우려가 함께 뒤따릅니다. 이러한 윤리적 문제를 다루는 응용윤리를 생명윤리Bioethics라고 합니다.

생명이란 살아 있음을 살아 있게 하는 것입니다. 생물학적 관점에서 생명의 정의를 내리기는 쉽지 않지만, 일반적으로 다음과 같은 특징을 전부 포함하거나 일부 포함한 것을 생명이 있다고 봅니다. 첫째, 외부로부터 에너지를 받아들이며 숨을 쉽니다. 둘째, 세포가 있고 자극에 반응하며 복제 능력이 있습니다. 셋째, 환경의 변화를 감지하며 시대와 더불어 진화합니다. 넷째, 공동체에 속해 있으면서 자신을 고칠 수 있는 능력(회복탄력성)을 지니며 자신을 넘어설 수도 있습니다. 생명의 정의를 두고 학자들 간에 이견이 있겠지만 앞서 언급한 특징들 중 어느 것 하나라도 특별히 강조해서는 안 된다는 점에는 대부분 동의하는 편입니다. 그 이유는 생명 현상의 다양성 때문입니다. 예를 들어, 사막에 사는 식물의 씨앗은 오랫동안 휴면을 하는데 외부에서 에너지를 공급받지 않고 분자를 전환시키지도 않으며 생식도 하지 않으나 살아 있습니다. 바이러스는 세포도 없고 스스로 생리 기능을 수행하지도 못하지만 유전 정보를 지니고 있으며 돌연변이를 일으키고 진화도 합니다. 사람은 어떤가요. 앞서 언급한 생명의 특징 중 첫째, 둘째까지는 자신 있어하지만 셋째부터는 자신 없어하는 경우가 있습니다. 우리는 주변의 환경을 감지하여 자신을 고쳐나가고 넘어서는 데 주저하기 때문입니다. 이는 생명윤리 문제와도 깊은 관련이 있습니다.

생명윤리는 과학의 발달로 가능해진 장기 이식부터 배아 줄기세포 연구, 시험관 아기, 생명 연장술, 동식물의 유전자 조작까지 과거에는 생각지도 못했던 문제들이 등장하여 새로운 사고의 틀이 요구되자 탄생한 것입니다. 윤리는 옳고 그름을 판정하는 사고의 틀을 제공합니다. 생명윤리에 대한 의식이 없으면 사람을 사고팔거나 죽이거나 고통스럽게 하면서도 아무런 죄의식을 느끼지 못합니다. 제2차 세계대전 중 독일의 유대인 학살, 그리고 일본군 731부대가 자행한 생체 해부, 거세, 세균 감염, 독극물 투여처럼 전쟁과 관련된 만행이 전 세계에 알려지면서 다시는 이런 일이 일어나지 않도록 하기 위해 인간 대상 실험에 대한 윤리적 연구 원칙을 담은 '뉘른베르크 강령'이 만들어졌습니다. 이것은 훗날 유엔 총회에서 채택된 '세계 인권 선언'에도 영향을 주었고 현대 의학 교육의 지침이 되었습니다.

생명윤리의 문제에서 과학 기술의 발달은 양날의 칼과 같습니다. 과학 기술의 발달은 인류에게 많은 혜택을 가져다주었지만, 이와 동시에 생명윤리와 관련된 복잡하고 모호한 문제를 일으키기도 했습니다. 2004년 10월 '인간 게놈 프로젝트'가 완성되어 유전병 치료와 예방의 길이 열렸습니다. 질병을 일으키는 유전자를 정상적인 유전자로 바꾸어 치료할 수 있게 된 것이지요. 이러한 유전자 치료는 체세포를 대신한 것이지만, 만약 생식세포로 확대될 경우 생식세포에서 질병 유전자를 제거하는 데 그치지 않고 형질을 개량하는 유전자를 보강하여 맞춤형 아기를 만들어낼 수도 있습니다. 과학 기술을 올바르게 사용하느냐 못하느냐의 문제는 오로지 사람에게 달려 있습니다. 21세기의 과학이 윤리와 손잡고 가야 하는 이유입니다.

생명윤리의 기본 강령은 전통적으로 "타인의 자유를 인정하고, 타인을 괴롭히지 말고 배려심과 동정심으로 대하며, 분배와 관련해서는 정의로워야 한다"고 강조합니다. 현대의 생명윤리는 과학이 발달하면서 끝없는 질문에 휩싸였습니다. 낙태 문제는? 안락사는? 동물 장기를 사람 몸에 이식한다면? 윤리는 이에 답해야 합니다.

이 문제를 인간 이외의 동식물에게까지 확대하여 생각해볼 수도 있습니다. 이미 동물보호법이 제정되어 동물들이 보호받고 있으며, 최근에는 산림보호법이 개정되어 '나무의사제도'가 시행되며 나무들도 의료 혜택을 받게 되었습니다. 인류에게 무한 봉사를 하는 나무들에게 좋은 소식이 아닐 수 없습니다.

서양 의학이 발달한 원인 중의 하나는 의술 발달의 시작점에 '히포크라테스 선서'가 있었기 때문입니다. 의사는 언제나 환자에게 가장 유리하게 행동하고 적어도 환자에게 해를 끼치지 않으려고 해야 한다는 것이 선서의 골자입니다. '히포크라테스 선서'가 등장했던 고대 그리스에도 얼마나 돌팔이 의사가 많았으면 그렇게까지 의학적 윤리를 강조했나 싶지만 2500년이 지난 현재에도 곱씹어볼 만한 내용입니다. 특히 나무의사에게는 더 강력한 윤리의식이 필요합니다. 왜냐면 나무는 말을 못하기 때문입니다. 누가 무슨 짓을 해도 나무는 항변하거나 고소할 수 없으므로 함부로 대하기 쉽습니다. 말 못하는 아이부터 동물과 식물에 이르기까지 이들을 치료하는 의사는 생명윤리에 대해 숙고하고 이를 실천하려고 노력해야 합니다. 간디는 이렇게 말했습니다. "한 국가의 위대함과 도덕적 진보는 동물이 받는 대우로 가늠할 수 있다." 비단 동물에 관한 것만은 아니겠지요. 연약한 존재까지 동등하게 대하고 진심으로 보듬는 포용력이 우리 사회의 참모습을 드러냅니다.

2장

성性
본바탕을 이루는

지구

earth

외로우니까, 테라포밍

달나라에 다녀온 문어가 물살이 동물들을 모아놓고 말했습니다. "여러분, 지구는 지구地球가 아닙니다. 나가서 보면 수구水球입니다. 물방울이라는 뜻이에요. 땅덩어리는 29퍼센트밖에 안 되고 나머지 71퍼센트는 물로 덮인 행성이에요." 이때 남극에 사는 펭귄이 지나가다 한마디 거들고 나섭니다. "그럼 빙하기가 오면 빙구氷球냐?" 이 광경을 지켜본 고래가 점잖게 말합니다. "둘 다 맞는 말이긴 한데 인류가 살아 있는 한 지구야." 육지에서 살다 왔다고 고향 사람들 편을 드는가 봅니다. 지구는 태양계에서 유일하게 물이 풍부한 곳이지요. 그렇지만 물만 있다고 생명이 살 수 있나요? 지구에서 육지는 바다에 비해 면적은 작지만 작은 만큼 소중한 존재이고요. 적당한 온도도 필요합니다. 산업화 이전 기준, 지구의 평균 온도는 약 14도인데, 이는 생물들이 살기에 적당한 온도입니다. 천문학에서는 생명체가 살아가기에 적합한 환경인 지역을 '골디락스 존Goldilocks Zone'이라고 부릅니다.

 1912년 4월, 당시 세계에서 가장 큰 여객선이 영국의 사우샘프턴 항구를 빠져나갔습니다. 배가 하도 커서 건조 당시부터 '신도 침몰시킬 수 없는 배'라는 별명이 붙었습니다. 수영장, 헬스장, 무도장을 갖춘 호화로운 여객선이었지요. 검은 연기를 내뿜으며 늠름하게 첫 출항을 하는 배를 보면서 많은 이들이 과학 기술의 발달과 그것을 거침없이 구현한 인간의 힘에 감탄하고 환호했습니다. 그러나 여객선은 출항한 지 5일 만에 빙산과 충돌하여 무려 1500여 명의 희생자를 내고 대서양의 찬 바다에 가라앉고 맙니다. 인류의 자존심이 구겨진 날이었지요. 배가 너무 커서 절대 침몰하지 않을 것이라는 믿음이 문제였습니다. 지구도 마찬가지입니다. 지구는 우리가 상상하는 것보다 그리 크지 않습니다. 생명이 살고 있는 공간은 해저에서부터 외부 공간까지 수직으로 65킬로미터가 채 되지 않는 얇은 막과 같습니다. 천체물리학자 칼 세이건이 보이저 1호가 보내온 지구 사진을 보며 "창백한 푸른 점"이라 명명하고는 "이 점을 보라! 여기가 우리의 고향이다. 지구는 우주라는 광활한 공간 속의 지극히 작은 무대다"[1]라고 말할 정도로 지구는 작습니다. 그래서일까요. 인류는 지구보다 더 크고 살기 좋은 행성을 찾으려 하고 있습니다.

'골디락스 존'이 되려면 반드시 암석 행성이어야 하고, 액체 상태의 물이 존재해야 하며, 대기압과 대기를 구성할 정도의 크기여야 하고, 자기장을 형성하여 우주 방사성 입자를 막아낼 수 있어야 합니다. 비록 이런 조건을 갖추었다 하더라도 인류가 정착하기는 쉽지 않습니다. 인류가 살기에 적합한 생태계를 조성한 후에나 정착이 가능합니다. 그렇게 만들려면 엄청난 재원과 몇백 년에서 몇억 년이라는 시간이 소요됩니다. 천문학자들이 천문학적인 돈을 쏟아부으며 우주에 망원경을 띄우고 '골디락스 존'을 찾는 이유는 무엇일까요? 지구에서 지속 가능하게 살 수 없다고 생각하기 때문일까요? 아니면 지구에 없는 자원을 가져오기 위한 것일까요? 어쨌거나 인류가 정착하기 위해서는 '테라포밍 Terraforming'을 해야겠지요?

'테라포밍'이란 지구 밖의 다른 행성에 지구의 환경과 비슷한 환경을 조성하는 일입니다. 땅과 지구를 뜻하는 'Terra'와 형성하다라는 뜻의 'forming'의 합성어로 '지구화地球化'라는 뜻을 지닙니다. 예를 들어 화성을 테라포밍하려면, 우선 대기 조성물을 변경해야 합니다. 화성의 대기는 중력이 작기 때문에 대기압이 낮고 95퍼센트의 이산화탄소로 구성되어 있어서 지구와 대기를 유사하게 변경하기 위해서는 산소와 이산화탄소와 질소 등의 기체를 대기에 추가하여 균형을 맞춰야 합니다. 그 다음으로는 물을 가두기 위해 땅을 파고 호수를 만들어야 합니다. 마지막으로 태양열을 가두기 위해 온실 가스를 뿌리고, 적정한 온도가 되면 단세포 같은 작은 생명체를 이식하고 식물이 자랄 수 있는 환경을 조성한 뒤 식물을 심고 기다려야 합니다.

  식물들이 자라기 시작하면 곤충들을 데려다 수분을 돕게 하고 유기물을 부식시킬 수 있는 곰팡이 균을 이식하여 유기물을 분해한 다음 흙을 만들어야 합니다. 그런 다음 동물들을 노아의 방주에 태우듯 화성으로 데려다 살 수 있으면 그때서야 사람도 본격적으로 이주가 가능합니다. 어떤가요? 지구 역사 45억 년을 압축하는 작업 같아 보이지 않나요? 만약 각각의 과정에서 어느 하나라도 삐끗하면 모든 것이 물거품이 됩니다. 시간 또한 우리 편이 아닙니다. 지구가 망가지는 속도에 비해 테라포밍의 속도는 우주의 시간처럼 느리게 흘러가니까요. 우주로 향할 수밖에 없더라도, 저는 과학자들이 이렇게 표현해주었으면 좋겠어요. 지구가 '외로우니까 테라포밍'하는 거라고. 지구에게 친구를 하나 만들어주려고 하는 거라고. 지구는 그만큼 소중한 존재이니까요.

가지
branch

질문과 망설임의 결과물

하늘에서 번개가 치는 모습은 잎이 떨어진 겨울나무와 닮았습니다. 번갯불은 한 점에서 섬광이 일며 땅으로 내리꽂힙니다. 굵은 줄기와 줄기에서 벋은 곁가지들이 구불거리며 땅으로 향합니다. 나무도 마찬가지입니다. 밑동에서 출발한 줄기가 갈라지고, 갈라진 가지에서 이차 가지와 삼차 가지가 일정한 법칙을 따라 하늘로 향합니다.[2] 구불거리는 바깥쪽에서 난 가지가 살아남아 또다시 같은 방식으로 가지를 벋습니다. 이 과정은 자연에서 흔하게 관찰됩니다. 산줄기와 물줄기도 서로를 따라 흐르거나 그물처럼 퍼지기도 하면서 줄기와 가지를 벋습니다. 산줄기와 물줄기의 형상은 자연의 물리적 현상이지만, 나무는 살아 있는 생명이라 그런 형상에 이르기까지 수많은 질문과 망설임의 흔적을 발견할 수 있습니다.

눈이 자란 궤적을 가지라고 합니다. 작은 가지와 눈, 그리고 잎은 외부 세계를 감지하는 레이더 역할을 합니다. 다양한 정보를 수집하여 분석하는 곳이지요. 낮과 밤의 길이를 재고, 중력과 바람에 대한 정보를 수집하며, 주변 가지들의 방향을 탐지합니다. 만약 잘못된 정보를 수집했거나 분석이 잘못되면 그 가지는 여지없이 삭정이가 됩니다. 그래서 가지들은 끊임없이 질문을 하며 주변을 살펴야 합니다. 필자가 관찰해본 결과 나무는 다음과 같은 질문을 던지며 벋어나간다는 사실을 알게 되었습니다.

첫 번째 질문. 올해는 뿌리를 얼마만큼 만들어야 잎들이 갈증을 느끼지 않을까?

이 질문에는 모두 갸우뚱할 것입니다. 가지가 뿌리를 만든다는 논리이기 때문입니다. 아니, 가지가 뿌리를 만든다고요? 맞습니다. 믿기지 않겠지만 뿌리는 눈들이 싹을 틔우기 전에 올해 필요한 양의 뿌리를 만들어두어야 하는데, 뿌리의 입장에서는 지상의 상황을 알 수가 없어요. 그래서 가지들이 각자 필요한 만큼의 뿌리를 만들어달라고 뿌리에게 요청합니다. 이때 가지와 뿌리를 이어주는 전령사 역할을 맡은 물질을 식물호르몬이라고 부릅니다. 여러 종류의 식물 호르몬 중에서 '옥신auxin'이라는 호르몬이 이 일을 맡습니다.

두 번째 질문. 빛을 최대치로 수집하려면 어디로 가지를 벋어야 할까?

나뭇가지를 비롯하여 바닷속의 산호, 강줄기, 산줄기, 번개 치는 모습 등은 비슷한 과정을 반복합니다. 과학자들은 이런 현상을 '프랙털fractal'이라고 부릅니다. 유체의 흐름에서 최적화된 형태를 가리키는 용어입니다. 임의의 한 부분이 전체의 모습과 닮아 있는 형태를 하고 있죠. 나뭇가지 역시 한정된 공간에서 서로 겹치지 않고 효율적으로 빛을 이용하기 위해 이 이론에 충실히 따라야 합니다. 잎이 나는 방법 중에서 식물의 잎이 줄기의 한 마디에 한 장씩 나는 '어긋나기'는 효율적이지만, 줄기에 잎이 두 장씩 서로 마주 보며 나는 '마주나기'는 어느 한쪽을 희생해야만 이 이론에 충실히 따를 수 있습니다. 그러면 '마주나기'를 따르는 식물은 왜 그런 선택을 했을까요? 곰곰이 생각해보면 '마주나기'는 엽량이 '어긋나기'에 비해 두 배가 되므로 초기 생장에 유리할 것이라고 추정해봅니다.

세 번째 질문. 뿌리가 못 버틸 만큼 가지를 멀리 벋어서는 안 된다는 과제를 어떻게 풀까?

가지는 빛을 향해 맘껏 자라고 싶지만 뿌리가 지탱할 수 있는 만큼만 자라야 합니다. 이때 발생하는 과제를 뿌리가 떠안게 됩니다. 뿌리는 지상부가 흔들릴 때마다 멀리 벋어나갑니다. 예를 들어가지가 다른 나무에 기대고 있거나 옮겨 심은 나무의 경우 지주대가 줄기에 오래도록 붙어 있으면, 나무는 자신이 튼튼하게 서 있다고 착각합니다. 그럴 때 나무는 당연히 뿌리를 벋는 것을 게을리하게 됩니다. 만약 가지가 대책 없이 웃자란다면 거센 바람이 불 때 가차 없이 잘려나가게 됩니다. 나무는 빛이 디자인하고 바람이 다듬으니까요.

네 번째 질문. 다른 가지와 보조를 맞추려면 어떻게 욕심을 자제해야 할까?

이 문제는 그리 간단치가 않습니다. 침엽수와 활엽수가 서로 다른 전략을 취하기 때문입니다. 침엽수는 활엽수에 비해 가지를 벋는 데 그리 고민하지 않습니다. 대부분의 침엽수는 중심에 있는 우듬지가 10센티미터 자라면 가지도 10센티미터 자란다는 원칙을 지키므로 전체 모양은 크리스마스트리같이 원추형이 됩니다. 반면에 활엽수들은 자유분방하게 가지를 벋습니다. 그 결과 활엽수의 가지는 다른 가지와 보조를 맞추지 않고 먼저 하늘을 차지하려고 합니다. 하지만 독립적으로 자라는 나무라면 사정이 다릅니다. 빛을 골고루 받을 수 있으니까 가지들끼리 조율하는 것이 가능하여 가지런하게 본연의 모습을 갖추게 됩니다.

다섯 번째 질문. 가지를 어디로 벋어나가야 아래 가지에 방해가

안 될까?

  이 질문은 배려심에서 비롯된 것이므로 침엽수나 활엽수 모두 간단하게 해결합니다. 바큇살처럼 식물 줄기의 한 마디에서 잎이 두 장 이상 바퀴 모양으로 나는 '돌려나기'를 하는 침엽수들은 각도를 조금씩 비틀면서 가지를 벋어나가면 되고, 활엽수 중에서 '마주나기'를 하는 나무는 위에서 볼 때 십자 모양으로 어긋나기를 하고, '어긋나기' 나무는 나사처럼 틀며 가지를 벋어나가면 됩니다. 그렇게 하면 위에 있는 가지가 아래 가지의 광합성을 방해하지 않게 됩니다.

  여섯 번째 질문. 어디를 보강해야 가지가 태풍이나 눈에 부러지지 않고 버틸 수 있을까?

  이 문제는 침엽수와 활엽수가 서로 다른 전략을 취합니다. 눈이 많이 오는 지역에 적응한 대부분의 침엽수들은 가지가 짧고 아래로 처지기 때문에 별도의 보강 작업이 필요치 않지만, 가지를 멀리 보내야 하는 활엽수의 경우 팔을 벌리면 겨드랑이에 해당하는 곳인 가지밑살을 두툼하게 덧대야 합니다. 이것은 선반이 처지지 않도록 브라켓bracket을 받쳐주는 것과 같은 원리입니다. 이른 봄, 습기를 많이 머금은 눈이 오면 소나무 가지가 많이 부러지는 것을 볼 수 있습니다. 이런 현상은 소나무가 대책 없이 가지를 멀리 보낸 탓도 있지만 진화의 시간에서 가지밑살을 미처 못 만들었기 때문입니다. 그런 측면에서 보면 소나무는 아직 이 땅에 맞는 자신의 정체성을 확립하지 못한 어정쩡한 나무입니다.

일곱 번째 질문. 꽃눈을 가지에 어디쯤 맺어야 번식에 성공할까?
나무 입장에서 보면 심각한 질문입니다. 튼실한 열매를 맺으려면 역지力枝에 꽃을 피워야 합니다. 여기서 역지라 함은 햇빛을 충분히 받아서 광합성을 활발히 할 수 있는 위치에 있는 가지를 말합니다. 그러면 가지 끝에 꽃을 피우면 될 텐데 무엇이 문제란 말인가요? 이는 나무의 속사정을 모르고 하는 말입니다. 쭉 벋은 가지 끝 낭창낭창한 곳에 사과나 배같이 큰 열매가 달렸다고 상상해 보세요. 어떻게 될까요? 큰 열매를 지탱하지 못하고 가지가 찢어지거나 처지겠지요. 그렇게 되면 역지의 역할은 고사하고 가지 전체를 위험에 빠뜨리게 됩니다. 유실수들은 열매의 크기에 따라 일년생 가지, 이년생 가지, 삼년생 가지 등 정해진 위치에 열매를 맺도록 약속을 합니다.

겨울 숲에서 하늘을 올려다보는 것은 비행기에서 도시를 내려다보는 것과 같습니다. 신도시에는 빌딩들이 넓은 면적을 차지하고 있지만 오래된 도시에는 조그만 집들이 작은 구획을 이루어 고만고만합니다. 나무도 그러합니다. 큰 잎을 달았던 나무의 가지들은 하늘을 큼직큼직하게 분할하여 큰 방을 만들고, 작은 잎을 달았던 나무는 올망졸망 밀집된 작은 방을 만듭니다. 방은 잎들이 거주하던 공간입니다. 겨울에는 없지만 봄이 되면 방들은 빼곡히 들어차 각자의 일을 하겠지요. 여러분들도 겨울 숲에서 나무를 올려다본다면 수많은 가지들이 질문을 던지며 망설이고 있는 모습을 보실 수 있을 겁니다. 왜 그렇게 많은 질문을 하느냐고 물어보면 가지들은 이렇게 대답할 것입니다. "우리는 떨어져 있는 것 같지만 서로 연결된 몸이거든요. 서로 배려하지 않고는 살아갈 수 없는 존재이니까요. 사람도 그렇지 않나요?"

산

mountain

중력에 저항하는 중

산을 뜻하는 영문자 'Mountain'은 원래 라틴어 'mons'에서 유래된 말인데 이는 "높이 솟아 있는 땅"이라는 의미입니다. 우리나라의 경우에는 100미터를 기준으로 하여 그 이상을 산이라 하고 그보다 낮은 곳은 언덕이라고 부릅니다. 산은 이루어진 성분에 따라 구분되기도 합니다. 북한산이나 설악산처럼 바위로 이루어진 악산惡山도 있고, 지리산처럼 흙으로 이루어져 부드러운 육산肉山도 있습니다. 산은 백두대간처럼 서로 연결되어 내달리기도 하고, 월출산처럼 평야 한가운데 우뚝 솟아올라 어디서 뜬금없이 날아왔다 하여 비래산飛來山으로 취급받는 외로운 산도 있습니다.

산에 오르면 능선들이 중첩되며 산의 결들이 운율을 이루며 겹

겹이 이어집니다. 앞산은 몸을 낮추고 뒷산은 까치발을 들고 있는 모습이 악보처럼 화음을 이루는 것 같지요. 이를 '산결'이라고 부릅니다. '산'과 '결'의 합성어인 산결은 '산줄기가 내달리며 물결처럼 생긴 선들의 모임'을 가리킵니다. 앞산에서는 진하다가 뒤로 갈수록 점점 옅어지는 선들은 여름보다 겨울에 잘 드러납니다. 눈이라도 쌓이면 능선의 소나무들이 말갈기 같은 모습을 띠어 더욱 역동적입니다. 이런 풍경을 놓치지 않고 기록한 음악인이 있었습니다. 브라질의 작곡가 에이토르 빌라로부스는 중첩되어 흐르는 산의 결을 오선지에 그대로 옮긴 곡을 발표하기도 했습니다.[3] 만약에 그가 한국의 겨울 산을 보았다면 전국의 명산을 돌아다니며 산마다 멋진 곡들을 작곡하여 헌정했을 텐데 아쉽습니다. 산결이라는 단어가 언젠가 사전에 등재될 날이 올 것이라고 확신합니다. 언어는 살아 있는 생물과 같아서 태어나기도 하고 사라지기도 하는 것이니까요.

산은 신성한 장소입니다. 동서양을 막론하고 경배의 대상이 되었습니다. 우리나라에서도 예외는 아닙니다. 민족의 성산이라고 불리는 태백산은 신이 깃든 공간으로 여겨졌기 때문에 산 전체가 하나의 제단이라고 할 수 있습니다. 정상부에 자리한 천제단을 비롯하여 문수봉과 산기슭 곳곳에 즐비한 기도처는 이를 느끼기에 충분합니다. 천제단 가운데에 있는 천왕단은 하늘에, 장군단은 사람에, 하단은 땅에 제사를 지내는 곳으로 지금도 매년 개천절이면 천제단과 단군성전에서 제를 올립니다. 힘들게 산에 올라 제를 지 낸다는 것은 인간의 나약함을 극복하고 스스로를 초월하려는 인간 정신의 메타포와도 같습니다.

인자요산仁者樂山이라는 말이 있습니다. 어진 사람은 의리에 만족하여 몸가짐이 무겁고 덕이 두터워 그 마음이 산과 비슷하므로 자연히 산을 좋아한다는 뜻입니다. 조선 시대의 유명한 도학자인 남명 조식은 당시 퇴계 이황에 버금가는 학문을 이루었는데도 벼슬자리에 나가지 않고 지리산에 은둔하며 후진 양성에 힘쓴 인물입니다. 그가 지리산을 열세 번이나 오르며 얻은 교훈은 "산은 오르는 것은 힘들지만 내려오는 것은 쉽다"는 것이었습니다. 남명 선생은 이를 실천하기 힘든 선행과 쉽게 빠질 수 있는 악행에 비유하며, 선을 좇는 것은 산을 오르는 것과 같이 힘든 반면 악을 따름은 산을 내려오는 것처럼 쉽다고 말했습니다. 산은 우리를 가르치지는 않지만 깨달음에 이르게 하는 힘이 있나 봅니다. 그러하기에 산은 생각의 깊이가 만들어낸 높은 곳이라는 결론에 이를 수 있습니다. 높이가 아니라 깊이가 더 중요합니다. 눈에 보이는 높이가 아니라 마음의 깊이도 헤아릴 줄 알아야 한다는 뜻이지요.

자연주의 철학자 존 뮤어가 "산을 오르는 것은 자유를 향한 여행이다"라는 말을 남길 만큼 산은 영혼의 무게를 가볍게 해주고 스스로 성장할 기회를 부여합니다. 산을 오르는 행위는 인간 정신의 여정을 상징하며, 단순한 물리적인 활동을 넘어 스스로를 극복하고 성장하는 과정입니다. 또한 자연과 마주하면서 우리 내면의 평온을 찾는 것과 연관되며, 이는 자신과 대화를 나누며 스스로 해답을 찾기에 가능한 일입니다. 시끄러운 도시와는 달리 산의 정적은 우리의 내면과 소통하게 하고 삶의 의미와 목적에 대해 생각하게 합니다. 산 속에서 자연의 일부가 되면 인간이 작고 무의미한 존재로 여겨질 수도 있습니다. 그렇기에 산은 우리 자신의 존재와 삶의 가치에 대해 더 깊이 이해하도록 도움을 줍니다.

산은 누가 보느냐에 따라 가치가 달라집니다. 산림은 문학, 예술, 교육, 종교 등의 터전을 제공하는 문화적 기능뿐 아니라 공기 정화, 기후 완화, 소음 방지, 보건 휴양 등 다양한 공익적 기능을 맡습니다. 2020년 산림청 발표에 따르면 우리나라 산림의 공익적 가치는 221조 원에 육박하는 것으로 나타났습니다. 국민 한 명이 받는 혜택으로 환산하면 연간 499만 원이나 됩니다. 그중에서도 온실 가스의 흡수·저장 기능이 97조 6천억 원의 가치로 평가되어 총 평가액 중 가장 높은 비율인 37.8퍼센트를 차지했습니다. 이어 경관 제공 기능이 31조 8천억 원(12.3퍼센트), 산림 휴양 기능이 28조 4천억 원(11퍼센트), 토사 유출 방지 기능이 26조 1천억 원(10.1퍼센트)이었고 그 외에도 수원 함양이나 정수 기능, 토사 유출 방지, 산소 생산, 대기질 개선, 열섬 완화, 생물 다양성 보전까지 다양한 기능이 그 액수를 더해가고 있습니다.

평지림이 없는 우리나라는 숲이 산이고 산이 숲입니다. 생태학적으로는 다양한 이점을 제공하는 곳이고, 경제적으로는 목재나 임산물 같은 재생 가능한 바이오매스가 풍부한 곳이며, 환경적으로는 맑은 물과 맑은 공기를 공급하며 기후 변화를 완화하는 역할을 합니다. 문화적으로는 많은 예술가들에게 영감을 주거나, 번잡한 도시를 떠나 잠시 휴식을 취하며 심신을 단련하는 공간이 되어 주기도 합니다. 하지만 산림 파괴가 가속화되고 기후 변화는 나무들을 쇠약하게 하여 오늘날 우리의 산은 화재에 더욱 취약해지고 있습니다. 1인당 499만 원의 가치를 유지하기 위해서 어떻게 해야 할지 여러분은 이미 알고 계시겠지만요.

백두대간

baekdudaegan

산은 물을 건너지 못한다는 생각

"산맥은 산줄기가 아니라네." 이건 또 무슨 말인가. 자다가 봉창 두드리는 소리도 아니고. 산맥이 산줄기가 아니라면 초등학교 때 달달 외웠던 태백산맥, 소백산맥, 차령산맥은 무엇이라는 말인가. 호랑이 등뼈처럼 생긴 설악산, 오대산, 청옥산, 두타산, 태백산을 태백산맥으로 알고 있고 차령산맥은 오대산에서 발원하여 치악산을 지나 충청도까지 간다고 배웠는데, 실제로 이 지역에 가보면 치악산을 지나 남한강을 만나면서 맥이 끊기고 맙니다. 소백산맥은 소백산에서 여수까지 뻗었다는데 실제로 가보면 섬진강이 가로막고 있고, 노령산맥은 속리산에서 운장산을 넘지 못하고 금강 앞에서 맥이 끊깁니다. 산맥이란 산과 산이 마루금으로 이어져야 하는

데 산줄기가 내를 건너고 강을 건너야 한다니 이상하지 않나요?

1980년 어느 날, 인사동 헌책방을 순례하던 산악인 이우형은 먼지 가득한 더미 속에서 '산경표'라 이름 붙은 책을 우연히 발견합니다.[4] 『산경표』는 지리서입니다. 백두산에서 발원하여 중심을 이루는 백두대간과 대간에서 벋어나간 맥 중에서 가장 긴 맥을 정맥으로 삼는다는 원칙을 세우고 각 산들을 족보처럼 기록한 책입니다. 이렇게 하면 정맥의 어느 산을 오르더라도 내 하나 건너지 않고 위쪽으로 가다보면 백두산에 이르게 됩니다. 상상해보세요. 커다란 나무 한 그루가 거꾸로 서 있는 모양을. 어느 가지를 더듬어 올라가도 뿌리에 이르지 않나요? 물줄기도 마찬가지입니다. 계곡에서 발원한 물줄기를 따라 내려가다 보면 바다에 이르게 됩니다. 산줄기가 물을 건너지 않고 끊김 없이 바다에 이르면, 물줄기 역시 산의 품에 안겨 가지 틈 사이로 바다에 이릅니다.

『산경표』는 땅에 대한 두 개의 인식 체계를 품고 있습니다. 첫째, 산은 물을 가르고 물은 산을 넘지 않는다는 산자분수령山自分水嶺입니다. 한반도의 뼈대를 이루는 백두대간은 북에서 남으로 중심 줄기를 이루며 내려옵니다. 정맥은 물줄기를 기준으로 하여 산줄기를 나눈 것입니다. 선조들은 산과 강을 따로 보지 않았습니다. 산과 강은 대립하는 것이 아니라 조화를 이루고 있다고 본 것입니다. 이 땅에 산 없이 시작하는 강은 없고 강을 품지 않은 산은 없으니까요. 둘째, 산은 나누고 물은 합친다는 산분수합山分水合입니다. 산은 물만 나누는 것이 아니라 생활 습관, 언어, 문화를 나누지만 물은 모든 것을 합칩니다. 같은 수계水系에 살면 음식 문화도 같고 생활 습관도 같습니다. 그러니 『산경표』는 지리서이기도 하지만 문화까지 다루고 있는 인문서이기도 합니다.

그런데 그렇게 훌륭한 지리 체계를 버리고 왜 노령산맥, 차령산맥을 달달 외우면서 산맥이란 원래 강을 건너다니는 거라고 배우게 됐을까요? 1900년 일본 지리학자 고토 분지로가 광산 개발과 관련하여 지질 조사를 강행했습니다. 일꾼 여섯 명과 당나귀 네 마리를 이끌고 겨우 14개월 동안 한반도를 답사하고 현재의 산맥 체계를 만들었습니다. 이후 우리는 그가 만든 산맥 체계를 현재까지 답습하고 있습니다. 고토를 폄훼할 생각은 없습니다. 그의 산맥 체계는 지질 구조를 가지고 모범 답안을 작성한 것이고 연구 자체는 순수한 것이었으니까요. 문제는 한 나라의 정신을 말살하려고 한 일본 제국주의의 음흉한 생각이 연구의 뒤편에 도사리고 있었고 그가 일본 제국주의의 앞잡이 노릇을 한 것은 부인할 수 없다는 점입니다.[5] 우리는 한반도 지형에서 포효하는 호랑이 모습을 떠올리는데, 고토가 산맥을 제멋대로 그려놓고 한반도가 토끼 같다느니 대륙을 향해 읍소하는 모습이라느니 비아냥거린 것은 학자로서 바른 정신은 아니지요. 따라서 우리가 알고 있는 산맥 개념은 자원 수탈을 목적으로 한 식민 경제의 냄새가 물씬 나는 이론이라

해도 과언이 아닙니다. 다행히도 『산경표』가 세상에 다시 나온 이후 산악인들이 발품을 팔아가며 확인한 결과 놀랍게도 그 책에서 생태적 의미까지 발견하기에 이릅니다.

백두대간의 등줄기는 한반도를 동서로 가르며 생태축의 핵심이 됩니다. 동해 쪽은 급경사이고 부분적으로 해양성 기후의 영향을 받는 반면, 서해 쪽은 완만하게 바다로 향하며 대륙성 기후의 영향을 받기 때문에 생물 다양성의 보고가 됩니다. 한편 백두대간은 남북으로도 이어지므로 대륙의 야생 동식물이 내려오는 이동로이자 서식처가 됩니다. 산양을 비롯한 담비와 삵 같은 야생 동물은 물론이고, 약 120과 1326종의 식물이 자라며 한국 특산 식물 407종 가운데 모데미풀, 금강인가목, 개느삼, 미선나무, 금강초롱 등 109종이 백두대간과 인근의 산에서 자생하고 있습니다. 아고산 지대에는 구상나무, 분비나무, 가문비나무, 눈측백나무, 눈잣나무 등이 자라며 천연림이 많이 분포하여 종 다양성이 풍부하다는 것을 몸소 체험할 수 있습니다. 이론적으로만 알고 있었던 것을

체계적으로 인식하게 된 것이지요.[6]

  백두대간은 생태적으로 가치가 높지만 제대로 알려지기도 전에 개발과 관광으로 인해 심각하게 훼손되었습니다. 특히 터널을 뚫은 뒤 거의 사용하지 않는 육십령, 이화령, 죽령, 싸리재, 대관령뿐 아니라 석회석 채취로 봉우리가 사라진 자병산, 20여 년 넘게 발전을 멈춰버린 도암댐, 흉물이 되어버린 알프스 스키장 등이 백두대간의 생태계를 단절시키는 주요 원인으로 지목되고 있습니다. 기후 변화도 백두대간의 생태계를 위협합니다. 추운 지역을 선호하는 구상나무와 가문비나무는 더는 올라갈 곳이 없어 점차 사라지고 있지요.

  산림청이 '백두대간 보호에 관한 법률' 제정 10주년을 맞아 '백두대간에 대한 인식 및 이용 실태 조사'를 실시한 결과, 우리나라 국민 10명 중 7명은 백두대간에 대해 알고 있으며 백두대간의 가장 중요한 가치로 '다양한 생물 종이 분포하는 한반도의 생태축'을 꼽았습니다. 백두대간의 생태적 가치와 중요성에 대한 국민 인식이 상당히 높음을 알 수 있는 대목입니다.

강

river

물의 고속도로

　강의 형상은 커다란 나무와 같습니다. 가지 끝이 깊은 산의 발원지라면, 잔가지는 계곡이고, 굵은 가지는 지천이며, 줄기는 강에 해당합니다. 나무가 잎에서 만든 영양분을 가지를 거쳐 뿌리까지 나누어주듯, 강 역시 지류들을 산의 능선까지 벋어 올리며 수분과 양분을 모아 들판을 적시고 기름진 땅을 만듭니다. 줄기가 뿌리에 다다르면 폭이 넓어지듯, 강줄기도 바다에 가까워지면 바다처럼 넓어지다 진짜 바다가 됩니다. 나무줄기가 뿌리와 가지를 연결해주는 든든한 버팀목이라면, 강은 산과 바다를 이어주는 가교 역할을 합니다.

　강은 물의 고속도로입니다. "산은 나누고 물은 합친다"는 말이

있습니다. 산줄기는 사람이 왕래하는 데 지리적 장벽이 되지만, 물줄기는 배를 교통수단으로 활용하면서부터 다른 마을과 하나의 문화를 공유해왔습니다. 예를 들면 가평군, 양평군, 여주시 등지에는 넓은 강폭을 이루는 강이 존재하는데 건너편 지역과 하나의 행정 구역으로 묶여 있습니다. 인류 4대 문명의 발상지 모두 강을 끼고 있듯이 우리나라도 서울을 비롯해 경주, 개성, 평양, 공주, 부여 같은 옛 도읍지들은 예외 없이 강을 끼고 있지요. 고속도로가 멀리 떨어진 지리적 공간을 좁히는 역할을 한다면, 강은 많은 사람들을 불러 모으는 문화의 고속도로입니다.

　흐르지 못하는 강물도 있습니다. 고속도로에 사고가 나면 차들이 정체되듯, 강물이 댐이나 보를 만나면 흐르지 못하고 머무르면서 그동안 품어왔던 기름진 것들을 강바닥에 버리고 안절부절못하다가 결국 스스로 썩게 되는 비극을 맞이하게 됩니다. 댐 건설은 마치 나무줄기에 있는 체관이 막혀 뿌리가 굶는 일과 같습니다. 매년 3월 14일은 강의 날입니다. 국제적으로 댐 건설을 반대하고 강과 물, 생명을 살리기 위해 행동하는 날로서 1997년 3월 브라질의 남부 도시 쿠리치바에서 제안되었지요. 세계 각국에서 벌어지는 생태계 파괴는 물론이고 문화와 역사, 지역 공동체까지 파괴하는 무분별한 댐 건설을 중단시키기 위해 제정한 날입니다.
　'강' 하면 가장 먼저 떠오르는 단어는 '오염'입니다. 맑고 투명한 물을 볼 때 우리의 마음이 환해지는 이유는 우리의 몸이 물로 이루어졌기 때문이라고 합니다. 그런데 산업의 발전으로 인해 강은 지구에서 가장 많은 오염원과 접촉하게 됩니다. 강은 생태학적 관점에서 보면 생태계를 형성하는 중요한 자원인데도 우리는 강에 공장 폐수와 산업과 농업에서 사용하는 화학 물질 및 살충제를 방류하고, 각종 폐기물, 플라스틱, 유기물 같은 쓰레기들을 마구 버려 강을 더럽힙니다. 강의 오염은 생태적 불안정의 요인이 됩니다. 생태적 불안정은 쉽게 치유되지 못하고 오랜 기간 우리 삶에 영향을 미치며 자연을 바라보는 이의 마음을 우울하게 합니다.

강이 죽으면 사람도 죽습니다. 강은 생명의 근원이며 우리의 삶과 산업에 필수적이기 때문이지요. 따라서 강물의 수질과 화학적 안정성을 유지하는 것이 건강한 생태계를 보장하는 지름길이 됩니다. 예를 들어 아마존강의 수량이 줄어들고 황폐화되는 이유는 삼림을 파괴하는 데서 비롯되었습니다. 독일의 경우 홍수 피해를 줄이려고 제방을 높이며 무리한 준설을 한 것이 화근이 되어 오히려 더 큰 피해를 입기도 하였지요. 사후약방문이라고나 할까요. 결국 제방과 댐 건설로 인해 더 큰 피해를 보았다는 결론에 이르러 환경 당국이 제방을 헐고 옛 지형을 찾아 홍수터를 복원하는 데 힘쓰고 있습니다. 강 살리기의 기본은 인간 중심의 편리성이나 보기 좋은 모양이 아니라 원래 흘렀던 강의 모습을 되찾는 일에 있음을 보여주는 사례입니다.

물의 순환 체계의 일부인 강은 바다에 이르러 제 역할을 다합니다. 바다에 이르지 못하는 강도 있습니다. 스텝 steppe 기후에서 가끔 비가 내리면 갑자기 불어난 물로 인해 강이 되는 곳이 있는데, 이와 같은 지형을 와디 wadi라고 부릅니다. 대표적인 곳이 아프리카 남서부에 있는 오카방고강입니다. 오카방고강은 아프리카에서 네 번째로 긴 강입니다. 바짝 마른 사막을 통과한 물이 오카방고 삼각주에 다다르면, 풀들이 자라나고 물고기가 모여들며 축제의 장이 열립니다. 이것도 잠시, 건기에 접어들면 강은 다시 침묵 속으로 빠져듭니다. 몽골에도 와디가 있습니다. 사막에 가까운 스텝 지역에서 길을 찾으려면 와디를 잘 기억하거나 아예 와디를 따라 전진하기도 합니다. 가끔 이런 곳에 텐트를 치고 야영을 하면 밤하늘에서는 은하수가 쏟아져 내립니다. 은하수가 메마른 와디를 따라 강물처럼 흐르면 바다로 가는 꿈을 꾸기도 하지요.

법적으로 인격을 부여받은 강도 있습니다. 2017년 뉴질랜드의 황거누이강은 법적으로 인간의 지위를 부여받았습니다. 그곳의 원주민 마오리족은 무려 160년간이나 정부와 힘겨운 싸움을 벌였는데, 그 이유는 자신들이 어머니와 같이 신성하게 여기는 강에 인간과 동등한 권리를 인정하라는 것이었습니다.[7] 이제 황거누이강은 사람처럼 대접받는 강이 되어 원주민들은 전통과 환경을 지키게 되었지요. 앞으로 누군가가 이 강을 해치거나 더럽히면 사람에게 한 것과 똑같이 처벌을 받게 됩니다. 우리나라 강도 황거누이강처럼 대접받는 날이 오기를 바랍니다.

계절

season

지구가 삐딱하게 돌면서 생기는 자연 현상

우리나라는 북반구의 중위도 지역에 위치하여 사계절의 변화를 맞습니다. 일반적으로 3~5월은 봄, 6~8월은 여름, 9~11월은 가을, 12~2월은 겨울이라고 하지요. 하지만 이러한 분류는 거칠어서 5월 31일에서 6월 1일이 된다고 바로 봄에서 여름이 되지는 않습니다. 계절이란 장소와 분류 기준에 따라 달라집니다. 천문학적인 방법, 기후학적인 방법, 생물학적인 방법으로 계절을 분류하기도 합니다.

먼저 천문학적 방법이란 천구상의 태양의 위치에 따라 계절을 구분한 것입니다. 춘분에서 하지까지를 봄, 하지에서 추분까지를 여름, 추분에서 동지까지를 가을, 동지에서 이듬해 춘분까지를 겨울이라고 합니다. 기후학적 방법은 기온과 강수량을 바탕으로 하여 초겨울, 한겨울, 늦겨울, 초봄, 봄, 늦봄, 초여름, 한여름, 늦여름, 초가을, 가을, 늦가을 등 열두 개의 작은 계절로 구분합니다. 이 구분법은 기온이나 강수량, 바람, 기압, 기단 등을 기준으로 하므로 지역에 따라 계절의 시작과 끝이 다르게 나타납니다.

생물학적 방법은 몸으로 계절을 느끼는 것입니다. 졸음이 오고 개나리와 진달래가 피면 봄, 꾀꼬리가 집을 짓기 시작하고 계곡에 함박꽃이 피면 초여름, 모기가 극성을 떨고 몸이 끈적이면 여름, 찬바람이 불고 단풍이 들면 가을, 곤충들이 사라지고 따뜻한 손길이 그리워지면 겨울입니다. 이런 현상들은 모두 지구가 삐딱하게 돌면서 생긴 현상입니다. 생각해보시기 바랍니다. 지구가 똑바로 돈다면 어떻게 될지를.

우리나라가 같은 위도에 위치한 다른 나라들보다 사계절이 뚜렷한 이유는 대륙과 접하고 있는 반도 지형이라 대륙성 기후와 해양성 기후의 영향을 동시에 받기 때문입니다. 이러한 기후 특성은 '빨리빨리' 문화를 만들어냅니다. 봄이면 제때 씨앗을 뿌려야 하고 가을에는 알곡이 떨어지기 전에 곡식을 거두어들여야 하기 때문이지요. 이렇게 특수한 기후로 인해 우리나라 사람들은 근면함이 몸에 배어 있습니다. 더욱이 기후 변화로 봄과 가을이 점점 짧아지고 있어 농부들의 일손이 더욱 빨라져야 할 것 같습니다.

봄, 눈과 코가 행복한 계절

'봄'은 겨우내 제한적이었던 감각 기관이 열리는 계절입니다. 그중에서도 특히 눈과 코가 호강을 합니다. '~보다'의 명사형인 봄은 그 이름처럼 볼 것들로 가득한 계절이니까요. 앙상한 가지에서 꽃망울이 터지고, 얼었던 땅이 녹으며 새싹들이 나오고, 이어서 개구리가 놀라 땅 위로 튀어나오면 봄이 왜 영어로 'spring'인지 짐작이 갑니다. 한편 봄이 오면 코는 무의식적으로 움찔거립니다. 나태주 시인은 "봄은 구수한 쇠죽 냄새 쇠똥 냄새를 따라온다"고 했습니다. 흙냄새에 버무려진 풀들의 냄새, 웅덩이 속 양서류들의 정액 냄새, 냉이와 달래의 상큼한 냄새가 코를 행복하게 합니다. 냄새를 맡으며 돌아다니는 강아지처럼 들판에 나가 코를 킁킁거리면, 그동안 하릴없이 놀고 있던 감각들이 살아나며 살아 있음을 감사하게 되는 것이 봄이라는 계절입니다.

여름, 열매가 익는 계절

모내기가 끝나면 본격적인 여름입니다. 여름은 '녀름'이라는 말에서 유래되었다고 합니다. 열매가 연다는 의미인 '녀름'은 두음 법칙에 따라 여름으로 표기하게 된 것이고요. 따라서 여름은 열매가 크는 계절이라는 뜻입니다. 씨앗을 멀리 퍼뜨리기 위한 식물의 기관인 열매에는 참열매와 헛열매가 있습니다. 참열매는 씨방이 발달한 것이고 헛열매는 씨방 이외의 기관이 발달한 것입니다. 참과 헛, 진짜와 가짜 모두 맛있는 열매가 되는 것이 여름의 힘입니다. 여름에 하루를 놀면 겨울에 열흘 굶는다는 속담이 있듯이 녀름지으리(농부)는 땀 흘려 일을 해야 합니다. 지구 온난화로 인해 여름이 점점 길어지고 있다는데 농부들은 더 힘들겠지요. 입추가 지나고 더위를 처분한다는 처서處暑가 지나면 모기 입이 삐뚤어져 못 문다는데, 요즘에는 추분이 지나도 모기들이 극성이라 걱정입니다.

가을, 짧고 가벼운 계절

'가슬'이 가을에 곡식을 거두어들인다는 말 '가을걷이'의 방언으로 쓰이는 것을 보면, 가을은 '가슬'의 표준말이 되는 셈으로 수확의 계절을 의미합니다. 가을이 되면 하늘은 맑고 습도가 낮아 일 년 중 지내기가 가장 좋은 계절입니다. 기상학적으로 가을은 짧습니다. 가을의 기온 하강 폭이 봄에 온도가 올라가는 것보다 크기 때문입니다. 짧은 가을이라도 가을 소식은 일찍이 소리를 앞세우고 옵니다. 귀뚜라미 소리, 풀벌레 소리, 도토리 떨어지는 소리, 헐거워진 문틀의 삐거덕거리는 소리, 바스락거리는 낙엽 소리. 이 소리들은 한결같이 마지막 한 방울의 물기까지 털어내 가볍기 그지없는 소리입니다.

겨울, 추울수록 따뜻해지는 계절

겨울의 옛말은 '겨슬'인데, '겨슬'의 '겨'는 거기에 있다는 뜻을 지닌 살 거居 자를 의미한다고 합니다. 여름내 농사지은 것을 갈무리해놓고 집 안에서 편안히 머무는 계절이라는 뜻이지요. 겨울은 고난과 역경을 상징하기도 합니다. 그래서 겨울 준비를 하지 못한 집을 돕기 위해 구세군이 흔드는 딸랑거리는 종소리를 들으며 겨울이 왔음을 압니다. 추울수록 모금이 잘된다고 하니 인간의 본성은 선한가 봅니다. 또한 엄마가 아이를 배 속에서 키우듯, 추운 겨울일수록 봄이 가까이 왔음을 압니다. 소한과 대한을 지나면 바로 입춘인 것을 보면, 가장 큰 추위가 봄을 품고 있다는 것을 알 수 있습니다. 차디찬 땅속에서 온갖 시련을 겪는 계절이라지만 온갖 풀꽃들이 조만간 들판을 수놓을 것입니다. 며칠 전 윗동네 사는 친구가 첫눈이 왔다고 사진을 보내왔습니다. 그래서 반가운 마음에 바로 답장을 했습니다. "고마워요. 눈을 보니 약속의 땅에 살고 있다는 든든한 기분이 드는군요."

미기후
micro climate

양지 뜸과 음지 뜸

"바위 쪽 이탄지 19.1도, 남쪽 자갈밭 18도, 이곳은 미기후微氣候의 천국이다. 아, 식물학은 정말 미기후의 과학이야." 프랑스 작가 에릭 오르세나의 소설 『오래오래』에서 원예가를 꿈꾸는 주인공 가브리엘이 파리 식물원에서 식물에 대한 온갖 측정을 하며 남긴 말입니다.[8] 기다란 온도계를 땅속 깊숙이 찔러 넣을 수 있는 곳이라면 어디든 찔러 넣어 온도를 재고, 또 다른 온도계로 지상 1미터 높이의 온도를 재어본 다음 그 결과를 비교하면서 경탄을 한 것이지요. 어떤 점이 그를 그토록 열광하게 했을까요? 식물원은 서로 다른 성질을 지닌 나무와 풀꽃 들을 심어놓은 곳입니다. 물기를 좋아하는 식물, 건조한 곳을 좋아하는 식물, 물기는 좋아하지만 늘 축

축한 곳은 싫어하는 식물, 양지바른 곳을 좋아하는 식물, 그늘을 좋아하는 식물, 더운 곳을 좋아하는 식물, 서늘한 곳을 좋아하는 식물 등 품성이 다른 것들이 모여 사는 곳입니다. 원예가는 한정된 공간에서 식물들의 입맛에 맞게 땅에 심어줘야 합니다. 어떻게 심어야 할까요? 미기후를 이용하면 됩니다. 식물학은 '미기후의 과학'이지요.

미기후란 주변 환경과는 다른 특정 부분의 미시적인 기후를 의미합니다. 일반적으로 지표면에서 1.5미터까지를 미기후의 범위로 삼습니다. 작은 공원이나 계곡의 물가에만 가도 시원함을 느끼는 이유도 미기후 때문입니다. 미기후는 야외는 물론이고 도시 단위에서도 나타납니다. 도시를 형성하는 건축 재료인 콘크리트와 아스팔트는 열을 흡수하지 못하고 그대로 방출하므로 콘크리트와 아스팔트가 많은 지역은 주변 지역에 비해 더 빠르게 달궈지고 느리게 식습니다. 이것은 숲의 나무들이 그림자를 제공해 빛의 일부를 흡수하여 주변보다 시원한 기후를 만드는 것과는 대조적입니다. 식물원은 이런 미기후 현상을 이용합니다. 땅을 파서 요철凹凸 지형을 만들거나, 연못을 파서 주변보다 온도를 낮추거나, 돌과 흙을 쌓아 석가산을 만들어서 다양한 입사각을 만들거나, 잔디밭에 커다란 돌을 놓아서 미기후가 발생하도록 하는 것이지요.

미기후는 국지적 기후 조건으로 좀 더 넓은 영역에서 번성하지 못하는 예민한 식물들의 좁은 생장 영역이 되기도 합니다. 1도 또는 1미터의 차이가 정말 식물의 분포에 영향을 미칠까요? 이 대목에서 우리가 쉽게 간과하는 것은 시간입니다. 물웅덩이를 파놓고 기다리면 물가를 좋아하는 식물들이 모여들어 주변과는 확연히 다른 식생 분포가 만들어집니다. 따라서 대부분의 식물은 미기후에 따라 분포가 결정됩니다. 예를 들어 온대림을 구성하는 수종은 주로 참나무 종류나 너도밤나무인데, 우리나라의 경우 너도밤나무는 울릉도에는 분포하나 육지에서는 나타나지 않습니다. 그 이유는 겨울철의 건조한 기후 때문입니다. 이렇듯 종의 분포는 미세한 기후 요인에 따라 결정됩니다.

자연에서 미기후는 땅의 요철, 경사각, 방위에 따라 발생합니다. 전통적으로 해가 잘 들고 따뜻한 곳을 '양지 뜸', 그늘져 추운 곳을 '음지 뜸'이라고 불렀습니다. 3월 초순이면 아직 추운데 야생화를 찍는 사진작가는 산으로 갑니다. 그것도 낮은 산이 아니라 웅숭깊은 산입니다. 그곳에 가면 모데미풀, 너도바람꽃, 복수초, 얼레지, 괭이눈 등 웬만한 산에서는 볼 수 없는 꽃들이 얼음과 눈을 뚫고 올라와 있는 것을 만날 수 있습니다. 상식적으로는 이해가

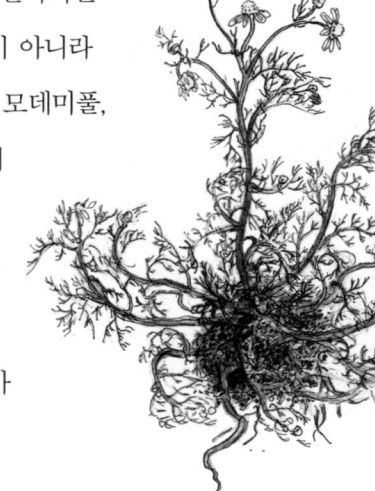

안 가지만 꽃들 입장에서 보면 그만한 천국이 없습니다. 경사가 완만한 육산이나 남향이라 아늑한 곳이 이른 봄에 꽃을 피우는 야생화에게는 천혜의 땅이 됩니다. 만약 이런 곳에 마을이 들어섰다면 양지 뜸이라 불렀겠지요. 한마을에서도 땅의 모양과 사면에 따라 온도 차이가 나므로 미기후는 옛날부터 집터를 고르는 데 신경 쓰는 부분이었습니다. 지금도 시골에 가면 뜸이 들어간 마을 이름을 어렵지 않게 만납니다. 아래뜸, 건너뜸, 바깥뜸, 건너뜸은 서향이라 춥다고 하거나 아래뜸은 양지가 발라 봄이 일찍 온다는 식입니다.

도시에서 나타나는 미기후의 대표적인 사례로는 열섬 현상이 있습니다. 열섬 현상은 도시 중심부의 기온이 주변 지역보다 높게 나타나는 것을 가리킵니다. 도시 지역 내의 인공 피복 비율이 높을수록, 건물 간격이 좁을수록, 통풍이 불량할수록 열섬 현상이 더 심하게 나타납니다. 특히 분지 지형이면 더욱 심각합니다. 열섬 현상은 인간이 도시 생활을 하면서 꾸며놓은 도시 특유의 환경 하나하나가 아주 깨알같이 기온 상승에 공헌하기 때문에 일어납니다. 기온 상승을 막아줄 녹지와 나무가 적은 데다 자동차와 에어컨의 실외기가 한꺼번에 열을 올리고, 고층 건물이 열을 흩어줄 바람을 막는 장애물 역할을 합니다. 따라서 도시의 열섬 현상은 인위적으로 만들어진 것이므로 반대로 생각하면 얼마든지 조절이 가능하다는 것을 의미합니다. 이를 예방하기 위한 가장 보편적이고도 쉬운 방법은 녹지와 물길을 확보하여 바람 길을 조성하는 일입니다. 서울의 경우 청계천을 복원한 이후 청계4가 주변의 온도가 23퍼센트까지 낮아지고 풍속은 6.9퍼센트 빨라졌다는 보고가 우리의 마음을 즐겁게 합니다.

미기후는 생태적으로 다양성을 보장합니다. 다이아몬드의 다각면多角面에서 반짝이는 빛에 매혹되듯, 식물 또한 자신이 좋아하는 다각면의 한쪽에 푹 빠져 삽니다. 한번 뿌리내리면 움직일 수 없는 식물은 미기후의 영향을 더 강하게 받기 때문에 생태계 전반에도 큰 변화를 일으킬 수 있습니다. 특정 지역의 미기후 조건은 거기에 서식하는 생물들의 분포와 생활 방식에 깊이 작용하여, 식물의 분포와 생장에도 결정적인 역할을 합니다. 미기후는 생물 간의 상호 작용에도 영향을 미칠 수 있습니다. 예를 들어 미기후가 꽃의 개화 시기나 벌의 활동 시간을 조율함으로써 꽃과 벌의 동조 현상을 이끌어내기도 하는데, 이는 곧 생물 다양성에도 중요한 변화를 가져옵니다. 이로써 미기후가 생태계의 구조와 기능, 생물 다양성, 생태계의 안정성과 지속 가능성에 결정적인 역할을 한다고 결론지을 수 있습니다. 우리나라는 국토 면적에 비해 산이 많고 지형이 오밀조밀하여 생물 다양성이 풍부한 나라입니다. 식물학자, 사진작가는 물론이고 꽃을 좋아하는 사람들은 오늘도 코를 킁킁거리며 미기후를 찾아다닙니다. 미기후는 과학이자 다이아몬드처럼 매력 있는 것이니까요.

공기
air

우리가 사랑해야 하는 이유

군대에 갔습니다. 집을 떠난 전우들은 훈련소에 입교하기 전부터 겁에 질려 있었습니다. 고된 훈련이 시작되고 하루하루 새로운 세상을 경험했지요. 그중에서도 이틀에 한 갑씩 담배가 보급되었는데, 고된 훈련 속 짬짬이 쉬는 시간에 조교가 "담배 일발 장진!" 하고 외치면 모두 "장진!"을 복창하며 담배를 피웠던 일이 떠오릅니다. 담배를 깊게 빨아들이면 마음이 편안해지고 "후" 하고 내뱉을 땐 모든 것이 연기처럼 사라지는 것을 경험하며 두려움을 조금씩 극복해나갔습니다. 그렇게 시작한 흡연이 삼십 년 넘게 지속되었고, 결국은 호흡이 곤란해져 금연을 하게 되었습니다. 공기에 담뱃진이 섞여 폐포(허파꽈리)를 오염시켰기 때문이지요.

고대 그리스의 철학자 엠페도클레스는 모든 물질이 물, 불, 흙, 공기로 이루어졌다고 생각했습니다. 그는 이 네 가지 원소가 서로 다른 성질을 지닌다고 하였는데, 재미있는 점은 원소들이 사랑Philia과 미움Neikos이라는 두 힘의 상호 작용으로 결합도 하고 분리도 된다고 주장한 것입니다. 미운 마음이 작용하면 떨어져나가고 사랑이 작용하면 함께 섞여 물질이 만들어진다는 것이지요. 아직 과학 문명이 발달하지 않았던 시대라 무슨 주장인들 못하겠느냐 하겠지만, 당시만 해도 철학이 싹트던 때라 엠페도클레스의 주장은 플라톤과 아리스토텔레스에게 바로 저지당하고 말았습니다. 그들은 엠페도클레스의 4원소설에 동의하긴 하지만 물질에 사랑과 미움이 개입하는 일은 과학이 아니라고 생각했습니다.

네 가지 원소 모두 생명의 근원이지만, 그중 공기는 보이지도 않고 만져지지도 않습니다. 공기가 존재한다는 것을 알려면 허리를 쭉 펴고 횡경막을 확장시키면 되는데, 여기서 한꺼번에 들어오는 것이 공기입니다. 새들이 중력을 가볍게 여기고 공중에 날아오르는 것은 공기의 질량을 믿기 때문이고, 고래나 잠수함이 주기적으로 수면 위로 나오는 일 또한 공기를 흡입하기 위함이며, 나무가 존재할 수 있는 것도 공기가 있기 때문입니다.

공기는 만져지지 않지만 입체적으로 연결되어 있습니다. 수평과 수직으로 연결되어 있고 과거와 현재와 미래까지도 공기를 통해 연결됩니다. 수억 년 전 공룡의 허파 속에 있던 공기가 지금 우리가 머무는 방 안에도 있습니다. 바람에 잎이 파르르 떨리는 것은 나뭇잎이 공기를 마실 준비가 되었다는 뜻입니다. 방금 내가 내쉰 공기를 나무가 마실 것입니다. 이것은 보이지 않는 실체가 모든 생명을 연결하고 있다는 뜻이기도 합니다.

공기는 물과 함께 우리에게 중요한 존재입니다. 물살이 동물이 물에 대해 생각하지 않듯, 우리도 공기에 대해 별로 생각하지 않고 살아갑니다. 그런데 어느 해부터인가 미세 먼지가 하늘을 점령하고 숨을 쉬기가 거북해지면서 공기를 다시 생각하게 되었지요. 물이 오염되면 물고기가 살 수 없듯, 공기가 오염되면 사람이 살 수 없는 환경이 됩니다. 엠페도클레스는 네 가지 원소에 사랑과 미움이라는 두 힘이 작용했을 때 사랑하면 결합하고 미워하면 분리된다고 했습니다. 공기를 오염시키는 일이 미움에 해당한다면 이는 결합된 물질이 사라지는 일입니다. 공기가 분리되어 사라지는 일이야 없겠지만, SF 작가들이 즐겨 표현하듯 공기가 더 오염된다면 미래의 사람들은 방독면 같은 것을 쓰고 다닐지도 모릅니다. 엠페도클레스의 주장을 이제 와 되새겨보면 엉뚱한 이야기는 아닙니다. 공기를 사랑하면 숨 쉬기가 좋아지고, 미워하면 폐포가 망가지며 호흡 곤란이 올 테니까요.

사람의 호흡기는 나무를 닮았습니다. 사람의 허파 구조는 이분형 가지 구조로 되어 있는데, 공기 통로가 많은 수로 갈라져 각기 같은 크기의 통로로 분화되거나 기하학적으로 분산되다가 마지막으로 폐포에 이릅니다. 폐포는 직경이 0.1~0.2밀리미터 정도인 다각형 주머니 모양의 공기낭입니다. 얇은 실핏줄이 거미줄처럼 얽혀 있어서 폐 속으로 들어온 산소가 폐포에 이르면 모세 혈관을 거쳐 온몸으로 퍼져나가고, 온몸에서 만들어진 이산화탄소는 호흡을 통해 교환됩니다. 나무도 허파와 마찬가지로 밑동에서 둘로 갈라진 활엽수의 모양을 띱니다. 가지는 기하학적으로 분산되어 프랙털 구조를 이루며 벋어나가 잎에 이릅니다. 잎은 광합성은 물론이고 가스 교환도 이루어지는 폐포와 같은 곳입니다.

폐포는 여러 원인 때문에 가스 교환을 하는 데 방해를 받습니다. 공기가 오염되면 폐공기증으로 발전하여 폐포가 터지고 늘어나 숨을 잘 쉴 수 없습니다. 폐공기증의 가장 큰 원인은 흡연입니다. 약 400가지 이상의 유해 물질이 포함된 담배 연기를 흡입하면 기관지 점막이 지속적으로 자극받고 연기의 독성으로 폐포가 손상됩니다. 손상된 폐포벽은 쉽게 재생되지 않습니다. 나무의 폐포는 어떨까요? 나무도 마찬가지로 공기가 오염되면 제 기능을 못합니다. 흔히 우리는 오염된 공기를 나뭇잎이 정화해준다고 믿습니다. 나무가 대기질 개선에 도움이 된다고 하는 말이 과연 옳을까요? 나뭇잎의 표면에 쌓인 오염 물질은 광합성을 방해하고, 초미세 먼지는 기공을 막아 가스 교환을 어렵게 합니다. 사람으로 치면 폐공기증에 걸린 것과 같습니다. 어쩌다 소나기라도 내리면 잎 표면에 흡착된 오염 물질이 씻겨나가기는 하겠지만 가스 교환을 하는 데는 여전히 어려움을 겪습니다. 그런 면에서 나무는 주기적으로 잎갈이를 하면서 이 문제를 해결하기는 하지만, 오래 잎을 달고 있는 침엽수의 경우 문제가 더욱 심각합니다.

매년 4월이 되면 서초동 대법원 앞에 있는 향나무가 목욕을 합니다. 나이가 무려 900살이나 되었는데 어쩌다 자동차가 달리는 길 중간에 우두커니 서 있습니다. 하루 4만여 대의 자동차가 달리며 내뿜는 매연을 고스란히 뒤집어쓰고 있는 모습이 어쩐지 우리의 자화상 같아 씁쓸하기만 합니다. 서초구에서는 정기적으로 자동차의 분진과 미세 먼지를 닦기 위해 고압 분무기로 나뭇잎을 세척합니다. 나무는 사람과 달리 숨을 쉬는 코가 너무 작기 때문에 대기 오염 물질이 기공을 막으면 숨을 쉬는 데 지장이 큽니다. 숨만 못 쉬는 게 아니라 광합성도 제대로 못합니다. 오염 물질에 뒤덮이면 빛이 엽록소에 제대로 다다를 수 없기 때문이지요. 도시에 사는 나무들만 고통을 받는 것은 아닙니다. 공기는 오염 물질을 이동시킵니다. 도시에서 멀리 떨어진 곳도 안전할 수 없지요. 지구상의 모든 생명은 공기로 연결되어 있습니다. 그것도 공평하게 말입니다. 이것이 우리가 공기를 사랑해야 하는 이유입니다.

물
water

풍요 속의 빈곤

『구약성경』에서 야훼는 백성들에게 벌을 내리면서 비와 이슬이 내리는 것을 막았습니다. 이것은 인간을 포함한 모든 생물에게 제일 가혹한 형벌입니다. 물 없이는 어떤 생물도 살아갈 수 없기 때문이지요. 「창세기」 1장에 따르면 하나님은 사람을 흙으로 빚었습니다. 흙으로 사람을 빚을 때도 물 없이는 불가능합니다. 반죽을 하려면 물을 부어 치대야 하기 때문이지요. 물은 독특한 친화력으로 서로 다른 물질을 붙여주는 특성이 있습니다. 기름과 설탕과 물 세 가지를 넣고 마구 흔든 다음 현미경으로 살펴보면 세포처럼 막이 생긴다고 합니다. 생명의 전 단계에 해당하는 이 막은 물로부터 비롯되므로 물은 생명의 탄생에서 중요한 역할을 합니다. 그래서 고대 그리스의 철학자 탈레스가 만물의 근원을 '물'이라고 했나 봅니다.

식물의 역사를 살펴보면, 바다에서 살던 조류들이 최초로 육지에 올라와 가장 시급하게 했던 일은 물 구하기였을 것입니다. 그들은 극심한 탈수 증세에 시달리다 땅속에 물이 있다는 것을 발견하고는 몸의 일부를 아래로 뻗었겠지요. 땅속은 물속만큼은 아니지만 갈증 해결에는 부족함이 없었습니다. 그러고는 지상부에 어떻게 물을 전해줄지 고민한 끝에 조류들은 대단한 발견을 이루게 됩니다. 이때 개발한 것이 관管입니다. 그리고는 지상부에 어떻게 물을 전해줄지 고민 끝에 출현한 식물이 쿡소니아Cooksonia라는 작은 관다발식물vascular plant입니다. 관다발의 진화는 식물들을 하늘로 솟구쳐 오르게 했습니다. 이때부터 물은 신비로운 일을 하기 시작합니다. 에너지를 사용하지 않고 물리의 법칙만으로 중력을 거스르며 물을 잎까지 다다를 수 있게 한 것입니다. 훗날 과학자들은 이 현상을 두고 '지독한 기적' 또는 '수분 퍼텐셜water potential'이라고 명명하였으나 아직도 그 메커니즘이 명확하게 밝혀지지 않았습니다.

물은 질깁니다. "부부 싸움은 칼로 물 베기"라는 말은 틀렸습니다. 물은 전기로 분해하기 전에는 자를 수 없습니다. 물이 뿌리를 출발하여 잎까지 다다르려면 나무의 관은 미세한 굵기로 이루어져야 합니다. 물은 그 관 속을 통과해야 하는데, 가는 관일수록 물기둥이 더욱 질겨집니다. 잎에 도착한 물이 기공을 통해 공중으로 날아가면, 뿌리 끝과 잎의 기공 사이에 있는 관 속에서는 물이 서로 끊기지 않아야 하기에 팽팽한 긴장감이 감돕니다. 이러한 현상을 '모세관 현상'이라고 일컫습니다. 이처럼 나무는 물의 질긴 특성 덕에 특별한 힘을 들이지 않고도 물과 양분을 뿌리에서 잎까지 수송하는 문제를 해결합니다.

물의 질긴 특성은 화학 구조식에도 잘 나타납니다. 물의 화학 구조식 'H_2O'는 마이너스를 띤 산소 원자 하나에 플러스 수소 원자 두 개가 결합된 형태로 이루어져 있습니다. 이것은 마치 힘 센 여성 한 명이 양팔에 깍지를 낀 채 남성 둘을 붙잡고 있는 모습에 비유할 수 있는데, 전기 고문을 하기 전에는 그들을 절대 떨어뜨릴 수 없습니다. 이처럼 물이 남녀로 구성된 이유는 음전기와 양전기를 모두 지니는 극성을 띠기 때문입니다. 그래서 극성 물질들과 잘 섞이고, 이온성 물질들을 녹여 뿌리가 물을 흡수할 때에도 물에 이온화된 무기 양분이 풍부하게 녹아들어갈 수 있는 훌륭한 용매가 되는 것입니다. 아쉬운 점도 있어요. 물은 영하의 온도에서 고체가 된다는 점입니다. 겨울에도 물이 얼지 않는다면 나무들의 대사 활동이 가능하겠지만 온대 지방의 나무들은 한 계절을 쉬어야 합니다. 물이 얼기에 좋은 점도 있습니다. 물은 얼 때 부피가 늘어나기 때문에 여름내 다져졌던 땅거죽을 부드럽게 해주기도 하고, 서릿

발 같은 얼음기둥이 녹으며 생긴 수직의 공간들에는 어린 새싹의 뿌리들이 비집고 들어갈 수 있는 빈틈을 만들어줍니다.

나무에게 물은 중요하지만 물을 구하기가 그리 쉬운 일은 아닙니다. 강우량이 적은 지역이나 산의 능선 혹은 바위틈 같은 곳에서는 뿌리를 깊고 멀리 뻗어야 하며, 잎에서 물을 덜 빼앗기려는 다양한 방법을 동원해야 나무가 살아남을 수 있습니다. 때로는 드물게 물에 잠겨 질식할 위험에 처하기도 하지만 그럴 때는 따로 공기 펌프를 준비해야 합니다. 나무는 물 없이 살 수 없지만 구도자처럼 빛에 대한 열망을 품고 물에서 멀어져서 산으로 올라가 이슬로 연명하기도 합니다.

리비아사막에 불시착하여 죽음의 문턱까지 갔다 돌아온 프랑스의 소설가 생텍쥐페리는 자전 소설『인간의 대지』에서 물에 대해 이렇게 표현합니다. "물! 너는 맛도 없고 빛깔도 향기도 없다. 너를 정의할 수도 없다. 너는 우리가 알지 못한 채 맛보는 물건이다. 너는 생명에게 필요한 것이 아니라 생명 그 자체다. 너는 관능으로는 설명하지 못하는 쾌락을 우리 내부 깊이 사무치게 한다. 너와 더불어 우리 안에는 우리가 단념했던 모든 권리가 다시 돌아온다. 네 은혜로 우리 안에는 말라붙었던 마음의 모든 샘들이 다시 솟아난다."[9]

갈증으로 인한 죽음의 문턱에서 쓴 이 글에는 물에 대한 진솔한 마음이 담겨 있습니다. 『어린 왕자』와 달리 소설적 허구나 문학적 기교를 배제한 이 작품은 물이 얼마나 소중한 것인지를 절절하게 보여줍니다. "물, 물, 물, 물, 물 좀 줘요. 목, 목, 목, 목, 목말라요"라는 노래 가사가 있듯이 우리는 물이 없으면 한순간도 살 수 없습니다. 괴테는 『파우스트』에서 "물 없이는 구원도 없다"고 잘라 말하기도 했습니다. 지구 밖에서 생명의 흔적을 찾기 위해서는 오로지 물이 있었는지를 조사해봐야 할 정도로 물은 생명의 근원이라 단언할 수 있습니다.

지구는 수구水球라고 할 정도로 물이 많습니다. 그러나 지구에 물이 아무리 많아도 물은 모든 지역에 공평하게 분포하지 않습니다. 일 년 내내 비 한 방울 오지 않는 사막이 있는가 하면, 매일 스콜이 쏟아지거나 홍수가 범람하는 곳도 있습니다. 기후 변화는 가뭄과 홍수를 번갈아 몰고 다니며 물의 분포를 바꾸고 있습니다. 기온의 상승으로 인해 극지방과 고산의 빙하가 녹으면 해수면은 올라가고, 증발산량*이 높아집니다. 빙하가 녹기 시작하면 해수면이 올라가는 만큼 인간의 삶의 터전도 그만큼 빼앗깁니다.

물은 순환합니다. 아무리 풍부한 물이라도 순환하지 않으면 쓸

---

* 토양 및 수면에서의 물의 증발량과 농작물의 증산량을 합한 값. 논밭에 댈 수량을 결정하는 데 중요하다.

모가 없습니다. 성경에 "모든 강물이 바다로 들어가지만 바다는 가득 차는 법이 없고 강물은 흘러 나왔던 그곳으로 다시 돌아간다"(「전도서」 1장 7절)라는 구절이 있습니다. 이렇듯 물은 순환하며 맑고 깨끗한 물을 공급합니다. 물은 칼로도 벨 수 없고, 창으로도 뚫을 수 없으며, 불로 태울 수도 없고, 총으로 쏘아 죽일 수도 없지만 물을 죽이는 방법은 의외로 간단합니다. 가두어두면 됩니다. 가두면 썩으면서 쓸모없는 물이 됩니다. '풍요 속의 빈곤'과 같은 상황이 벌어지는 것이지요.

물이 빛날 때도 있습니다. 바로 윤슬과 이슬입니다. 윤슬은 잔잔한 물에 빛이 비출 때 갓 잡아 올린 물고기의 비늘처럼 빛나는 것이고, 이슬은 공기 중의 수증기가 기온이 내려가거나 찬 물체에 부딪힐 때 생기는 물방울입니다.[10] 이슬은 쉽게 사라지는 속성을 지녀 인생의 덧없음을 은유적으로 표현할 때 쓰이기도 하지만, 손에 넣을 수 없기에 바라보기만 해야 하는 아쉬움을 빗대는 표현으로도 쓰입니다. 바람도 잠든 아침에 중력을 무시하고 떠돌던 물방울들이 여럿 뭉치더니, 제 몸무게를 이기지 못하고 아래로 내려가 풀잎에 눕기 때문이지요. 물은 생텍쥐페리의 표현대로 정의를 내릴 수는 없지만, 삶의 의지를 솟게 하고 말라붙었던 마음의 샘물을 길어오르게 합니다.

바다

sea

인류의 자궁

바캉스 철에는 바다가 생각납니다. 마음이 지쳤을 때도 바다를 찾고, 오랜만에 여행을 떠날 때도 바다를 보러갑니다. 왜 그럴까요? 바다가 엄마의 배 속과 같아서 그곳이 그리워져 찾아가는 것은 아닐까요? 우연의 일치인지 당연한 것인지, 우리가 열 달 동안 자란 엄마 배 속의 양수 성분이 바닷물의 성분과 같습니다. 태아를 둘러싼 양막을 채우고 있는 액체인 양수는 외부 충격으로부터 태아를 안전하게 보호하고, 태아의 신체 발달과 호흡을 도우며, 태아가 체온을 유지할 수 있도록 합니다.

인류의 머나먼 조상도 물고기였다고 합니다. 그래서 인간의 체액이나 양수가 바닷물의 성분과 같은 것입니다. 다만 인간의 몸속

염분의 농도가 0.9퍼센트인 데 비해 해수의 농도는 3.5퍼센트입니다. 병원에서 쓰는 링거도 0.9퍼센트이고, 신체 내에서 물이 포함된 모든 조직과 세포들의 수분도 0.9퍼센트의 체액 농도를 유지합니다. 인간의 체액은 눈물뿐만 아니라 심지어 땀과 콧물까지도 모두 짭니다. 지구 표면의 4분의 3을 덮고 있는 바다는 모든 생명체의 고향이기도 합니다. 대부분의 육상동물에는 아직도 바다에서 살았던 흔적이 남아 있습니다. 사람을 비롯하여 동물의 체액이 바닷물의 화학 조성과 비슷한 것과 수정란에서 배아가 발달하는 배발생embryogenesis이 어류와 유사한 것을 보면, 바다는 다양한 생물이 태어나는 어머니의 자궁과 같은 곳입니다.

우리가 바다를 좋아하는 또 하나의 이유는 바다가 '바다'라고 불리기 때문이 아닐까요? 정지용 시인은 바다를 '바다'라고 부르는 우리말에 크게 만족했다고 합니다. 정지용과 단짝 친구였던 소설가 이태준도 수필 작품인 『무서록』에서 바다를 의미하는 일본말 우미うみ라거나 영어의 씨sea라면 바다 전체보다 바다에 뜬 섬 하나 배 하나를 가리키는 말쯤으로밖에 안 들리지만, 바다라면 바다 전체뿐 아니라 바다를 덮은 하늘까지도 총칭하는 말같이 큰 의미를 지녔다고 썼습니다.[11] 바다는 훨씬 크고 넓은 것을 가리키는 말맛이 나는데, 그 까닭은 '바'나 '다'가 모두 경탄 음인 '아아'로 발음되기 때문입니다. 하지만 문제가 하나 있습니다. 'ㅂ'이나 'ㄷ'

은 된소리로 변할 수 있다는 것이 마음에 걸립니다. 사람들의 마음이 거칠어지거나 대상이 혐오스러워질 때에 된소리가 나기 때문입니다.

만약에 인류가 아직도 고래처럼 바다에서 살고 있다면 지구地球를 수구水球라고 불렀을 것이고, 우주에서 외계인들이 와서 지구를 보고는 '물방울 행성'이라고 불렀을 것입니다. 그만큼 지구에 물이 많다는 뜻이지요. 그렇게 많은 물이 고여 있는 지구의 바다가 썩지 않는 이유는 염분 때문이기도 하지만 쉬지 않고 흐르는 물의 성질 때문입니다. 물의 성질 중에는 데워진 물은 밀도가 낮아 위로 뜨고 차가워진 물은 밀도가 높으므로 가라앉는 대류 현상이 있습니다. 바닷물도 마찬가지입니다. 열대 지방에서 데워진 물이 북극 지방으로 이동하면서 열을 방출하고 식은 물이 심해로 가라앉으며 다시 열대 지방으로 이동하면서 물은 순환을 거듭합니다. 이 순환은 북대서양의 기후를 온화하게 하고, 전 지구적으로 기후를 적절하게 섞어줍니다.

이러한 해양 컨베이어 벨트는 전 세계 해양 곳곳으로 열과 염분을 수송하고, 온실 가스인 이산화탄소를 흡수하여 저장하기도 합니다. 이산화탄소는 바닷물의 온도가 낮을수록 잘 용해되지만, 따뜻한 바닷물은 용해도가 낮아 거꾸로 대기로 방출합니다. 지구가 더워지면 바닷물도 같이 더워집니다. 그뿐만 아니라 바다가 심각

하게 오염됩니다. 그 심각성을 두고 미국의 해양생물학자 레이첼 카슨은 이렇게 말했습니다. "생명이 처음 태어난 바다가 그러한 생명 중 한 종에 의해 위협받고 있는 상황은 기묘하게 보이기도 한다. 그러나 바다는 비록 나쁜 방향으로 변한다 하더라도 계속 존재하겠지만, 정작 위험에 빠지는 것은 생명 자체이다."[12]

오늘날에는 특히 두 가지 문제가 이슈가 되고 있습니다. 하나는 온난화이고 하나는 오염입니다. 지구가 더워져 북극의 빙하가 녹으면 해양 컨베이어 벨트가 약해지면서 어느 순간 해류 흐름 자체가 붕괴되는 '티핑 포인트Tipping point'에 다다를지도 모릅니다. 그러면 바다는 항상성을 잃어버리고 영화 「투모로우」처럼 지구에 빙하기가 찾아올 수도 있다고 과학자들은 경고합니다. 또 다른 하나는 일본의 후쿠시마 오염수 방류 문제입니다. 몇몇 정치인이 시민들의 우려를 비과학적이라고 치부하지만 우리가 정말 주목해야 하는 것은 과학적 증거가 아니라 나쁜 선례입니다. 전 세계의 수많은 원자력 발전소 대부분이 바다를 끼고 있으니까요. 바다는 인류가 태어난 양수와 같은 곳입니다. 양수의 역할과 바다의 역할이 다르지 않은데, 그곳을 오염시키고 방사능에 노출시킨다면 후손은 어떻게 태어나라는 것인지 70년 전 레이첼 카슨이 전한 경고를 되새겨야 할 때입니다.

바람

wind

양지를 찾아 헤매는 하이에나

나무에게 바람이란 어렸을 때는 무서운 훈육 주임이고, 사춘기에는 친구이고, 청년기에는 연인이며, 장년기에는 질서와 규율이고, 노년기에는 스킨십을 잊지 못하게 하는 추억과 같습니다. 어린 나무에게 바람은 무서운 존재이기에 어린 나무는 뿌리를 멀리 벋어 살아남기 위해 애써야 합니다. 나무가 좀 더 커서는 바람을 맞이할 준비가 되어 있으므로 친구처럼 대하고, 어엿한 나무가 되면 바람을 그리워하게 됩니다.[13] 이는 마치 연인을 기다리는 것과 같습니다. 나무가 장성하여 숲의 주인이 되어갈 즈음이면 바람은 누구랄 것도 없이 더 크고자 하는 욕망을 통제하는 훈육 주임이 됩니다. 그러고 보니 훈육 주임이 두 번 등장합니다. 무서운 것도 잠시, 수백 년이 흘러 노목이 되면 무성했던 가지와 잎들도 사라지고 엉성한 가지들 사이로 바람도 피해가고 가지들의 울렁거림도 사라집니다.

하늘에서 무한정 쏟아져 내리는 빛이 다다르는 곳마다 데워지는 속도가 다르게 나타납니다. 이때 발생하는 온도차가 잠자코 있는 공기를 들쑤셔 이리저리 돌아다니게 하는데, 이 현상이 바로 바람입니다. 기본적으로 온도차가 클수록 바람이 빠르게 불고, 기압차가 클수록 바람이 세게 붑니다. 바람이 어슬렁거리는 모습은 마치 먹이를 찾아 헤매는 하이에나와 같습니다. 잠잠하다가도 먹이의 냄새를 맡으면 하이에나가 떼로 몰려들듯, 바람 또한 양지를 찾아 어슬렁거리다 쏜살같이 달려듭니다. 따라서 바람이 분다는 것은 어딘가에 뜨거운 것이 도사리고 있다는 증거입니다. 장자는 바람을 일컬어 땅이 숨 쉬는 것이라고 했습니다. 숨은 에너지를 교환하므로 결국 바람은 모든 생명의 근본이 됩니다.

바람은 불어오는 방향에 따라 이름이 달라집니다. 동풍이나 서풍으로 부를 수도 있겠지만 조상 대대로 부르던 이름이 있습니다. 자, 상상을 해보세요. 남향집 대청마루에 앉아 있다면 집 뒤 북쪽으로는 **높**은 산이 있고, 남쪽은 **마**주보고 앉아 있는 곳이며, 동쪽은 **새**벽하늘이고, 서쪽 **하**늘은 노을이 예쁩니다. 그래서 동서남북을 각각 '새' '하' '마' '높'이라고 부릅니다. 동풍은 샛바람, 서풍은 하늬바람, 남풍은 마파람, 북풍은 높바람이 되는데, 이때 높새바람은 북동풍, 높하늬바람은 북서풍이 됩니다. 이름이 조금씩 바뀌기도 합니다. 북쪽에서 불어오는 바람을 된바람이라고도 부릅니다. 따라서 북동풍을 된새바람, 북서풍을 된하늬바람이라고 부르기도 했습니다. 이러한 이름은 옛날 배 사람들에 의해서 탄생했습니다. 옛날 배들은 돛대를 달고 바람을 따라 움직이므로 바람에 민감했기 때문입니다.

계절에 따라서도 바람의 이름이 달라집니다.[14] 봄이면 겨울이 물러나면서 그동안 불던 높바람의 세력이 약해지고, 그 틈을 타 마파람이 밀고 올라오면 새바람과 하늬바람도 이에 질세라 몰려듭니다. 한마디로 종잡을 수 없이 이리저리 바람이 불어댑니다. 이런 바람을 왜倭바람이라고 부릅니다. 왜바람의 '왜'는 왜구倭寇(일본 해적)를 의미합니다. 왜구들은 어디서 나타날 줄 모릅니다. 갑자기 들이닥쳐 간장독을 깨고 봄에 심을 씨앗까지 빼앗아가는 것도 모자라 불을 지르고 사라집니다. 남쪽 섬 지방 사람들은 춘궁기에 먹을 것도 없는데 한바탕 분탕질을 하고 가는 왜구가 얼마나 미웠을까요? 그래서 종잡을 수 없는 바람에 '왜'자를 붙였습니다. 왜구들이 물러나면 민초들의 아픈 상처를 어루만지듯 보드라운 명지바람이 붑니다. 여름에는 장마가 지고 태풍이 몰려옵니다. 나무가 뽑히고 건물이 무너지면 노대바람, 넓은 지역에 걸쳐 피해가 발생하고 산더미 같은 파도가 밀려오면 왕바람, 초목을 싹 쓸어갈 정도로 큰바람이 일면 싹쓸바람이라고 일컫습니다. 가을에는 더위가 물러나면서 간이 선들선들해지는 건들마가 불어오고 이른 아침에는 신선한 색바람이 붑니다. 곧 단풍이 들려나 봅니다. 겨울이 되면 된바람이 불어와 풀들이 눕고, 칼바람이 이어서 불기 시작하면 나무와 풀을 포함한 모든 생명이 긴 휴식에 들어갑니다.

바람은 나무에게 막대한 영향력을 행사합니다. 첫째, 바람은 이산화탄소를 확산합니다. 대기 중에 광합성에 필요한 이산화탄소의 양은 0.04퍼센트(이 수치는 계속 오르고 있습니다)밖에 되지 않아서 바람이 이산화탄소를 확산해주지 않으면 나무는 정상적으로 광합성을 하지 못합니다. 둘째, 바람은 증산 작용의 원동력입니다. 바람은 잎 표면 공기층의 두께를 감소하여 기압을 낮추어줍니다. 셋째, 바람은 나무들이 키가 자라는 것을 억제하여 직경 생장을 돕습니다. 결과적으로 나무의 줄기가 단단해지는 이유는 흔들리지 않기 위함이고, 가지가 가늘어지는 것은 바람에 맞서지 않고 흔들리기 위함입니다. 나무에게 바람은 '바람(기대)'이기도 합니다. 무풍 시기에는 사막에 불시착한 조종사가 물을 갈구하듯 나무는 두 팔을 벌려 바람이 오기를 간구합니다. 그렇게 기다리던 바람은 가져다주는 것도 많지만 빼앗아가는 것도 많습니다. 바람은 어쩌다 적셔진 땅거죽의 물기를 빼앗아가기도 합니다. 그래서 바람은 나무에게 다중 인격자로 비추어지기도 합니다.

지중해가 원산지인 포도주의 맛은 왜 좋을까요? 서정주 시인은 "나를 키운 건 팔 할이 바람이었다"고 했는데, 그러한 비유는 포도주에도 어울릴 것 같습니다. 지중해성 기후의 여름에는 건조한 바람이 불고 겨울에는 비가 많이 옵니다. 봄이 되면 나무들의 뿌리는 겨울에 내린 물을 찾아 깊은 곳으로 내려가야 합니다. 그곳에는 미네랄이 풍부하게 녹아 있는 물이 있고, 맑은 하늘은 바람을 무한정 공급합니다. 이때 바람의 힘으로 깊은 곳에 있던 물과 양분이 잎으로 전달됩니다. 따라서 지중해 연안은 포도를 비롯하여 올리브, 오렌지, 감귤 같은 수목 농업이 발달하기에 알맞은 기후 조건이 됩니다.

만약 바람이 없다면 세상은 생기를 잃을 것입니다. 바람이 꽃가루와 씨앗을 옮겨주는 식물들은 저출산의 늪에 빠질 것이며, 과일은 떫어지고, 포도주는 시어질 것입니다. 분지의 공기는 썩어가고, 나무들은 고장 난 잠수함에 갇힌 선원들처럼 불안해할 것입니다. 그러나 바람에게도 휴식은 필요한 법입니다. 칠팔월 오후의 땡볕 아래에서는 바람도 쉬어갑니다. 이때 나무들은 열매를 키워야 하는데 무풍지대에 놓인 범선처럼 무료한 하루를 보냅니다. 바람은 소원을 나타내기도 하고 새로운 기운을 몰고 오기도 합니다. 전쟁과 기아, 오염, 자원의 고갈 등으로 전 세계가 몸살을 앓는 요즘 프랑스 시인 폴 발레리의 시구가 떠오릅니다. "바람이 분다. 살려고 애써야 한다."(「해변의 묘지」 중에서)

빛
light

―――

만물의 디자이너

'빛과 그림자'라는 표현에서 그림자는 왜 빛 뒤에서 언급될까요? 그림자가 있은 다음에 빛이 존재한 적은 없었을까 생각해봅니다. 현실에서 찾아볼 수는 없지만 '플라톤의 동굴' 비유에서는 그림자가 먼저 등장합니다. 만약 어떤 사람이 동굴 속에서 죄수로 태어났다고 가정해봅시다. 동굴 밖을 한 번도 나가본 적이 없는 죄수는 온몸이 꽁꽁 묶인 채 동굴의 벽만 바라보고 있습니다. 그런 상황에서 교도관이 자신의 등 뒤에다 모닥불을 피워놓고 동물이나 사물 들의 모형을 이리저리 움직인다면 죄수는 오직 벽면에 나타난 그림자만을 볼 수 있을 것입니다. 그때 교도관이 뛰는 시늉을 하며 토끼의 모형을 보여주고 "이것은 토끼다" 하면 죄수는 그것을 토끼로 이해할 것이고, 새의 모형을 보여주고 나는 시늉을 하며 "이것은 새다" 하면 죄수는 그것을 새로 인식할 것입니다.

동굴에 갇힌 죄수의 이야기는 플라톤의 대표작 『국가』에 등장합니다. 이것을 예로 든 이유는 나무가 세상을 어떻게 인식하는지를 살펴보기 위해서입니다. 동굴 속의 죄수가 세상을 바라보는 방식은 나무가 세상을 바라보는 방식과 유사합니다. 빛의 성질에는 직진, 분산, 반사 굴절, 그리고 회절과 간섭이 있습니다. 그림자가 생기는 이유는 빛이 직진하는 성질을 지니기 때문입니다. 빛이 직진하지 않고 마구 휘어진다면 우리는 세상을 바로 인식할 수 없습니다. 우리가 눈으로 느끼는 한계 내에서 빛은 직진하므로 그림자를 만들어내고, 그림자는 빛이 있으므로 비로소 나타나게 됩니다. 그림자를 특별히 강조하는 이유는 나무가 그림자로 세상을 인식하기 때문입니다.

겨울철 나무의 가지 끝에 붙어 있는 눈芽들 중 제일 큰 눈은 하늘의 빈 공간을 향해 벋어 있습니다. 이를 '향일성'이라 부릅니다. 가지 끝의 눈들은 어떻게 향일성을 획득했을까요? 다시 '플라톤의 동굴' 속 죄수 이야기로 돌아가봅시다. 죄수가 벽면을 보고 있을 때 교도관이 죄수의 뒤에 서 있다고 가정하고, 죄수가 동굴의 벽면을 통해서 본 교도관의 모습과 머리를 돌려 직접 본 교도관의 모습이 어떻게 달라지는지 상상해보십시오. 이때 죄수가 교도관

의 참모습을 보았다고 생각했다면 다시
상상해봅시다. 고개를 돌리나 안 돌리나
죄수는 두 번 다 교도관의 그림자만 보
았을 뿐입니다. 하지만 시간이 흐를수록
죄수의 눈은 망막의 조리개를 조정
해가며 교도관의 얼굴과 눈동자와
콧수염을 가까스레 볼 수 있겠지요.
그렇지만 나무에게는 그런 눈이 없습
니다.

  나뭇가지와 잎에는 동물의 눈과는 다른 개념
의 눈이 있습니다. 그 눈의 이름은 피토크로뮴이라는
식물의 단백질 색소로서 밝음과 어두움을 감지하는 역할
을 합니다. 나무는 동물보다 더 넓은 범위를 감지할 수 있지만
사물의 자세한 움직임을 볼 수는 없습니다. 왜냐면 빛의 신호를 그
림으로 바꾸어줄 수 있는 신경 체계가 없기 때문입니다. 동물과 식
물 모두 빛을 감지하지만 나무는 주변의 사물들을 대상의 그림자
로 인식합니다.

  빛은 극지방의 오로라부터 꽃의 섬세한 빛깔까지 경이로운 모
습으로 가득합니다. 화가나 디자이너는 빛과 그림자를 대비하여
그림에 입체감을 부여하고, 빛의 스펙트럼을 사용해 이미지에 생

기를 불어넣습니다. 빛의 존재와 부재는 작품의 분위기를 조절하며, 빛이 캔버스에서 어떻게 표현되느냐에 따라 보는 이로 하여금 서로 다른 감정을 불러일으킵니다. 철학과 신화에서 빛은 지식, 신성, 숭고함의 상징으로 여겨져왔습니다. '빛과 어둠'이라는 대립적인 요소는 무형의 의미를 구조화하는 데 도움을 줍니다. 이때 빛은 진리와 지식 또는 신의 현상을 상징하며, 이러한 상징은 우리의 문화와 전통에 깊이 뿌리박혀 오늘날까지 이릅니다.

빛의 다채로운 속성은 틀에 박힌 정의를 거부합니다. 철학자에게 빛은 존재와 현상을 탐구하는 대상이 되며, 과학자에게는 측정과 계산의 대상이 되고, 예술가에게는 무한한 영감의 원천이 됩니다. 태초에 빛이 있었고, 혼돈 속에서 깨어날 때 한줄기 빛이 스며들며 생명의 역사가 시작되었습니다. 나무는 여전히 빛을 이용해 광합성을 하며 그림자를 통해 세상을 인식합니다. 인류는 여전히 동굴 밖을 나갔다 돌아온 현자에게 빛의 진실을 전해 들으며 진실에 대해 골똘히 고민하고 있습니다. 비록 어지러운 세상에 살고 있지만 빛이 있는 한 희망이 있으니까요.

소리
sound

인류세에 사라진 것들을 추억하며

11월의 저문녘에
낡아빠진 경운기 앞에 돗자리를 깔고
우리 동네 김 씨가 절을 하고 계신다
밭에서 딴 사과 네 알 감 다섯 개
막걸리와 고추 장아찌 한 그릇 차려놓고
조상님께 무릎 꿇듯 큰절을 하신다
나도 따라 절을 하고 막걸리를 마신다

박노해 시인의 시 「경운기를 보내며」의 앞부분입니다.[15] 부지런한 농부는 수탉이 울기도 전에 경운기를 몰며 집을 나섭니다. 경운기를 몰고 다니기를 23년, 고치고 고치다 더는 고칠 수 없는 지경에 이르러서야 김 씨는 경운기를 폐차하기로 결심하고 늘 다니던 길에서 마지막 이별을 고하는 의식을 거행합니다. 사실 경운기가 보급되기 전까지는 소가 일을 대신했습니다. 소는 농가에서 없어서는 안 될 재산 목록 1호이자 한 가족과 다름없었습니다. 밭 갈기와 써레질을 하고, 수레를 단 채 퇴비를 날라주고, 방과 후 아이들을 태워주기도 하는 정겨운 존재였습니다. 농부가 소와 헤어질 결심을 한 것은 경운기가 하는 일이 막강해졌기 때문입니다. 경운기는 밭을 가는 것은 물론이고 가물 때는 물도 풀 수 있고, 농약도 치고, 밭도 갈고, 탈곡까지하는 만능 일꾼이었던 것입니다.

   이제 농촌에는 임무를 다한 경운기와 늙은 농부만 남았습니다. 김 씨는 경운기를 보내며 조상님께 하듯 큰절을 올리고 고마운 마음을 전합니다. "긴 세월 열세 마지기 논밭 다 갈고 그 많은 짐을 싣고 나랑 늙어 왔네그려! 덕분에 자식들 학교 보내고 결혼시키고 고맙네. 먼저 가소. 고생 많이 했네." 하며 농부는 폐차장을 향해 갑니다. 탈 탈 탈 탈. 이제 농촌에서는 경운기 몰고 가는 소리마저 가물가물합니다. 소가 경운기에게 자리를 물려주듯, 경운기는 트랙터에게 자리를 물려주고 인류세*의 마지막 소리를 간직한 채 폐

●   인간의 활동이 지구의 환경을 바꾸는 지질 시대를 이르는 말.

차장으로 향합니다.

   소리는 시간의 흐름에 따라 바뀌나 봅니다. 소리의 풍경도 그렇습니다. 버니 크라우스는 자연의 소리를 가지고 생태를 연구하는 데 평생을 바친 미국의 소리생태학자입니다. 그는 사람들을 새로운 소리의 세계로 안내합니다. 울창한 열대 우림에서부터 외딴 사막에 이르기까지 다양한 생태계의 소리를 녹음하고 분석한 경험을 공유하며 야생 동물과 환경의 중요성을 알려줍니다.[16]

   마침 그의 전시회가 서울에서 열려 소리를 직접 들어볼 수 있는 행운을 누린 적이 있습니다. 소리를 녹음한 결과물을 오선지에 악보 그리듯 펼쳐놓자 야생의 소리가 벽면을 타고 흐릅니다. 놀라운 사실은 시간이 흐를수록 오선지의 선들이 엉성해지면서 사라진다는 것이었습니다. 소리가 사라진다는 것은 그 소리의 주인공이 없어졌다는 것을 의미합니다. 소리생태학은 종이 보태지거나 사라지는 것까지도 세심하게 기록합니다. 곤충이나 야생 동물의 생태를 연구할 장소는 사람이 거주하는 곳에서 멀리 떨어져 있거나 접근하기 어려울 때가 많습니다. 소리생태학은 그들의 삶에 개입하지 않으면서 다양한 종의 존재와 분포를 드러냅니다. 소리가 생태계를 이해하는 데 귀중한 통찰력을 제공한다는 사실을 몸소 깨달은 순간이었습니다.

소리생태학은 생물 다양성을 기록하는 것은 물론이고 기후 변화에 따른 환경의 변천사까지 소리를 통해 그대로 들려줍니다. 크라우스는 사진에 말 몇천 마디의 가치가 있다면 소리의 풍경은 사진보다 몇천 배 이상의 가치가 있다고 말합니다. 버니 크라우스는 오대양 육대주를 누비며 새소리와 곤충의 노랫소리는 물론이고, 우리의 귀로는 쉽게 들을 수 없는 고래들의 소리, 옥수수가 자라는 소리, 개미가 노래하는 소리까지 녹음해서 음향과 함께 영상으로 만들었습니다. 소리는 보존되지 않는 일회성의 특성을 지니지만 많은 의미를 내포하고 있습니다. 인간이 만든 소음 공해와 환경 파괴가 늘고 있는 상황에서 소리생태학자들의 작업은 소리의 가치와 생물 다양성, 나아가 생태적 균형을 전반적으로 인식하는 데 도움을 줍니다.

소리는 진실합니다. 소리를 낸 대상의 상황을 알려주기도 하고 우리의 내면을 깨우기도 합니다. 탈탈거리며 지나가는 새벽의 경운기 소리를 들으며 이불 속으로 파고든 어린 시절을 떠올려보면, 참 다양한 소리들이 계절별로나 시간대별로 다르게 들렸다는 것을 알 수 있습니다. 아침에 지저귀는 참새 소리와 한낮의 까치 소리와 밤의 소쩍새 소리는 시간을 알려주고, 가없이 들리는 철새들의 떼창은 계절을 말해줍니다. 인류세를 맞이하여 하나둘씩 사라져가는 소리들이 그리워지는 밤, 귀뚜라미 소리인가 귀 기울여보니 이명耳鳴이었습니다.

크기

size

상대적이며 주관적인 것

    인류에게 불을 전해준 프로메테우스의 동생 에피메테우스는 생물들에게 능력 한 가지씩을 나누어주는 임무를 맡았습니다. 몸집이 작은 종에게는 도망칠 수 있는 날개를 주었고, 몸집이 더 작은 종에게는 땅속으로 숨을 수 있는 능력을 주었지요. 몸집이 큰 종에게는 큰 몸집으로 자신을 지킬 수 있는 능력을 주었습니다. 동물에게 몸집의 크기는 포식자로부터 벗어날 수 있는 가능성과 먹이를 잡을 수 있는 가능성을 결정하는 중요한 요소입니다. 식물의 경우는 어떨까요? 식물은 크기에 따라 광합성에 필요한 햇빛을 받을 양을 결정합니다.

    모든 생물은 몸집에 따라 생존 전략이 달라집니다. 눈에 보이지 않는 세균에서부터 거대한 고래에 이르기까지 크기의 영향을 받지 않는 생명체는 없습니다. 크기는 형태를 결정하고 생명체의 기능에도 중요한 영향을 미칩니다. 크기야말로 한 생명체를 존재하게 하고 생명체의 기능을 분류하는 최고의 결정자입니다. 이는 자신의 크기에 맞는 구조와 기능을 갖추어야만 생명체가 살아남을 수 있으므로 크기가 바뀌지 않고 진화하는 생명은 없다는 것을 의미하기도 합니다.

생명체의 크기가 다르다는 것은 진화의 원동력이자 자연 선택의 결과입니다. 이로 인해 유기체는 끊임없이 선택의 압박을 받습니다. 몸의 크기가 변하면 몸의 구조도 변하고, 전에 없던 새로운 몸속의 기관들이 나타나며, 진화상의 혁신이 이루어집니다. 예를 들어 실개천에 놓인 다리와 큰 강에 놓인 다리는 형태와 재질이 각각 다르다는 것을 알 수 있습니다. 실개천의 다리는 나무말뚝을 박고 판자로 얼기설기 놓아도 사람이 건너는 데 아무 문제가 없지만, 강에 차가 다니는 다리를 놓으려면 콘크리트, 철근, H빔, 와이어 등 단단하면서도 내구성이 있는 재질을 사용해야 합니다.

그렇다면 지구에서는 크기가 어떤 역할을 했을까요? 진화의 역사에서 살아남은 종들은 각기 자기에게 주어진 능력을 잘 사용했거나 운이 좋았습니다. 그중에서도 종의 크기는 생물이 살아남는 데 중요한 역할을 했을 것입니다. 지구의 역사에서 특정 생물이 멸종에 이르는 큰 시련이 여러 번 있었고, 그때마다 작은 종들이 살아남아 점점 크기를 키워갔습니다. 살아남기에는 몸집이 작은 편이 유리했을 것이고, 살아남은 후부터는 상위 개체들이 없어졌기 때문에 몸집을 키우는 것이 유리했기 때문이지요. 이는 작은 것들과 경쟁하느니 차라리 큰 쪽을 택하여 경쟁자 없이 탁 트인 생태적 지위를 차지한다는 전략이라고 볼 수 있습니다.

세포와 세포가 만나 몸집을 불리는 데도 원칙이 있습니다. 생물학자 존 타일러 보너는 저서 『크기의 과학』에서 유기체의 크기가 생존에 미치는 영향력을 다섯 가지로 정리했습니다.[17]

첫째, 크기는 생물의 힘을 결정합니다. 생물체는 크기가 커질수록 자신의 무게를 감당할 수 있는 구조로 변해야 합니다. 예를 들어 어린 단풍나무는 가느다랗고 호리호리하지만 성장할수록 키가 커지는 비율보다 더 큰 비율로 두께가 증가하며 버티는 힘이 생깁니다.

둘째, 크기는 온몸의 표면적을 구석구석 정합니다. 생물들은 크기가 커질수록 산소를 받아들이는 표면적을 늘려야 하는 문제에 맞닥뜨리게 됩니다. 따라서 외형의 크기가 커질수록 산소를 받아들이고 내보내는 내부 기관도 같은 비율로 커져야 하지만, 마냥 커질 수도 없습니다. 따라서 내부 기관은 표면적을 늘리기 위해 주름을 만들기도 하고, 융털 같은 돌기나 돌돌 말린 나선형의 기관을 통해 내부 공간을 표면과 가깝게 만듭니다.

셋째, 크기는 분업의 정도를 결정합니다. 분업이란 한 개체가 얼마나 다양한 세포들로 구성되어 그 역할을 나누어 수행하는지를 뜻합니다. 인간 사회가 발달할수록 분업화가 세밀해지듯, 세포 수가 많아지면 세포들은 각각의 역할에 따라 임무를 수행하게 됩니다.

넷째, 크기는 수명, 이동 속도, 심장 박동 수와 같은 신체 활동의 속도를 결정합니다. 크기는 심장 박동 수뿐 아니라 수명과도 관련이 깊습니다. 작은 생물은 큰 생물보다 심장 박동이 빠릅니다. 아기의 심장은 어른보다 빨리 뛰고 새처럼 작은 생물의 심장은 그보다 더 빨리 뜁니다. 한편 몸이 클수록 오래 삽니다. 재미있는 사실은 쥐든 사람이든 포유류의 심장 박동 수는 평생 15억 회로 비슷하다고 합니다. 심장 박동 수가 동일한데도 수명의 차이가 나는 것은 분당 심장 박동 수에 차이가 있기 때문입니다. 30그램의 심장을 가진 쥐는 심장 박동 수가 분당 900회를 뛰고 2년을 살며, 3천 킬로그램의 심장을 가진 코끼리는 분당 30회 가량 뛰고 60년 정도를 산다고 합니다. 심장 박동 수만 보면 각각에게 주어진 시간은 같은 셈입니다.

다섯째, 크기는 개체 수를 결정합니다. 지구상에는 세균 700억 톤, 곰팡이 120억 톤, 식물 4천5백억 톤, 동물 20억 톤, 절지동물 2억 톤, 사람 6천만 톤이 산다고 합니다. 식물의 개체 수가 전체 무게의 80퍼센트를 차지해 압도적이고, 동물은 0.5퍼센트, 사람은 0.01퍼센트를 차지합니다. 즉, 전체 생물량의 1만분의 1에 불과한 비율입니다.

 인류는 개처럼 후각이 뛰어나지 못하고, 고양이처럼 날렵하지도 못하며, 새처럼 눈이 좋지도 않지만 지구상에서 가장 성공했다고 자부하는 종입니다. 사람의 크기는 어떤가요? 사람의 크기가 커지면 더 많은 자원을 필요로 하게 되어 불리해질 텐데, 지구의 모든 사정을 고려해볼 때 지금의 사람 크기가 적당했나 봅니다. 지구의 역사에서 공룡같이 덩치가 큰 동물들이, 자신의 그늘에 숨어 있던 작은 생물들이 살아남는 모습을 곁눈으로 지켜보며 사라져 갔다는 것을 떠올려보면, 마냥 크다고 좋은 것도 아니고 작다고 좋은 것이 아니라는 사실만 알 뿐입니다. 공룡이 멸종할 당시 인류의 조상이었던 포유류는 몸집이 작은 존재였다는 점에서 운이 좋았을 뿐입니다. 크기는 상대적이며 주관적인 것이니까요.

흙
soil

생물과 무생물의 정거장

어린아이가 흙장난을 하다 엄마한테 들켰습니다. 엄마는 "지지"라고 나무라며 아이의 손을 씻겼습니다. 그 아이는 흙은 더럽다고 생각하며 자라겠지요. 흙은 왜 더러운 것이 되었을까요? 예전에는 흙을 아주 귀하게 여겼습니다. 동학의 2대 교주 해월 최시형은 한 어린아이가 나막신을 신고 요란한 소리를 내며 앞을 지나가는 것을 보고 "버선이 중한가? 어머니의 살이 중한가?" 하고 물으며 땅이 살갗병에 걸릴까 염려하였다고 합니다. 이러한 사고방식은 서양에서도 다르지 않았습니다. 인류를 호모사피엔스라고 일컫는데, '호모'는 무슨 뜻일까요? 라틴어 호모Homo는 '흙'을 뜻하는 후무스Humus에서 온 말입니다. 그러니까 사람은 '살아 있는 흙'이 되는 셈입니다.

흙에 대해서 이야기하기 전에 먼저 언어적 문제들을 해결해야 합니다. 땅, 흙, 토지, 토양이 혼용되고 있기 때문입니다. 땅은 하늘과 대조되는 개념이며 바다, 강, 물이 있는 곳을 제외한 부분을 가리킵니다. '하늘과 땅'에서 땅은 대지의 여신 가이아와 같은 의미로 쓰이기도 합니다. 흙은 작물을 심을 때 떠올리는 단어입니다. "흙이 좋아서 사과나무가 잘 자란다" 할 때의 흙이며, 주로 농부들이 땅의 힘을 가늠할 때 쓰는 표현입니다. 토지는 소유의 대상이라는 뜻으로 쓰입니다. 토지의 소유자가 누구인지를 따질 때처럼 주로 법률적 용어로 많이 쓴니다. 끝으로 토양은 흙과 같은 개념이지만 "토양의 산도"라는 말은 있어도 "흙의 산도"라는 말은 없는 것처럼, 흙은 농부들이 쓰고 토양은 학자들이 주로 쓰는 용어입니다.

흙 한 줌엔 지구상의 인구보다 많은 미생물이 살고 있습니다. 건강한 숲의 식물 뿌리에 붙어 있는 흙 1그램에는 약 5천 종, 10억여 마리의 세균이 삽니다.[18] 흙은 에너지가 순환하는 과정에서 중요한 역할을 맡습니다. 수많은 생명체들이 흙을 발판으로 삼아 순환하기 때문입니다. 이 말은 땅속에서 생명의 대기자들이 순번을 기다리고 있다는 뜻이기도 하지요. 또한 흙은 방금 죽음을 맞이한 개미, 진드기, 딱정벌레, 톡토기, 땅강아지, 지렁이, 뱀 허물, 다람쥐가 먹다 남긴 도토리, 동물의 똥 등이 잠시 숨을 고르는 곳입니다.

나아가 흙은 어디로 가야 할지 모르는 생명의 환승역이자 에너지가 순환하는 개방된 공간입니다. 흙에서 식물로, 식물에서 동물로 에너지가 이어지며, 동물에서 다시 흙으로 에너지가 되돌아옵니다. 이때 흙이 더러운 대상이 되면 생명의 환승역이 사라지는 것과 같아지는 것이지요.

흙이 더럽다는 인식을 두고는 흙의 입장과 사람의 입장이 서로 다릅니다. 사람들은 흙 속에 동물의 똥이나 사체들이 들어 있어 흙을 더럽다고 여기고, 흙의 입장에서는 오염 물질이 유입되거나 발로 밟혔을 때 비로소 흙이 더러워지는 것입니다. 흙이 제구실을 못하는 가장 주된 원인은 밟혀서 다져진 땅이 되었을 때입니다. 정상적인 흙은 광물질 45퍼센트, 수분 25퍼센트, 공기 25퍼센트, 유기물 5퍼센트로 이루어져 있습니다. 이 수치에서 흙 속의 절반이 비어 있다는 것을 알 수 있습니다. 이 빈 공간이 줄어들면 물과 공기가 저장되지 못하고 살아 있는 생명체들이 내뿜은 탄산가스마저 빠져나가지 못하는 불행한 일이 벌어집니다. 그렇게 되면 식물은 물론이고 대부분의 생명체들이 죽고 썩어들어가면서 에너지를 순환하지 못하고 흙이 '더러운 것'이 됩니다.

고대 로마의 철학자 루크레티우스는 저서 『사물의 본성에 관하여』에서 이렇게 말했습니다. "사물이 아무리 단단하다고 생각되어도 그것이 성긴 몸으로 되어 있음을 당신은 다음 사실로부터 분간해낼 수 있다. 바위 동굴에서조차 물의 질척한 습기는 스미어 흐르고, 모든 것이 풍부한 물방울로 눈물을 흘린다. 목소리는 벽돌 사이로 빠져나가고 집들의 닫힌 문을 가로질러 날아간다. 몸을 굳게 하는 추위는 뼈에까지 스며든다. 하지만 만일 그것을 통해 각각의 물체들이 지나갈 수 있는 바, 빈 공간이 없었다면, 이 일들이 그 어떤 방식으로도 일어나는 것을 그대는 볼 수 없으리라."[19]

루크레티우스의 말은 흙에도 적용됩니다. 비어 있다는 것은 어떤 것을 받아들일 준비가 되어 있다는 것을 뜻합니다. 식물의 뿌리가 살기에 적당한 흙은 전체 부피의 50퍼센트 정도가 비어 있어야 합니다. 나머지는 물과 공기가 차지하는데 이것들의 비율은 수시로 변합니다. 비가 오면 물의 비율이 높아지고 가물면 공기의 비율이 높아집니다. 가장 이상적인 상태는 물과 공기가 반반일 때입니다. 이것은 마치 소리 반 공기 반으로 부른 노래가 듣기 좋은 것과 같습니다. 공기가 섞이지 않은 소리는 딱딱하고 듣기에 불편한 반면, 소리는 적고 공기가 많다면 풍선에서 바람이 빠지는 소리와 다를 바 없겠지요. 흙 속도 마찬가지입니다.

 공기와 물의 비율이 반반일 때 뿌리들은 흙을 자비로운 엄마라고 생각할 것입니다. 뿌리는 까다롭습니다. 양립하기 어려운 두 물질을 동시에 요구하기 때문입니다. 하나는 물이고, 하나는 공기입니다. 이 두 물질이 뿌리털 끝에 맞닿아 있는 흙에 동시에 존재해야 합니다. 물을 흡수할 때도 숨은 쉬어야 하니까요. 마치 아기가 엄마의 젖을 빨 때 아기의 코가 젖에 묻히지 않고 숨을 잘 쉴 수 있도록 엄마가 자신의 젖을 손으로 살짝 눌러주는 것처럼 말입니다. 그러려면 흙이 다져지지 않도록 잘 관리해야 합니다.

 인도의 철학과 사상의 원천을 이루는 성전 『우파니샤드』에 이런 구절이 있습니다. "아들아, 한 줌의 흙 덩어리를 알면 그 흙으로 만든 것을 알게 된단다. 흙의 변형으로 만든 모든 것들은 그것을 소리로 부르기 위하여 다른 이름을 붙인 것에 불과하다. 그 가운데 오직 흙만이 바로 참 존재인 것이다."[20] 즉, 흙을 제대로 이해하지 못하면 세상을 이해할 수 없다는 뜻입니다. 흙에 가장 민감한 존재는 나무입니다. 나무에게 가장 중요한 것은 '지금 여기'입니다. 한 번의 선택에 앞으로의 모든 삶이 종속되기 때문이지요. 그런 면에서는 우리 모두도 마찬가지 아니던가요? 흙으로 이루어진 인간은 흙을 먹고 흙으로 돌아가니까요.

생태적 지위
ecological niche

사춤을 노려라

찰스 다윈 때문에 더욱 유명해진 갈라파고스제도로 떠나보겠습니다. 에콰도르에서 서쪽으로 1천 킬로미터나 떨어진 망망한 섬들에는 특이한 동물이 많습니다. 그중에서도 핀치새는 신체 유형은 다른 새들과 비슷하지만 현저하게 다른 부리를 가지고 있어서 유명해졌습니다. 핀치새는 갈라파고스제도로 이주한 후 다른 핀치 종들과 서로 경쟁을 피하며 공존할 수 있는 방법을 찾았습니다. 대형 씨앗을 먹는 핀치 종에게는 크고 강력한 부리가 있고, 작은 씨앗을 먹는 핀치 종에게는 작은 부리가 있으며, 곤충을 잡아먹는 핀치 종에게는 뾰족하고 길게 특화된 부리가 있습니다. 먹이에 대한 서로 다른 적응 능력은 각각의 핀치새들이 경쟁을 피하고 생태계에서 자기만의 고유한 지위를 지니도록 해줍니다. 이 과정을 통해 핀치새들은 각기 다른 생태적 지위를 차지하며 결과적으로 생물 다양성에 기여합니다.

생태적 지위는 특정 종이 생태계 내에서 차지하는 역할과 위치를 알려줄 뿐 아니라, 환경에 미치는 영향도 설명해줍니다. 한 종이 '어디에' 사는지를 알려주는 것이 서식지라면, 생태적 지위는 한 종이 '어떻게' 사는지를 알려주는 것입니다. 같은 지역에 사는 비슷한 종들은 서로 경쟁을 줄이기 위해 자기만의 틈새를 찾습니다.[21] 서로 다른 높이의 나뭇가지에서 먹이를 찾거나 핀치새들처럼 아예 다른 먹이 자원에 도전하여 자기만의 생태적 개성을 갖춥니다. 생태적 지위의 폭이 좁아 개성이 강한 종은 특수한 서식지를 필요로 하므로 분포 지역이 한정되고 개체 수가 적은 데 반해, 생태적 지위의 폭이 넓은 종은 환경 변화에 잘 적응할 수 있어 분포 지역이 넓어지므로 당연히 개체 수도 많습니다. 그러므로 개성과 틈새는 반비례하게 되는 것이지요.

생태적 지위를 달리하면 생물 다양성을 유지하는 데 도움이 됩니다. 서로 다른 생태적 지위를 갖춘 종들은 종종 상호 의존적인 관계를 형성합니다. 꽃가루를 옮기는 벌과 꽃가루를 제공하는 식물 사이에 공생 관계가 형성되기도 하고, 어떤 종은 생태계 구조를 바꾸어 다른 종의 생태적 지위에 영향을 미치기도 합니다. 비버는

나무를 베어내 댐을 만들고 습지를 생성합니다. 이는 다른 수생 생물에게 서식지를 제공하는 결과로 이어집니다.

생물들이 특정한 생태적 지위를 갖추면 서로 다투지 않습니다. 대부분의 생물은 생태적 지위에 따라 특정한 서식지에서 햇빛과 양분을 나누어 이용합니다. 같은 곳에서도 참새와 울새는 먹이를 두고 서로 경쟁하지 않습니다. 울새는 곤충을 잡아먹고 참새는 여름에는 곤충을 먹지만 가을에는 주로 씨앗을 먹습니다. 울새와 참새의 먹이가 잠시 겹칠 것 같지만 그렇지 않습니다. 울새는 봄과 가을에만 나타나는 나그네새이기 때문입니다. 반면에 생태적 지위가 겹치면 종 간 경쟁이 치열해집니다. 이럴 경우 좀 더 그 환경에 적합한 특징을 지닌 종이 개체 수를 계속 늘려 생태적 지위를 독점하게 됩니다. 한편 생태적 지위에서 밀려난 종은 다른 생태적 지위를 차지할 수 있도록 진화하거나 우물쭈물하다 서서히 사라져 가는 운명을 맞게 됩니다.

그렇다면 사람은 생태계에서 어떤 생태적 지위를 차지할까요? 사람, 즉 호모사피엔스는 생태계에서 매우 특이하고 다양한 생태적 지위에 놓여 있습니다. 인간은 생태계의 꼭대기에 있는 최상위 포식자의 역할을 할 수도 있고, 생산자와 소비자 역할도 동시에 합니다. 인간은 각기 다른 환경에서 생존할 수 있는 유연성과 적응성을 바탕으로 삼아 생태계에 다방면으로 영향을 미칩니다. 그중에서도 특히 다른 종들의 개체 수를 조절할 수 있는 능력이 돋보입니다. 예를 들어 사냥, 어업, 농업, 그리고 생태계 관리를 통해 인간은 특정 종의 개체 수를 인위적으로 늘리거나 줄일 수 있습니다. 도시나 댐 건설을 통해 생태계를 크게 변화시키기도 하고 오염 물질을 배출하기도 하지만, 생태계와 생물 다양성의 중요성을 인식하여 생물을 보존하고 복원하려 노력하는 유일한 종이기도 합니다.

자신만의 생태적 지위를 구축하고 개성 있게 산다는 것은 자신만의 관심사, 가치관, 삶의 방식을 추구하며 살아가는 것을 의미합니다. 이는 일반적인 사회적 기준이나 타인의 기대를 따르기보다는 자기 내면에 있는 가치와 진정한 열망에 더 충실하려는 삶을 가리킵니다. 개성 있게 살기 위해서는 자신이 누구인지, 무엇을 원하는지, 어떤 것에 가치를 두는지 깊이 이해해야 합니다. 자신의 신념이나 개성을 자신 있게 드러내며 창의적인 활동에 참여하고 대중의 의견에 휩쓸리지 않아야 합니다. 자신만의 목표를 설정하여 그것을 달성하기 위한 계획을 세워야 하며, 목표 달성을 위해서는 자신의 가치와 열정에 기반을 두어야 합니다. 때로는 위험도 감수해야 합니다. 뒤에서 "쟤는 뭐야"라며 비난을 받더라도 당당하게 "나는 나야"라고 대응할 수 있어야 합니다. 마치 갈라파고스 제도의 핀치새가 자신만의 사춤을 찾아 도전할 때처럼 말입니다. 사춤은 우리말로 갈라지거나 벌어진 틈을 의미합니다. 찾아보세요. 어딘가에 벌어진 틈이 분명 있을 테니까요.

공생

symbiosis

더 사랑하는 자가 '을'이 아닌 삶의 형태

나는 나의 세포 개수만큼 많은 미생물과 함께 살고 있습니다. 당신도 마찬가지입니다. 여러 연구가 말해주듯, 인간은 1만 종이 넘는 미생물과 공생하고 있다고 합니다. 마릿수로 따지면 39조가 넘는 숫자지요. 성인의 무게로 따지면 2킬로그램에 가깝습니다. 인간 세포가 30~37조 개라고 하는데, 그러고 보면 내가 오로지 나로 이루어진 줄 알았지만 나뿐 아닌 미생물로도 이루어진 셈입니다.

찰스 다윈의 자연 선택설 이후 많은 사람이 생존에서 경쟁은 필수라고 생각하겠지만 인간을 포함한 대부분의 생명체는 공생共生에 기반을 둡니다. 생태계의 균형을 맞추는 공생은 수많은 생물의 생존을 위해 꼭 필요한 방식이기 때문입니다. 공생의 역사는 지구의 역사와 밀접하게 연결됩니다. 지구는 늘 변덕을 부리며 수많은 생명체들을 위협해왔기에 홀로 살기에 그리 적합한 곳이 아닙니다. 이러한 불확실성 속에서 긍정적 관계를 맺는 것이 유리하다는 사실을 지구상의 생물들이 놓칠 리 없지요. 백지장도 맞들면 낫다고, 변덕스런 지구에서 서로에게 도움을 주는 것이 생존 가능성을 높입니다. 우리 몸속의 미생물과 내가 마치 썸을 타며 지내는 것처럼 말입니다.

자연 환경에서 개체군 간에는 상호 작용이 활발하게 일어납니다. 혼자 독립적으로 사는 생명체는 없습니다. 우연히 만났는데 서로에게 도움이 된다면 장기간 동거하기도 합니다. 반면 기생충처럼 빨아먹기만 하고 '먹튀'하는 관계도 있습니다만, 공생은 대부분의 생명체가 살아가는 보편적인 존재 방식입니다. 보통 개체군의 밀도가 낮을 때 일어나는 긍정적인 상호 작용은 개체군의 생장률을 높이지만, 부정적인 상호 작용은 어느 정도 이상으로 밀도가 증가할 때 일어나고 결과적으로 개체군의 생장률을 감소시킵니다. 이러한 상호 의존성은 유전자 수준에까지 적용되어 대를 이어 나타납니다.

개체군 간의 이해관계에는 환경 요인에 따라 변화가 일어나기 마련입니다. 늘 좋은 관계를 유지할 수만은 없다는 뜻입니다. 단일 개체군 내에서 개체들 간의 이해관계에 따라 이해관계가 없으면 0, 이익을 얻으면 +, 해를 입으면 -로 표시할 수 있습니다. 뿌리와 균근菌根, 꽃과 나비, 소나무와 송이, 콩과科 식물과 뿌리혹박테리아*처럼 관계가 밀접해서 두 종이 서로 이익을 보며 생존에 절대적인 관계라면 상리 공생(++), 빨판 물고기처럼 한쪽은 이익을 얻는 데 반해 다른 쪽은 전혀 영향을 받지 않는 관계인 편리 공생(+0), 착생 식물**처럼 한쪽만 피해를 입고 상대방은 아무 영향을 받지 않는 관계라면 편해 공생(-0), 두 종이 서로 이익을 주지만 서로의 생존을 위해 필수적으로 맺는 관계가 아니라면 협동(++)이라고 합니다. 또한 뻐꾸기, 기생충, 모기, 진딧물, 겨우살이, 새삼처럼 한쪽은 이익을 보고 상대방이 피해를 입는 관계라면 기생(+-)이라고 합니다.[22] 개체들의 역할은 환경에 따라 달라지기도 합니다. 그렇다면 더 사랑하는 쪽이 을이 되는 슬픈 관계는 어디에 속하는지 여러분이 맞혀보시기 바랍니다.

공생의 사전적 정의는 "서로 도우며 함께 삶"인데 상리 공생과 협동을 제외하고 편리 공생, 편해 공생, 기생은 왜 공생의 범주에 들어 있는지 궁금하지 않나요? 대부분의 생태학 책에서는 이들 관

● 식물체로부터 탄수화물 따위를 흡수해 공기 중의 질소를 고정하여 식물체에 전달하는 박테리아.
●● 이끼, 수염틸란드시아처럼 다른 식물의 표면이나 줄기에서 자라는 식물.

계를 '종간 상호 작용'이라고 정의합니다. 위키백과에서는 이렇게 설명합니다. "상리 공생만이 공생은 아니다. 이해관계는 변하기 쉽고 … 여러 종류의 생물이 상호 관계를 맺으면서 같은 곳에서 생활하고 있는 상황을 모두 공생이라고 한다." 그러니까 한곳에서 관계를 맺고 사는 다양한 삶의 형태를 공생이라고 보는 것입니다. 그렇게 해야 생태계가 건전하게 유지되니까요.

이런 관계는 어떻게 해서 이루어졌을까요? 대부분의 식물 뿌리에 공생하는 균근을 예로 들어보면, 먼저 곰팡이 균이 식물의 뿌리에 붙어서 영양분을 빨아먹었을 것입니다. 식물 입장에서는 균을 물리치는 것이 유리했을 텐데 식물의 뿌리는 손해를 보면서도 균을 그냥 내치지 않고 균의 유용성을 발견했을 것입니다. 균이 물과 무기 양분을 머금기 쉬운 조직이라, 그렇지 않아도 척박한 곳에서 살기 힘든데 식물이 오히려 횡재를 한 셈이거든요. 이 문제는 '죄수의 딜레마' 이론으로 설명이 가능합니다. 서로 협력하지 않으면 둘 다 나빠지지만, 단순히 무작위로 협력이 선택될 경우 그 협력으로도 둘에게 이익이 되고 신뢰가 쌓이면 짝꿍 관계가 더욱 강화되며 공생 관계가 성립된다는 것입니다.

공생과 비슷한 말로 상생相生이 있습니다. 상생의 뜻은 국어사전에 "서로 도우며 같이 살아감"이라고 나와 있습니다. 상생이란 내가 누군가를 도우면 그가 누군가를 돕고, 그가 또 다른 누군가를 돕는 일입니다. 우리 사회 전체를 풍요롭게 하며 결국 나에게도 도움이 된다는 삶의 순환을 의미합니다. 공생과 상생은 둘 다 협력적인 관계를 나타내지만, 두 용어가 적용되는 맥락과 의미에는 차이가 있습니다. 공생은 생물학에서 서로 다른 종의 생물들이 밀접하게 상호 작용하는 관계, 상생은 사회·경제 체제에서 개인이나 단체가 협력하여 상호 이익을 추구하는 관계를 의미합니다.

우리가 사는 세상에는 무수히 많은 생명체가 존재합니다. 생명체 각각은 자신만의 역할과 기능을 지닌 채 서로 연결되어 있습니다. 우리 인간도 그 연결 고리의 한 부분이며, 많은 생명체와 함께 살아가고 있지요. 특히 세포학의 연구를 통해 인간의 몸속에 수많은 미생물들이 존재하며 그들이 서로 밀접한 관계를 맺고 있다는 사실도 알게 되었습니다. 이러한 공생 관계는 자연의 기본 원칙 중 하나이며, 서로 이익을 주고받기 위한 생태계의 필수 덕목입니다. 세포질을 연구한 미생물학자 린 마굴리스는 이렇게 말합니다. "수분을 제외한 우리 몸의 10퍼센트 이상은 살아 있는 박테리아로 이루어졌다. 그들의 일부는 비록 우리 몸의 직접적인 구성원은 아닐지라도 그들 없이는 우리도 존재할 수 없다."

상호 의존성
interdependency

보이는 것은 보이지 않는 것에 의존한다

"어디서 그 많은 영감을 얻으시죠?" 어떤 사람이 프랑스 화가 앙리 마티스에게 물었습니다. 여든이 넘은 나이에도 여전히 그림을 그리던 마티스는 이렇게 대답했습니다. "난 뜰에서 엉겅퀴를 키우고 있거든요."[23] 엉겅퀴가 그림을 그리는 데 도움이 되었다는 의미인데, 엉겅퀴는 마티스에게 무슨 일을 한 것일까요? 우리 모두는 연결되어 있습니다. 태어나기 전에는 엄마와 연결되어 있었고, 태어난 후부터는 공동체와 연결되어 있으며, 장성하면 사회와 연결되어 서로 의존하며 삽니다. 세 다리만 건너면 모두 친구가 된다는 우스갯소리가 있듯이 서로 연관성이 없어 보이는 것까지도 연결되어 있는 것이지요. 연결된 것들은 필연적으로 무엇을 주고

받습니다. 마티스가 엉겅퀴를 돌보는 사이 엉겅퀴와 마티스도 연결되어 서로 무언가 주고받았나 봅니다.

상호 의존하며 주고받는 일은 우리 몸속에서도 일어납니다. 귀는 눈에 의존하고 눈은 귀에 의존하며 코는 입에 의존하고 입은 코에 의존한 채 세상을 인식합니다. 각각의 세포 조직과 기관 들도 상호 의존하며 복잡한 시스템을 작동시키는 데 기여합니다. 심장은 피를 내뿜어 온몸에 산소와 영양분을 공급합니다. 이 과정 없이는 뇌와 근육, 그리고 여러 기관이 제 기능을 수행할 수 없습니다. 한편 몸속의 여러 기관도 심장에 필요한 에너지를 공급하여 심장이 계속해서 피를 내뿜을 수 있도록 도와줍니다. 이러한 관계는 소화를 돕는 장내 미생물들의 단순한 관계에서부터 몸속의 복잡한 시스템에서까지 찾아볼 수 있으며, 우리가 상호 의존하며 살아가는 힘의 원천이 됩니다.

상호 의존은 서로에게 의존하여 생존하고 발전하는 관계를 의미합니다. 생태학적인 관점에서 각 개체는 다른 개체 없이 존재하거나 기능할 수 없습니다. 식물은 햇빛, 물, 토양의 영양분에 의존하면서 자연에 산소와 영양분을 제공하고 우리는 자연에 이산화탄소를 제공하며 서로에게 도움을 줍니다. 도시에서 살다 보면 상호 의존이 다른 나라 일 같겠지만, 개구리 한 마리가 로드킬을 당하면 조만간 모기에 한 방 더 물릴 수도 있습니다. 이런 의미에서 본다면 한 개체의 죽음은 그 주변을 둘러싼 개체들에게까지 큰 영향을 미칩니다. 하나의 종이 감소하거나 소멸한다면 다른 종뿐 아니라 생태계 전체에 부정적인 영향을 미치니까요.

생태계에서 상호 의존성은 오래된 믿음을 기반으로 합니다. 복잡한 상호 작용을 통해 시스템이 유지되고 발전을 거듭하기 때문입니다. 상호 의존적인 관계는 생명체들이 서로를 도와가며 생존하고 번식하는 데 도움을 줍니다. 만약 이 관계가 깨질 경우 생태계의 안정성이 위협받습니다. 예를 들어 꽃은 벌에게 꿀과 꽃가루를 제공하고, 벌은 꽃의 꽃가루를 다른 꽃에 전달함으로써 꽃의 수분을 돕습니다. 이러한 과정을 거쳐 식물은 번식을 이어가며, 벌은 생존에 필요한 먹이를 얻습니다. 그런데 꽃이 예전보다 일찍 피면 어떻게 될까요? 꽃과 벌, 둘 다 어리둥절해하겠지요. 꽃은 벌을 기다리다 지쳤을 것이고, 벌은 꽃이 자기를 배신했다고 생각할 것입니다. 오래된 믿음을 기반으로 한 상호 의존성의 관점에서 보면, 생태계를 위협하는 요인 중 하나는 생물 계절일 것입니다. 동물이나 식물이 철을 따라 주기적으로 나타내는 변화를 가리키는 생물 계절은 동물과 식물의 서로를 향한 믿음에 바탕을 두고 있습니다.

생물 계절은 상호 의존성의 최고 경지입니다. 식물은 싹 틈과 꽃 핌, 단풍과 낙엽이 지는 시기를 지표로 삼고, 동물은 출현과 이동, 소리, 동면의 시기 등을 지표로 삼습니다. 이 지표들은 일정한 시기를 나타내므로 산골에서 달력 없이 사는 사람에게 생물 계절은 계절의 지표가 됩니다. 기상청에서도 생물 계절을 측정하기 위해 지표 동물과 식물을 지정하여 관찰합니다. 기상청이 지정한 동물로는 기러기, 제비, 쓰르라미, 꾀꼬리, 모기, 반딧불, 개미, 거미, 종달새, 뻐꾹새, 뱀, 개구리, 배추흰나비, 밀잠자리, 참매미 등이 있습니다. 식물에서는 벚나무를 비롯해 매화, 개나리, 진달래, 아까시나무, 복숭아, 배나무, 감나무, 사과나무, 밤나무, 버드나무, 함박꽃나무, 플라타너스, 포플러, 민들레, 코스모스 등이 생물 계절을 알리는 역할을 합니다.

지구 온난화에 따른 지표면의 온도 상승은 생물 계절에도 영향을 미칩니다. 평균 기온이 1도 상승하면 개화 시기가 5~7일 정도 빨라지고 식물들이 잎을 틔우는 시기도 덩달아 빨라집니다. 그러면 식물을 먹이로 살아가는 곤충들이 변화된 식물의 생활사에 적응하지 못하거나 곤충들을 잡아먹는 새들도 먹이 채집에 어려움을 겪게 됩니다. 특히 봄철에 생물 계절이 어긋나는 상황이 자주 발생하여 생물 간의 상호 의존성에 금이 가서 오래된 믿음이 깨지는 결과로 이어지기도 합니다. 지구상의 모든 생명체는 서로 의존하지 않고서는 한순간도 살아갈 수 없기 때문이지요.

이렇듯 믿음 가득한 상호 의존성에 금이 가며 삐거덕거리는 소리가 여기저기서 들려오지만, 현대 산업 사회에서는 이를 남의 일처럼 여깁니다. 농경 사회에서는 자연과 조화롭게 살아가는 것이 필수였는 데 반해 산업 사회는 오히려 자연을 적대시하는 경향이 있기 때문입니다. 자연을 고문해서라도 그 작동 원리를 실토하게 하여 역으로 이용하려는 생각만이 합리적이라고 생각하니까요. 자연과 인간을 따로 떼어놓고 바라보면 자연을 이용하려는 측면에서는 편리하겠지만, 우리가 자연의 일부라는 점을 받아들인다면 내가 자신을 학대하는 일이 됩니다. 자연과 우리는 공동 운명체입니다. 이제 마티스와 엉겅퀴가 무엇을 주고받았는지 조금 알 것 같지 않나요?

진화
evolution

다양성을 추구하려는 욕망에 협력을 더했을 때 일어나는 현상

『이기적 유전자』의 저자이자 진화생물학자인 리처드 도킨스는 사람의 뇌는 다윈의 진화론을 믿지 못하게끔 특별히 설계된 것 같다고 말하면서, 그 이유를 우리의 뇌가 진화에 소요되는 시간의 규모와는 비교할 수도 없이 짧은 시간에 익숙하기 때문이라고 덧붙였습니다. 사람의 인생이 길어봤자 백 년인데, 수백만 년에서 수천만 년과 같은 거대한 시간을 가늠하기는 어렵겠지요. 긴 시간의 역사에서 발생하는 작은 변화들은 각 세대마다 누적되어 큰 변화를 이루게 됩니다. 이러한 점진적 변화를 일상적 경험을 통해 파악하기란 쉽지 않습니다. 설령 이러한 사실을 인지하고 있다고 하더라도 인류가 과학과 예술 분야에서 거둔 창조자로서의 위업이 최대

의 걸림돌이라 할 수 있습니다. 오늘날의 인류는 자신들의 조상이 현생 인류와 같다는 것을 인정할 수 없을 만큼 커다란 성과를 거두었다고 생각하니까요. 도킨스의 지적은 인간의 인지적 한계와 경험적 배경이 과학적 이해에 어떻게 영향을 미칠 수 있는지를 단적으로 보여주는 예입니다.

진화란 생물 집단이 여러 세대를 거치면서 변화를 축적해 집단 전체의 특성을 변화시키고, 나아가 새로운 종의 탄생을 이끄는 자연 현상을 가리키는 생물학 용어입니다.[24] 이때 진화라는 용어는 개체가 진화하는 것이 아니라 개체군 전체의 유전적 특성이 시간에 따라 변화하는 것을 의미합니다. 이런 과정은 생물체가 환경에 적응하고, 생존과 번식의 효율성을 높이며, 새로운 종의 형성으로 이어질 수 있는 중요한 생명 현상입니다. 진화론에 따르면 모든 종은 먼저 존재했던 조상으로부터 유래합니다. 달리 표현하자면 생물은 생물로부터 나온다는 것이지요. 19세기 중반까지는 비교해부학과 화석 기록이 생물학자들에게 종이 진화한다는 것을 가르쳐 주었지만 그들은 아직 진화가 어떤 원인 때문에 일어나는지는 알지 못했습니다. 이때 자연 선택이라는 답을 발견한 이가 바로 찰스 다윈입니다.

생물의 진화를 설명하는 주요 개념인 자연 선택에 따르면, 개체들 사이에 존재하는 유전적 변이는 생존과 번식에 영향을 미칩니다. 환경에 잘 적응하는 특성을 지닌 개체들은 생존할 확률이 더 높으며, 이로 인해 그 특성은 다음 세대로 전달됩니다. 반대로 환경에 적응하는 데 불리한 특성을 지닌 개체들은 생존과 번식에서 뒤처지므로 그 특성은 세대를 거치며 점차 사라집니다. 이 과정을 거쳐 시간이 지남에 따라 종은 변화하고 새로운 종이 생겨납니다. 자연 선택은 무작위적인 유전적 변이와 환경의 상호 작용으로 발생하며, 진화의 주요 동력으로 간주됩니다.

진화를 추동하는 주요 원동력은 자연 선택 외에도 돌연변이, 유전자 흐름, 유전자 부동, 성 선택 등이 있습니다. 돌연변이는 유전적 다양성을 더하며 부분적으로 생물체의 적응에 유익한 변화를 일으킵니다. 한 생물 집단에서 다른 집단으로 유전자의 대립형질이 전달되는 현상을 나타내는 유전자 흐름은 상황에 따라 유전자 다양성의 발현이 증가하거나 감소할 수 있습니다. 작은 집단에서 유전자 빈도가 우연히 변하는 현상을 가리키는 유전자 부동은 예측할 수 없는 유전적 변화를 일으킵니다. 성 선택은 짝짓기 성공에 영향을 주는 특성의 진화를 설명합니다. 이렇듯 진화를 추동하는 여러 원동력은 상호적으로 함께 작용하면서 생명체의 진화를 촉진합니다.

진화 이론에서 가장 큰 사건은 1953년 생물학자 프랜시스 크릭과 제임슨 왓슨이 DNA의 이중 나선 구조를 발견한 것입니다. DNA 구조의 연구는 유전 정보의 저장, 복제, 전달 방식을 명확히 밝힘으로써 유전적 특성이 세대를 거쳐 어떻게 유지되고 변화하는지 이해하는 데 중요한 역할을 합니다. DNA의 이중 나선 구조의 발견은 유전 물질이 한 세대에서 다음 세대로 전달되는 메커니즘을 증명한 것입니다. 결국 생물학자들은 유전의 단위가 유전자임을 알았고, 이후 유전공학이라는 새로운 학문이 폭발적으로 발전하는 계기를 마련했습니다. 진화가 단순한 형태학적 변화가 아니라 근본적으로 유전적 특성의 변화 과정임을 명확히 함으로써 생명의 기본 작동 원리를 밝혀낸 것입니다.

진화는 특정한 방향이나 목표 없이 환경에 잘 적응한 결과입니다. 어떤 사람들은 진화가 진보라고 착각하거나 진화가 완벽한 방향으로 진행되어야 한다고 상상하는 경향이 있습니다.[25] 그 원인이 뭐라고 생각하시나요? 바로 인간 중심적인 관점에서 생태계를 바라보기 때문입니다. 인류의 발전이 진화를 증명한다는 식이지요. 진화에는 사전 계획이 없습니다. 진화란 그저 생태계에서 일어나는 현상일 뿐입니다. 이 점이 어떤 종도 다른 종보다 낫다고 할 수 없는 이유입니다. 생명체에 위계질서를 부여하는 것은 인간이 만들어낸 관념입니다. 현재 살아 있는 종들은 단지 살아 있다는 것만으로 저마다 성공했다고 볼 수 있습니다. 결국 진화는 진보가 아니라 다양성을 추구하는 것이라고 정의할 수 있습니다.

그렇다고 진화가 위계질서도 없고 다양한 생명체들이 우글거리는 범죄 소굴 같은 것이라고 생각하면 오산입니다. 이것은 진화와 진보의 차이를 오해하는 것보다 더 큰 오해입니다. 살아 있는 것들은 서로 협력하며 진화해왔습니다. 『공생자 행성』의 저자 린 마굴리스는 진화가 경쟁만이 아니라 세포들 간의 협력을 통해서도 이루어진다는 개념을 제시하면서 이렇게 말했습니다. "우리 눈에 보일 만큼 큰 생물들은 모두 한때 독립생활을 했던 미생물들이 모여 더 큰 전체를 이룬 것이다." 마굴리스는 초기 단세포 생물들이 서로 협력하여 복잡한 다세포 생물로 진화했다고 설명하면서, 미토콘드리아와 엽록체 형성을 그 예시로 듭니다. 마굴리스의 주장은 진화가 자연 선택뿐만 아니라 생명체들 간의 협력을 통해 이루어진다는 새로운 관점을 보여줍니다.

진화 이론은 생존과 번식으로 움직이는 세상의 현실을 차갑게 논하지만, 현대 사회를 살아가는 우리에게 교훈을 줍니다. 진화는 다양성의 중요함을 강조합니다. 생물학적 다양성은 생태계의 건강과 지속 가능성을 유지하는 데 필수적입니다. 이러한 진화의 특성은 인간 사회에서도 중요한 가치로 받아들여져야 합니다. 다양한 사상, 문화, 지식의 상호 협력이 가능해질 때 혁신이 일어날 수 있습니다. 또한 진화는 변화에 대한 적응력이 생존에 필수적임을 강조하고, 환경 변화에 잘 적응하는 종이 결국 번성한다는 것을 보여줍니다. 이것은 우리가 기후 변화, 기술의 발전, 사회적 변화 같은 도전에 대처하는 데 중요한 메시지를 전달합니다. 마지막으로 진

화는 우리가 자연의 일부이고 생태계와 균형을 이루는 것이 중요
하다는 사실을 가장 크게 일깨웁니다.

3장

생生
어쩌다 태어난

나무의 본성
nature of tree

우리 곁의 부처

 오래도록 지구를 관찰해오던 외계인이 지구를 방문하기로 했습니다. 수억만 년 동안 파랗던 지구가 갑자기 빨개졌기 때문입니다. 그들이 제일 먼저 연구할 목표는 다음과 같았습니다. 지구는 어째서 푸르른가? 기후는 왜 온화한가? 공기가 맑은 이유는 무엇인가? 강물이 끊임없이 흐르는 원리는? 생물 종은 어떻게 해서 다양해질 수 있었나? 흙은 도망가지 않고 어떻게 제자리에 있나? 많은 사람이 굶지 않고 먹고 마실 수 있는 원천은 무엇인가? 도시에서 사람들이 모여 살 수 있는 원동력은 무엇인가? 왜 사막은 점점 넓어지고 들판은 푸르름을 잃어가는가? 지구는 왜 갑자기 뜨거워지고 공기가 점점 탁해지는가? 강물이 마르고 생물이 멸종하는 이유는 무엇인가?…… 외계인은 수많은 질문을 쏟아내며 그 이유를 찾아 나섰으나 어이없게도 탐사를 시작하자마자 답이 나왔습니다. 수사관이 사건이 일어나면 CCTV를 돌려보듯, 지구의 역사를 되돌려본 것입니다.

지구가 탄생한 후, 미래에 태어날 많은 생물이 하염없이 기다린 것은 나무였습니다. 나무가 출현하고 나서야 비로소 생명이 살 수 있었기 때문이지요. 특히 인류의 조상은 허약하기 그지없었어요. 나무가 없었다면 사냥을 하더라도 제대로 익혀 먹지도 못하고 밤이 되면 추위에 떨었을 것입니다. 외계인은 곧바로 나무 전문가를 찾아가 나무는 어떤 존재인지 질문을 퍼붓기 시작했습니다. 평생 나무와 함께 살아왔어도 나무를 한마디로 정의하기는 어렵습니다. 나무는 오랜 세월 고착 생활을 해야 하기에 움직이는 생물에 비해 복잡한 생활 방식을 구사하기 때문이지요. 쉽게 이해하기 힘든 생명체인 나무를 이해하려면 우선 나무에 대하여 생각해봐야 합니다.

나무는 부드럽습니다. 필자가 자작나무를 심은 지 십 년쯤 지나 나무가 제법 어른스러워질 무렵, 눈이 많이 내려 걱정이 되어 찾아가보니 꼿꼿이 서 있어야 할 나무가 전부 땅에 머리를 박고 있었습니다. 나무로서는 수치스러운 일이 아닐 수 없는 광경이지요. 멀리서 보면 마치 복분자나무를 심어놓은 것 같았습니다. 휘어져 자랄까 봐 걱정스러웠지만 눈이 녹으니 모두가 꼿꼿하게 제 모습을 찾더군요. 나무는 어릴 적에 눈 무게를 버티거나 바람에 맞설 수 없습니다. 가지가 땅으로 내려앉는 현상은 자작나무에만 그치는 것이 아니라 모든 나무들이 어릴 적에 선택하는 최선의 방법입니다. 눈도 그렇지만 바람이 머리채를 잡고 흔들어대도 부드러움을 잃지 않는 한 나무는 안전합니다.

　나무는 속을 비웁니다. 오래된 나무는 대부분 속이 비어 있는 것을 보실 수 있습니다. 나무는 나이를 먹을수록 중심을 비우므로 하늘과 땅의 소통을 이룹니다. 비어 있음은 아무것도 하지 않는 텅 빈 공간입니다. 노자는 마차 바퀴의 중심이 비어 있어서 유용하다고 했습니다. 나무는 속을 비워내므로 많은 생명체들이 그 안에 깃들어 삽니다. 아늑하고 따뜻하며 숨기 좋은 그곳은 하룻밤 동물들이 쉬어가고 새들의 집이나 곤충들의 사냥터가 되기도 합니다. 살아서 몸을 보시하는 보살의 화신인 것이지요. 한편 나무가 속을 비운다는 것은 과거를 잊는 것과 같습니다. 나무는 지나간 시간을 잊고 오로지 현재에만 존재합니다.

　나무에는 양면성이 있습니다. 한 몸으로 어둠과 밝음을 동시에 추구합니다. 따라서 나무는 두 개의 성질을 동시에 지닙니다. 단단함과 유연함, 채움과 비움, 밝음과 어두움, 무거움과 가벼움, 화려함과 은밀함, 날카로움과 둔탁함, 넓으면서 좁음, 길면서 짧음, 희면서 검음, 소란스러움과 고요함, 무질서와 질서, 곡선과 직선, 점과 선, 선과 면, 하늘과 땅, 수평과 수직, 섞임과 스며듦, 생성과 소멸, 경쟁과 공존, 안과 밖, 위와 아래, 매끈함과 거침, 열림과 닫힘, 기다림과 무심함, 삶과 주검, 기록과 삭제…… 이처럼 나무는 지상과 지하의 세계를 두루 경험하며 세상을 이롭게 합니다.

　나무에게는 리더가 없습니다. 인도 최고의 경전『우파니샤드』는 나무를 "거꾸로 서 있는 사람"[1]이라고 표현합니다. 그러면 뿌리가 뇌인가 하고 생각할 수도 있지만 필자가 보기에 나무는 온몸이 뇌이고 눈입니다. "나무는 하나의 줄기에서 세 개의 가지를 뻗는다. 그러나 그 하나하나의 가지들은 독립적이다."라는 철학자 헤겔의 말처럼 나무는 각 부위들이 모듈 형태로 구성되어 있고 유기적으로 움직입니다. 뿌리와 줄기, 가지와 잎들은 서로 맡은 임무를 다하며 사냥감(탄수화물)을 공평하게 나누어 먹습니다. 이렇듯 나무는 한 몸에서도 독립적이어서 숲 사회에는 리더가 없습니다.

　나무는 특유의 부드러움으로 땅거죽을 덮어나가며 세상을 푸르게 합니다. 속을 비워 욕심을 품지 않으므로 모두를 이롭게 하고, 밝고 어두움을 동시에 추구하여 지상과 지하에 골고루 영향력을 미칩니다. 리더가 없으므로 전쟁을 일삼지 않고 각자의 임무를 수행하는 데도 어려움이 없습니다. 나무의 본성은 이외에도 수없이 많지만, 한마디로 정리하면 빛을 갈무리하여 별을 선사하는 특별한 존재라는 것입니다. 동물보다 오래 살고 먹이를 구하려고 헤매지 않으며 한자리에서 직수굿이 살아가기에 그 존재감만으로도 수많은 생명체가 안심하고 번성할 수 있습니다. 뿌리를 대지에 깊게 박고 부처님처럼 선정에 든 나무의 모습이 그려지시나요? 나무는 우리 곁의 부처니까요.

수많은 질문을 던지며 지구를 연구한 외계인은 나무 전문가의 말과 스스로 연구한 기록을 토대로 삼아 다음과 같은 짧은 보고서를 작성하고 지구를 떠났다고 합니다. "답은 나무다. 나무는 공기를 정화하고 물을 가두며 흙을 움켜쥐고 모든 생명을 보듬는다. 따라서 지구의 모든 생명체는 나무에게 빚을 지고 있다. 그러나 나무의 고마움을 아는 사람은 많지 않은 것 같다. 나무는 불평하지 않고 어디서든 잘 자라며 봉사할 준비가 되어 있는 이타적인 존재이기 때문이다. 지구가 빨개진 이유는 사람들이 전쟁과 약탈을 일삼으며 나무를 파괴했기 때문이다. 인류는 지금 '볼 빨간 사춘기'를 맞이한 것 같다. 지구인들은 이웃 나라와 부딪치며, 망가진 지구를 재건할 생각은 안 하고 우주 어디론가 떠나고 싶어 한다. 이대로 가다가는 지구를 구할 골든타임을 놓칠 위험에 처해 있다. 이제 지구인이 살아남는 방법은 나무에게 지혜를 구하고 실천하는 데 있다. 이상."

나무와 한글
tree and hangeul

이 땅에 태어난 것이 자랑스러운 이유

'나무'의 사전적인 의미는 "줄기와 가지가 단단한 목질木質로 된 여러해살이 식물을 통틀어 이르는 말"입니다. 나무는 풀과 달리 오래 살 수 있는 뿌리를 기반으로 하며, 줄기가 잎과 뿌리를 연결해주는 대가로 양분을 얻어 몸집을 키워나가는 식물입니다. 그렇다면 나무가 어떻게 '나무'가 되었는지 궁금하지 않나요? 사물은 그 이름 자체만으로는 의미가 쉽게 떠오르지 않지만, 단어에서 풍겨 나오는 이치와 기운을 따라가다 보면 그 의미를 쉽게 이해할 수도 있지요.

언어는 살아 있는 생물과 같이 교배되고 선택되며 진화합니다. 생물이 정글을 헤쳐나가야 생존할 수 있듯, 언어도 거친 시대를 통과하며 변이를 일으키거나 사람들에게 선택되어 오늘날의 형태에 이릅니다. 나무라는 단어 역시 마찬가지입니다. 나무의 어원은 '나모'에서 비롯되었다고 합니다.[2] '나모'의 원형은 단음절인 '남'이며, '생겨나다' 또는 '돋아나다'의 명사형인 '남'과 접미사인 '오'가 합쳐진 것입니다. 『월인천강지곡』이나 『석보상절』에 나타난 '나모'가 사회의 변천 과정에서 모음 조화가 파괴되며 '나무'가 된 것이지요.

언어는 어디까지나 임의적인 관습일 뿐이어서, 자연스럽게 입 속에서 구르며 발성된 것을 공동체의 구성원이 받아들이고 끊임없이 변화한 결과로 만들어집니다. 이런 속성을 지닌 언어는 다양한 문화를 통과하며 사물과 관계가 깊어집니다. 나무를 깎고 다듬는 목수들의 연장인 도끼, 톱, 끌, 망치, 대패, 먹통, 다림추 등은 왜 한결같이 된소리와 거센소리로 이루어졌을까 궁리해보면, 쓰임새에 따라 되고 거센 발음이 받아들여졌음을 알 수 있습니다.

언어는 저마다의 기운을 간직하고 있습니다. 나무는 어떤가요. 중국어 '슈樹'나 '슈우樹木', 일본어 '키き', 영어 '트리tree'와 달리 한국어 '나무'는 믿음직스럽고 따뜻하게 느껴지지 않나요? 말만 들어도 하늘을 향하여 우람하게 서 있는 푸르른 기운이 온몸을 감싸며 부드러운 기운이 세상을 향해 퍼져나갈 것 같지요?

나무에는 왜 나무라는 이름이 붙었을까요? 사물과 그 사물을 가리키는 언어 사이에 아무런 의미가 없다 해도 궁금증은 여전히 남습니다. '나모'에서 ㅗ는 양성 모음으로서 어감이 작으므로 ㅗ에서 ㅜ로 변한 것은 실제로 나무가 크기 때문이라 여겨집니다. 언어라는 것은 역사의 흐름과 사회의 변천 과정에서 삭박하기도 하고 새로 태어나기도 하며 사라지기도 합니다. '나모'가 '나무'가 된 것은 모음 조화의 규칙이 파괴되면서 지금의 나무가 된 것입니다. 언제부터 사라졌는지 모를 '나모'에 대해서 생각해보면, '나모'의 ㅗ는 양성 모음으로서 밝은 느낌이 들고 어감이 작으며 경쾌함을 줍니다. '나모'가 '나무'로 변형된 것이 나무의 '큰' 속성 때문이라면 나무가 어디 큰 나무뿐이겠습니까? 키가 작고 앙증맞은 떨기나무에는 '나무' 대신 '나모'를 붙여주면 어떨지 상상해봅니다. 조팝나모, 국수나모, 고광나모, 찔레나모 등등 이름만 들어도 이들의 꼴이 드러나지 않나요?

　나무라는 이름에는 삶과 죽음이 공존합니다. "애야, 나무 좀 해오너라. 불을 피우자" 할 때는 죽은 나무와 산 나무를 구별하지 않습니다. 굳이 구별하자면 죽어서 잘 마른 나무이면 좋겠지요. "산에 나무 심으러 가자" 하면 꼭 살아 있는 나무여야만 합니다. 삶과 죽음이 구별되지 않는 나무는 마치 물속에 사는 물고기와 같습니다. 물고기는 살아 있어도 '고기'라고 불립니다. "저기 소가 지나간다" 하지 "저기 소고기가 지나간다" 하지 않듯이 닭, 토끼, 사슴, 돼지가 살아 있을 땐 고기라고 부르지 않지만 물고기는 살아 있는

데도 고기라고 불리는 이유는 무엇일까요? 하등 생물이라 그런다기에는 물고기와 나무들에게 민망할 따름입니다. 나무에는 삶과 죽음이 공존합니다. 산 나무에 죽은 삭정이가 붙어 있는가 하면, 줄기의 속은 대부분 죽은 세포로 채워져 있으며, 사망 판정을 받은 고목의 밑동이 새순을 밀어 올려 죽음의 끝에서 삶의 꼬리를 물기도 하니까요.

나무에게는 본래 삶과 죽음의 구분이 없었을까요? 앞의 질문으로 되돌아가봅니다. 영어로 나무는 'tree' 또는 'wood'입니다. 'tree'는 살아서 서 있는 나무이고 'wood'는 목재의 개념입니다. 이외에도 'fire wood'는 땔감이고 'timber'는 'wood'와 같이 목재의 개념입니다. 우리에게도 이와 비슷한 개념어가 있었습니다. 나무의 지방 방언에는 '남구' '낭구' '남괴'가 있으며 일부 지방에서는 '낭'이라고 부르기도 합니다. '남구'는 경상도 지방에서 주로 쓰고 '낭구'는 강원도, 경기도, 전라도, 충청도, 평안도, 황해도의 방언이며 '낭'은 제주도 방언이지요. '남구'나 '낭구'는 주로 땔나무를 가리킵니다. 이외에도 땔나무는 불이 잘 옮아 붙을 만한 잔가지로 된 '가다귀'라 하고, '가다귀'보다 불이 잘 붙는 마른 솔잎은 '갈비'라고도 합니다. 그 밖에도 땔감을 가리키는 우리말에는 마들가리(잔가지나 줄거리로 된 통나무), 물거리(싸리 따위의 잡목의 잔가지로 된 땔나무), 희나리(마르지 않은 장작) 등이 있습니다.

나무는 앞으로도 변하지 않을 것 같습니다. 바다가 '빠다'로 변하지 않는다고 장담할 수 없지만, ㄴ과 ㅁ은 된소리가 날 수 없고 '남'이나 '낭' 같은 폐음절에서 받침이 없는 ㅏ와 ㅜ 같은 개음절로 변했으므로 어느 정도는 확신할 수 있다고 하겠습니다. 아주 오래 전 우리말이 태어난 시베리아 서남부에 있는 알타이는 추운 지역이어서 사람들이 체온을 유지하기 위해 공기를 막는 폐음절이 필요했겠지만[3] 지구는 점점 더워지고 있으므로 몸속의 열기를 내보내기 위해 개음절화가 더욱 진행되리라 예상할 수 있기 때문입니다. 앞서 살펴본 것처럼 나무는 모국어의 규칙이 변한다 해도 통시적으로 볼 때 쉽게 변할 수 없는 단단한 구조로 되어 있습니다. 인류학자 에드워드 사피어와 언어학자 벤저민 워프가 세운 '사피어-워프의 가설'에 따르면 "언어의 사용자는 언어를 통해서 세계를 보도록 정해져 있으며, 따라서 우리의 세상은 우리가 말하는 언어에 의해서 규정"됩니다. 나무는 인류의 오랜 동반자이며 우리의 삶에서 본받을 만한 대상이기도 하고 인류가 돌아갈 안식처이기도 합니다. 나무가 나무로 불리는 한 이 세상은 아름답다고 규정될 것입니다.

가이아

gaia

살아 있는 생명체

얼마 전, 조성한 지 3년밖에 안 된 공원에서 나무가 자꾸 죽는다는 연락을 받고 가보니 한쪽에서는 나무가 싱싱하게 잘 자라는데 다른 쪽 나무는 몽땅 죽어 있었습니다. 여러 종류의 나무들이 한꺼번에 죽었다는 것은 모든 나무에게 불리한 환경이라는 점을 알려줍니다. 죽은 쪽 뿌리를 조사해보니 심은 이후로 새 뿌리가 난 흔적이 없고 몽땅 썩어 있었습니다. 지하수가 올라와 습해서 죽은 것도 아니고 혹시나 해서 땅을 파보니 아니나 다를까 쓰레기가 매립되어 있었습니다. 특히 음식물 쓰레기가 땅에 묻히면 가스가 많이 발생합니다. 여기서 발생한 가스는 모든 생물을 죽입니다. 불모의 땅이 되는 것이지요.

매립의 역사는 태초의 신들의 역사에도 등장합니다. 그리스 로마 신화 속 혼돈의 신이 사라지자 그의 뒤를 이어서 등장한 대지의 여신 가이아는 하늘의 신 우라노스와 결혼하여 많은 자식을 낳았습니다. 그중 이상하게 생긴 자식들도 태어났지요. 이마 한복판에 눈이 있거나 겨드랑이에 백 개도 넘는 팔이 달린 무섭게 생긴 자식도 있었습니다. 우라노스는 그렇게 생긴 자식들이 두렵기도 하고 보기 흉하다면서 태어나자마자 가이아의 몸속 깊숙한 곳에 묻어버렸습니다. 가이아는 자식들이 몸부림치는 바람에 고통스러웠고 죄 없이 묻힌 자식을 떠올리며 가슴이 아팠습니다. 더는 참을 수 없었던 가이아는 우라노스의 남근을 잘라 바다에 던져버립니다.

지구가 하나의 생명체라고 생각한 과학자들이 있었습니다. 대기 과학자인 제임스 러브록과 미생물학자인 린 마굴리스입니다. 그들이 공동으로 연구하여 발표한 '가이아 이론'의 핵심은 바로 지구가 항상성을 지닌 하나의 유기체라는 점이었습니다. 지구의 생물들이 단순하게 주위 환경에 적응하기만 하는 소극적인 존재가 아니라 오히려 환경을 활발하게 변화시키는 능동적 존재라는 뜻이지요. 두 과학자는 어떻게 지구가 자체적으로 생물과 매우 유사한 조절 시스템을 유지하는지 설명하기 위해 컴퓨터 시뮬레이션(데이지의 세계)을 통해 자신들의 이론을 증명했습니다. 우리의 인체에 체온이 36.5도에서 조금도 벗어나지 못하도록 하는 장치가 마련되어 있듯 지구도 쾌적한 온도와 습도, 숨 쉬기에 알맞은 환경이 유지되도록 항상성을 유지한다는 것을 증명한 셈이지요.

그러나 '가이아 이론'은 발표되자마자 조롱거리가 되었습니다. 특히 리처드 도킨스를 포함한 주류 생물학자들에게 "나쁜 시적 과학"이라는 평까지 받았습니다. 그들이 '가이아 이론'에 반대한 이유는 지구가 단일 유기체로 행동한다는 것을 과학적으로 증명하기 어렵고, 이론 자체가 지구를 의인화하는 데서 출발했기 때문이었습니다. 또한 그들은 생명 친화적인 조건을 유지하는 지구의 능력은 지구적인 의식이나 의도보다는 기본적인 물리 및 화학의 결과라고 주장했습니다. 제임스 러브록은 얼마 안 되어 '가이아 이론'을 스스로 철회했습니다. 반대파들에게 굴복했다기보다는 인간의 활동으로 말미암아 지구를 구성하고 있는 유기체들이 항상성을 잃었다고 판단했기 때문이지요.

지구가 항상성을 잃은 이유는 여러분도 잘 알다시피 화석 연료의 과도한 사용 때문입니다. 기후 위기가 점차 현실로 다가오면서부터 '가이아 이론'은 새롭게 주목받기 시작했습니다. 특히 환경을 보호하려는 사람들에게 중요한 가치로 받아들여졌습니다. 지구는 생물과 환경이 되먹임을 주고받으며 항상성을 유지한다고 밝혀졌으니까요. 지구의 항상성은 마치 외부 온도를 감지해 설정 온도를 유지하는 자동 온도 조절 장치와 같습니다. '가이아 이론'은 발표

당시에는 말도 안 되는 이론이라고 비난받고 무시당했지만, 시간이 흐를수록 인정받는 것은 '가이아 이론'의 은유적 표현을 사람들이 이해하기 시작했다는 뜻이기도 합니다.

지구 온난화가 심각해지자 몇몇 과학자들이 '가이아 이론'을 발전시킨 '가이아 2.0'을 발표하기에 이르렀습니다. 러브록의 이론이 지구 시스템에서 자원의 순환이 원활하게 이루어지는 것을 전제로 했다면, '가이아 2.0'에서는 인간의 활동 때문에 되먹임 고리가 깨지면서 지구가 자기 조절 능력을 상실한 것을 전제로 합니다. '가이아 2.0'이 뜻하는 것은 인간의 행동이 지구에 영향을 미친다는 것을 자각하기 시작했으니 새로운 환경에서 연구를 시작해보자는 것으로 풀이됩니다. 최근 과학자들은 인류가 당면한 과제를 기후 안정화로 설정하고 다양한 해법을 제시하고 있습니다.

다시 신화로 돌아가봅시다. 우라노스에게는 가이아의 노여움으로 남근을 잃어버린 것이 가혹한 형벌이었지만, 아이러니하게도 바다에 던져진 그의 남근에서 아프로디테가 탄생합니다. 아프로디테는 여러분들도 잘 알다시피 미의 여신입니다. 인류는 자기 존재의 문제에 대해 해답을 찾을 수 있는 유일한 동물입니다. 지금 우리가 어떤 것을 하지 말아야 할지 우리는 잘 알고 있습니다. 과잉소비와 생태계 훼손 등이 그런 예가 되겠지요. 인류는 어떻게 해서든지 지금의 위기를 극복할 테지만 이왕이면 아프로디테가 태어난 것처럼 아름다운 가이아로 거듭나면 좋겠습니다. 가이아는 정말 살아 있는 생명체일까요? 미국의 도널드 트럼프 대통령은 "웃기지 마라, 지구는 단지 인간의 시녀일 뿐"이라고 말하겠지만 가이아의 참을 수 없는 아픔에 대해 여러분은 어떻게 생각하시는지 묻고 싶습니다.

미생물

microorganism

지구가 하나의 생명체인 이유

지구상의 생명체를 세 종류로 분류한다면 동물, 식물, 미생물로 나눌 수 있습니다. 그중에서도 미생물은 작아서 맨눈으로는 볼 수 없으므로 현미경의 힘을 빌려야 합니다. 따라서 미생물의 역사는 현미경이 발명되면서부터 시작됩니다. 그 이전에는 음식물이 부패하고 상처가 곪아도 원인을 알 수 없었지요. 미생물은 작은 만큼 지구 표면 어디에나 존재하며 생태계에서 없어서는 안 될 존재입니다. 우리 몸에도 사람의 세포 수보다 더 많은 미생물이 존재한다고 합니다.

우리와 한 몸에 사는 미생물은 두 개의 얼굴을 지닙니다. 어떤 미생물을 떠올릴 때 우리는 그 미생물이 나에게 해를 끼치는 불한

당인지 아니면 호의적인 친구인지 구별하려 합니다. 평상시 미생물의 혜택을 보고 있다가도 느닷없이 미생물에게 한방 얻어맞고 쓰러지기도 하니까요. 이는 미생물이 그만큼 개수도 많고 다양한 얼굴을 하고 있다는 뜻입니다. 너무 작아서 볼 수는 없지만 일부는 볼 수도 있고(버섯류) 느낄 수도 있으며(감기) 만져지기도(콧물) 합니다. 미생물에는 진균Fungi, 원생동물Protozoa, 세균Bacteria, 바이러스Virus, 조류Algae 등이 있습니다만 이 글에서는 스타 기질이 있어 뉴스에 자주 오르내리는 세균, 진균, 바이러스만 다루도록 하겠습니다.

세균

핵 없이 단세포로 이루어진 생물인 세균은 분열을 통해 증식합니다. 이때 하나가 둘로 분열하는 이분법에 의해 분열합니다. 분열에 걸리는 시간을 세대 시간이라고 하는데, 균종별로 다르겠지만 대장균은 최적 생장 조건에서 세대 시간이 20분 정도이므로 하루에 72번 분열합니다. 따라서 적은 양의 세균을 섭취하더라도 체내에서 빠르게 증식하여 식중독을 일으키게 됩니다. 세균은 자연 환경 어디서나 살고 모양이 다양하며 종류가 많아 돌연변이가 심하므로 늘 조심해야 할 대상이지만, 알면 알수록 유익한 존재이기도 합니다.

  사람의 기준으로 보면 세균에는 좋은 세균과 나쁜 세균이 있습니다. 결핵균, 파상풍균, 콜레라균을 떠올리면 무서운 느낌이 들지요. 지금은 이런 세균들에 대처하는 방법을 알지만 옛날에는 속수무책으로 죽거나 고생을 했으니까요. 하지만 균菌 자가 붙어 있어 모든 미생물이 병원체로 오인되는 일은 없어야 합니다. 우리 사회에 나쁜 사람보다 선한 사람이 많듯, 세균의 세계에도 유익한 세균이 훨씬 많습니다. 일부 병원균을 제외하고는 대부분의 세균이 생물체에 이롭습니다. 세균은 이산화탄소와 질소를 순환시키며, 동물의 장에서 영양소를 분해하고, 자연의 물질 대사에 기여합니다. 세균 없는 무균 상태에서 살면 어떨까요? 일단 아침에 먹은 음식이 소화되지 않을 것이고, 적은 양의 세균이 몸속에 들어와도 면역력이 떨어진 상태에서는 더욱 치명적입니다. 그러니 미생물은 사람 없이 살 수 있지만 사람은 미생물 없이 살지 못합니다.

  그동안 세균은 생태계에서 엄청난 일을 해왔습니다. 생명의 역사 초창기에 시아노 박테리아(남세균)는 그동안 산소가 희박했던 환경에 갈증이 났는지 본격적으로 산소를 만들어내기 시작합니다. 바다나 호수, 강물에 살면서 광합성을 통해 포도당과 산소를 만들어내면서 인류는 물론이고 지금의 호기성(산소를 좋아하는) 생명체들이 살 수 있게끔 한 것이지요. 그러니 세균은 구박할 것이 아니라 어떻게 하면 유용하게 부려 먹을지를 연구해야 하는 존재입니다.

진균

진균은 곰팡이, 버섯, 효모 등을 포함하는 미생물 군계입니다. 진균은 엽록소가 없어 스스로 양분을 만들 수 없으므로 동물이나 식물을 분해하여 양분을 얻습니다. 지금으로부터 약 3억 5천만 년 전 고생대 석탄기에 이르러서야 나무들은 크게 자랄 수 있었습니다. 그 이유는 세포를 서로 달라붙게 하는 리그닌lignin이라는 물질이 등장했기 때문입니다. 리그닌은 셀룰로오스보다 단단하기 때문에 쉽게 분해되지 않아서 식물들이 거대한 몸집을 지탱할 수 있었지요. 리그닌 덕분에 지구 최초의 원시림이 펼쳐질 수 있었습니다. 상상해보십시오. 고층 아파트 높이의 나무 고사리들이 비쭉비쭉 자라고 그 사이로 비둘기보다 큰 잠자리가 날아다니는 풍경을요. 리그닌은 고분자 화합물이기 때문에 쉽게 부패되지 않는 성질을 지닙니다. 따라서 분해자가 없는 세상이 장장 5천만 년 이상이나 흐르면서 곳곳에 묻힌 것이 지금의 석탄입니다.

자연에는 시간이라는 강력한 무기가 있습니다. 시간은 리그닌을 분해할 수 있는 균들을 출현시켰습니다. 곰팡이는 자연의 청소부입니다. 물질을 분해해서 토양으로 되돌리는 역할을 합니다. 이들 분해자가 없다면 새로운 생명이 태어날 수 없고, 태어났다 하더라도 동물이나 식물의 사체 더미에서 살아야 합니다. 자연계는 분해자를 탄생시켜 유기물이 무기물로 분해될 수 있게 했습니다. 분해된 물질이 다시 토양으로 방출되면 일차 생산자인 녹색 식물이 영양분으로 흡수합니다. 그 결과 생산자와 소비자와 분해자가 자원의 순환 열차에 올라타며 생태계는 완전체가 됩니다.

목재 부후균[*] 중에서도 리그닌을 분해하지 못하는 균도 있습니다. 백색 부후균[**]은 목재의 세포벽을 구성하고 있는 셀룰로오스와 리그닌을 모두 분해하여 백색을 띠는 반면에, 갈색 부후균은 셀룰로오스는 분해하지만 리그닌을 분해하지 못하고 갈색을 띠게 됩니다. 그만큼 고분자 화합물을 분해한다는 것은 쉬운 일이 아닙니다. 인간이 만든 플라스틱도 마찬가지입니다. 플라스틱이 자연에서 분해되지 않는 이유는 리그닌처럼 고분자로 이루어진 물질이기 때문입니다. 플라스틱은 자연 상태에서 자체적으로 산화되거나 생분해되지 않는 화학적 안정성을 갖추고 있습니다. 이 사실은 분해자가 출현하는 데 긴 시간이 필요하다는 것을 의미합니다. 리그닌을 분해하는 백색 부후균이 출현하기까지 5천만 년이 걸린 것처럼, 자연 상태에서 플라스틱을 분해할 수 있는 미생물이 등장하기 위해서는 얼마나 오랜 시간이 필요할지 아무도 예상할 수 없습니다.

- [*] 균사가 목재의 조직에 침입하여 셀룰로오스나 리그닌 따위의 목재 구성 물질을 분해한 뒤 그것을 영양원으로 하여 생활하는 균류.
- [**] 목재 조직에 침입하여 부패를 일으키는 백색을 띠는 균류.

바이러스

'바이러스virus'라는 단어의 어원은 라틴어의 '뱀의 독' 또는 '남성의 정액'이라는 말에서 왔습니다. 뱀의 독은 죽음을 의미하고 남성의 정액은 생명의 탄생을 의미하므로 바이러스는 한 단어에 창조성과 파괴성이 모순적으로 공존하는 야누스의 얼굴을 지닌 셈입니다. 바이러스 하면 가장 먼저 떠오르는 질문은 "바이러스는 과연 살아 있는 생명체인가?"입니다. 바이러스가 숙주의 세포에 기생할 때는 생물이 되고, 혼자 떠돌아다닐 때는 무생물이 됩니다. 바이러스는 생물과 무생물의 중간에 있는 존재이기 때문입니다. 바이러스는 유전자와 그것을 둘러싼 껍질로 구성되어 있을 뿐 세포 구조가 없는 원시적인 구조체입니다. 독자적인 효소도 없고 스스로 물질 대사도 하지 못합니다. 오로지 숙주 세포에 들어가 숙주 세포의 효소를 이용해 물질 대사를 하고 유전 물질을 복제하며 증식합니다. 바이러스는 세포가 없는데도 어떻게 미생물 범주에 포함되었을까요? 유전 물질과 단백질 껍데기만 들고 다니며 숙주를 찾아다닌다는 사실 빼고는 바이러스에 대해 밝혀진 것은 거의 없습니다. 굳이 분류를 하지 않고 그대로 받아들여야 속 편할 듯싶습니다.

바이러스는 인류와 공존하면서도 인류를 위협하는 존재이기도 합니다. 수백 년간 인류를 괴롭힌 천연두의 공포가 채 사라지기도 전에 1918년 스페인 독감이라 불리는 H1N1 인플루엔자 바이러스가 세계를 휩쓸며 5천만 명 이상의 생명을 앗아갔습니다. 인류가 처음 경험하는 대규모 바이러스였던 스페인 독감은 세계 전역에 엄청난 충격을 안겨주었습니다. 1980년대에 들어서 유행한 후천면역결핍증AIDS에 이어 2003년 중증급성호흡기증후군SARS, 2009년 인플루엔자H1N1, 2019년 코로나바이러스감염증COVID-19이 발생해 전 세계인을 공포에 몰아넣었습니다. 바이러스가 세계의 경제와 일상을 변화시킬 때마다 인류는 막대한 희생을 치렀습니다. 이러한 역사는 우리에게 바이러스가 일으키는 위기에 대처하는 방법과 바이러스를 예방하는 방법을 배울 수 있는 중요한 교훈을 제공하기도 했습니다.

바이러스의 복잡한 특성은 예상했던 것보다 우리에게 훨씬 다양한 영향을 끼칩니다. 바이러스는 생물 다양성을 증진하고 박테리오파지*의 역할을 하면서 생태계의 안정과 균형 유지에 긍정적인 영향을 줍니다. 동시에 질병의 원인이 되거나 유전자 변이를 촉진하거나 생태계의 불안정화를 일으키는 것처럼 부정적인 영향을 남기기도 합니다. 인류 역사에서 바이러스는 때때로 위협이 되었고, 그때마다 인류는 위협에 맞서 싸워야 했지요. 이처럼 인류의

- 세균에 감염하여 증식하는 바이러스.

역사는 곧 질병과 맞서온 역사라 해도 과언이 아닙니다. 코로나바이러스감염증은 도저히 멈출 수 없는 것처럼 보였던 자본주의의 시계를 멈추게 했고, 많은 이들이 이 바이러스 때문에 죽거나 아팠습니다. 한편으로는 비대면 모임이라는 새로운 문화가 생겨난 덕분에 미세 먼지가 확 줄기도 했습니다. 아마도 인류가 존속하는 한 바이러스의 양면성에 따라 울고 웃는 일이 계속될 것 같습니다.

마이크로바이옴microbiome은 미생물microbe과 생태계biome를 합친 말입니다. 보이지 않는 생태계인 마이크로바이옴이 인간의 정신과 건강을 좌우한다는 주장에 힘을 실리면서 미생물이 귀한 몸이 되었습니다. 장내 미생물이 치매, 파킨슨병, 조현병, 우울증, 자폐를 포함한 다양한 질환에 영향을 끼친다는 연구 결과가 속속 발표되고 있으니까요. 어쨌거나 스타 기질이 있는 미생물의 세계는 우주를 개척하는 일만큼이나 흥미진진합니다. 미생물의 입장에서 보면 사람의 몸은 크고 광대한 곳으로서 미개척 분야인 우주와 같습니다. 우리의 인체에서뿐만 아니라 생태계에서도 미생물은 지구의 균형을 잡아주는 역할을 하니까요.

생태계에서는 생산자에서 출발한 물질이 최종적으로 분해자에 모였다가 다시 생산자로 돌아오는 과정이 일어나는데, 그 이유는 모든 생명체가 죽기 때문입니다. 살아 있는 생명체와 죽은 생명체를 연결해주는 분해자 역할은 세균과 곰팡이를 비롯한 미생물만

이 해낼 수 있습니다. 어찌 보면 지구의 생명은 미생물에 달렸다고 해도 과언이 아닙니다. 이 생각을 조금씩 확장하다 보면 영국의 과학자 제임스 러브록이 제안한 '가이아 가설'이 신빙성이 있어 보입니다. 미생물은 생물권의 물질 순환을 담당하며 생명체 내부의 화학적 균형을 유지하게 함으로써 모든 생명의 삶에 필수적인 역할을 은밀하게 수행합니다. 따라서 지구는 하나의 생명체처럼 유기적으로 연결됩니다. 미생물로 이루어진 우리 몸이 하나의 생명체이듯 말입니다.

몸
body

저주의 대상에서 섬김의 대상으로

"마음 가는 데 몸도 간다"는 말이 있습니다. 이 말은 몸과 마음이 하나가 아님을 전제로 합니다. 몸은 물질로 이루어진 반면에 마음은 만져볼 수 없는 초월적 존재입니다. 마음이 감각의 주체로서만 몸과 관계를 맺고, 몸과는 전혀 다른 비물질적 존재이며, 정신적인 차원에 속한다는 생각은 현대 과학과 생물 의학에서 몸과 마음을 대하는 기본적인 관점입니다. 그러나 우리가 생각하는 몸과 마음은 그리 멀리 떨어져 있지 않아 보입니다. "간이 콩알만 해졌다" "간담이 서늘하다" "등골이 오싹하다"라는 말이나 줏대 없는 사람을 "쓸개 빠진 놈"이라고 표현하며 신체의 일부분을 빗대어 마음의 상태를 나타내는 데 쓰는 것을 보면요.

정신이 몸을 지배한다는 전통적인 생각은 17세기 전후 유럽에서 나타난 과학혁명과 계몽주의의 산물입니다. "나는 생각한다, 고로 존재한다"라는 데카르트의 유명한 명제가 말해주듯, 몸과 마음이 분리되면서부터 '나의 몸은 내가 가진the body that I have' 것이 되었으며 자아self만이 '그 몸의 주인'이라는 신념이 확산되었습니다. 하지만 몸과 마음을 분리하기를 거부하는 사람들은 '나의 몸은 내가 가진 것'이 아니라 '몸 자체가 나'라고 주장합니다. 몸이 우리에게 속해 있기보다는 우리의 삶 자체가 몸에 속해 있다는 것입니다.[4]

몸의 사전적 정의는 "사람이나 동물의 형상을 이루는 전체 또는 그것의 활동 기능이나 상태"라고 나와 있습니다. 좁은 의미에서는 팔다리와 머리를 제외한 신체 기관을 몸이라고 하는 우스꽝스런 정의가 있기도 합니다. 이는 마치 뿌리, 가지, 잎을 제외한 나머지 줄기만을 나무라고 표현한 것과 같습니다. 물리적 관점에서 보면 우리의 몸은 뼈, 근육, 피, 장기, 세포 등으로 구성되어 있고, 기능적 관점에서 보면 순환계, 소화계, 신경계, 내분비계 등 생명을 유지하기 위해 필요한 다양한 기능이 협력하여 몸을 이루고 있습니다.

몸의 정의는 개인의 신념이나 문화, 철학, 생물학의 관점에 따라 달라지기도 합니다. 플라톤에게 몸은 영혼을 더럽히는 저주의 대상이었습니다. 욕정과 욕망 속에서 헤매며 희로애락을 겪다가 병들어 죽어버리는 불결한 것이었지요. 그래서 플라톤은 불변의 진리를 탐구하기 위해서는 영혼에서 몸을 떼어내야 한다고까지 말했습니다. 훗날 이 교지를 받아들인 데카르트는 '사유'라는 속성을 지닌 정신과 '연장'이라는 속성을 지닌 육체를 두 개의 실체로 분리시켜 심신이원론을 주장하기에 이릅니다. 이때 "아니, 어떻게 몸과 마음을 나눌 수 있단 말인가?" 하며 반기를 든 스피노자가 몸을 인간의 본성을 파악하는 핵심 개념으로 보고 몸과 마음은 하나라는 심신일원론을 내세웠습니다.

스피노자의 관점에서 "나는 생각한다, 고로 존재한다"는 데카르트의 명제는 "나는 느낀다, 고로 존재한다"로 바뀌며, 이때 인간은 이성의 동물이 아니라 감정의 동물이 됩니다. 비로소 몸이 저주에서 풀려나 사유의 대상이 되고 몸과 마음이 하나로 통일된 것이지요. 니체 역시 데카르트의 심신이원론에 반기를 들고 "나는 신체이자 영혼이며, 영혼이라는 것도 신체에 붙인 말과 같다"라고 말하며 몸과 마음을 더는 분리할 수 없게 희석시켜버렸습니다.

몸은 서양에서보다 우리나라의 동학사상에서 더욱 그 지위가 높아집니다. 동학에서는 사람이 곧 하늘人乃天, 인내천이고, 사람의 몸에 한울님이 계시니 사람을 잘 섬겨야侍天主, 시천주 한다는 사상이 바탕을 이룹니다. 동학의 2대 교주 해월 최시형 선생은 이렇게 말했습니다. "한울님을 내 몸에 모신다는 것은 사람의 마음이 한울

님과 하나가 되어 스스로 신성한 몸이 된다는 것이다." 동학에서 천주天主란 마음의 다른 이름으로서 기독교의 유일신과는 다른 개념입니다. 신비적 요소를 제거하고 순수한 눈으로 몸을 바로 볼 때, 저주의 몸에서 섬김의 몸이 되어 비로소 몸은 신성성을 지니게 됩니다.

한편 생물학자는 몸을 어떤 시선으로 바라볼까요? 철학자가 바라본 몸과 생물학자가 바라본 몸은 다릅니다. 생물학자 중에서도 단연 돋보이는 인물은 린 마굴리스입니다. 마굴리스에 따르면, 세포 내 기관들은 원래 독립적인 미생물이었는데 다른 세포에 흡수되어 결국 그 세포의 일부가 되면서 서로에게 유익한 공생 관계를 형성하게 되었습니다. 예를 들어 세포 내의 발전소인 미토콘드리아는 원래 독립적으로 살던 미생물이었으나 세포 내로 들어오면서 미토콘드리아와 세포는 서로 도움을 주며 지금까지도 같이 살고 있습니다.[5]

몸은 바라보는 시선에 따라 다양하게 해석되기도 하지만, 생물학자의 입장에서 바라본 몸은 주변의 생물들과 경쟁을 통해 살아남는 게 아니라 주변 생명들과 교류하며 상호 이익을 가져다주며 사는 존재입니다. 몸이 마음과 하나인가 아닌가를 따지는 일도 중요하지만, 그것보다 관계의 관점에서 몸을 바라보아야 하지 않을까요? 관계적 측면에서 보면, 세상의 모든 생물과 무생물이 나 아닌 것이 없게 됩니다. 장자가 주장한 제물론은 "천지여아동근 만물여아일체天地與我同根 萬物與我一體"라는 말로 정리할 수 있습니다. 하늘과 땅이 나와 같은 뿌리요, 만물이 나와 더불어 한 몸이라는 뜻을 지닌 이 말은 몸을 관계의 측면에서 본 것입니다. 나와 미생물이 한 몸이듯, 나무와 숲이 한 몸이고 모두가 한 몸입니다. 잠시 떨어져 있을 뿐이지요.

반려동물

companion animal

내가 위로해줄 테니 날 유아차에 태워줘

어렸을 때 『플랜더스의 개』를 읽으며 운 적이 있습니다. 자신을 돌봐줄 부모도 없이 할아버지와 함께 우유 배달을 해야 했던 넬로와 주인에게 버림받은 개 파트라슈는 피를 나눈 형제보다 가까웠고 친구처럼 깊은 우정을 나누었습니다. 넬로가 만류했는데도 파트라슈는 마차를 끌면서 오직 넬로만 생각합니다. 우리의 바람과 달리 이야기는 넬로와 파트라슈가 눈 속에서 서로 끌어안고 얼어 죽는 것으로 끝나지만, 반려동물과의 교감이 그토록 숭고하다는 것을 어린나이에 느끼게 해주었던 이야기로 기억됩니다. 반려동물은 사람과 더불어 살아가는 동물을 뜻합니다. 이들을 키우는 동기는 다양합니다. 대부분의 사람은 반려동물을 통해 무조건적인 사랑과 온기를 느낍니다. 연구에 따르면 반려동물과 나누는 교감은 스트레스, 불안, 우울증을 해소하는 데 도움을 주며 긍정적인 감정을 촉진한다고 합니다. 사람을 위로해주려는 반려동물의 눈빛만 봐도 그 매력에서 헤어나올 수 없을 것입니다.

반려동물의 종류는 다양하지만 그중에서도 개와 고양이를 빼놓을 수 없겠지요. 개의 학명은 'Canis lupus familiaris'입니다. 'Canis lupus'는 늑대를 뜻하고 아종명 'familiaris'는 인간과 가족이 되었다는 의미입니다. 학명이 말해주듯 개의 유전자는 늑대와 유사한데, 개가 어떻게 사람의 품속으로 들어오게 됐을까요? 개와 사람 중에 누가 먼저 손을 내밀었을지도 궁금해집니다. 수렵 채집을 하던 시절 늑대 무리 중 친화력이 좋은 늑대가 사람 사는 곳에서 발견한 음식물 쓰레기와 영양가가 풍부한 똥의 유혹을 뿌리치지 못하고 주위를 배회하다 사람과 친해졌을 것이라는 설이 가장 유력하다고 받아들여지고 있습니다. 개는 집을 지키기도 하고, 아이를 돌보기도 하고, 주인이 불길에 갇히는 위험에 처하면 주인을 구하려고 불 속에도 뛰어듭니다. 그러면서도 주인의 마음을 읽으려고 늘 애씁니다.[6] 늑대와 달리 개는 꼬리를 잘 활용하므로 특별한 지위를 누리게 되었다고 말하는 사람도 있습니다. 개는 즐거울 때 꼬리를 오른쪽으로 흔들고, 슬플 때는 왼쪽으로 흔들며, 복종을 나타낼 때는 아래로 내린다고 합니다. 자존감이 한껏 솟을 때는 꼬리를 빳빳이 쳐들고 여유로운 표정으로 들판을 바라보기도 하

지요.

 개들은 특유의 친절함 때문에 어려움을 겪기도 합니다. 프랑스의 작가 미셸 투르니에는 개 사육자들 때문에 개가 품위를 잃는다고 지적했습니다. 그들이 더 특이하고 별난 개의 품종을 만들어내기 위해 온갖 유전 과학 기술을 동원하기 때문입니다. 짧은 다리 때문에 배가 땅에 닿을 듯한 닥스훈트, 못생긴 것이 매력이라며 코를 점점 더 납작하게 만들어내는 바람에 헉헉거리며 숨을 몰아쉬는 퍼그, 겨울철 추운 날 담요에 묻혀 살아야 하는 털 없는 개들, 그리고 언어를 상실한 것과 마찬가지인 꼬리 없는 개까지. 이런 개들의 불구성은 주인의 동정심과 연민을 자아내 보살핌을 받을 수 있도록 하고, 개 주인은 개들에게 무언가를 주고 있다는 기분을 느끼게 해주는 역할을 한다고 합니다.

고양이는 특유의 거만함 때문에 사랑받는 동물입니다. 고도로 발달된 청각, 시각, 미각, 촉각으로 인해 다른 포유동물들보다 극도로 예민합니다. 빈둥대고, 먹고, 마시고, 죽이고, 배설하고, 짝짓기하는 데 소비하는 시간은 4퍼센트에 불과하며, 나머지 10퍼센트는 돌아다니는 데 소비하고, 그 외의 시간은 자거나 그냥 멍하니 보냅니다. 프랑스의 작가 장 그르니에는 고양이를 두고 이렇게 말했지요. "휴식은 우리들의 노동만큼이나 골똘하며, 잠은 우리들의 첫사랑만큼이나 믿음 가득한 것이다." 고양이를 키우는 사람은 고양이의 잠을 방해하지 않으려고 조심해야 합니다. 고양이는 한참이나 좋은 자리를 물색해서 마땅한 곳을 정하고 나면 몸을 웅크리는 즉시 반쯤 잠이 들고 이내 깊은 잠에 빠집니다. 나무에 기어올라 새 한 마리를 노려보는 꿈을 꿀 것이기 때문입니다.[7]

고양이를 키우는 사람이 가끔 하는 착각은 자기가 고양이의 주인이라고 생각한다는 점입니다. 들리는 소문에 따르면 고양이를 키운다고 주장하는 사람 수보다 실제 그들이 키우는 고양이의 수가 적다고 합니다. 그 이유는 잠시 집을 나와 산책하고 있을 것이라 믿고 있던 녀석이 옆집에 가서 음식을 맛있게 먹고 그 집주인에게 털 고르기를 맡길 수도 있기 때문이지요. 그것뿐인가요. 고양이는 주인을 섬기기는커녕, 주인에게 도움을 주려고 행동하지도 않습니다. 우리는 경찰 고양이, 양치기 고양이, 사냥 고양이, 시각장애인 길잡이 고양이, 서커스 고양이, 썰매 끄는 고양이가 있다는 이야기를 들어본 적이 없습니다. 어쩌면 고양이는 그 어떤 것에도 도움이 되지 않기로 작정한 것처럼 보입니다.

반려동물의 숫자가 천만이 넘었다는 통계가 나온 지도 몇 년 지났으니 이제는 두세 집 건너 반려동물 하나를 키운다고 봐도 무리는 아닐 것 같습니다. 그중에는 자연으로 돌아가 생태계를 교란하는 녀석들도 있습니다. 개의 경우 주인을 잃었거나 버려진 아이들이 대부분이지만 고양이의 경우 안락한 집을 떠나 자연으로 돌아가려고 결심한 녀석들입니다. 고양이는 자신이 반려동물이라는 것을 인정하지 않으면서도 아늑한 잠자리의 유혹을 뿌리치지 못해 어쩌다 반려동물이 된 것입니다. 특유의 야생성을 감당하지 못하고 어떤 녀석은 산으로 들어가 '자연인'처럼 생활합니다. 하지만 고양이들이 자력으로 먹이를 해결하기엔 산에는 먹거리가 너무 없습니다. 산에서 구걸을 서슴지 않는 고양이들을 만나면 양가 감정이 듭니다. 먹이를 주어야 할까? 아니면 매몰차게 무시해야 할까? 산에 고양이들이 많으면 산에서 둥지를 틀며 사는 산새들이 사라집니다. 고양이들이 둥지를 몽땅 털어먹으니까요. 생태계에서 우리가 할 수 있는 일 중 하나는 간섭하지 않기입니다. 반려동물도 마찬가지입니다. 그들에게도 사생활이라는 게 있으니까요.

반려식물

companion plant

가장 저렴한 비용으로 당신의 마음을 위로해드립니다

"인생은 항상 이렇게 힘든 건가요? 아니면 어릴 때만 그런 건가요?" "항상 이렇지." 영화 「레옹」에서 마틸다와 레옹이 나눈 대화입니다. 레옹은 거처를 옮길 때마다 화분을 들고 다닙니다. 절체절명의 죽음 직전에 마틸다에게 넘겨준 것도 화분입니다. "내 가장 친한 친구야, 평생 행복해하고 질문도 없지. 그리고 날 닮았어. 뿌리가 없거든." 화분에 심은 화초는 땅에 뿌리내리지 못하고 화분에서 한평생 살아갑니다. 레옹에게 화분이란 유일하게 그의 삶 속에서 변함없이 곁을 지켜주는 반려식물과 같습니다. 삶이 불안정한 킬러였지만 식물을 통해 일상적인 삶을 누리고 어딘가에 정착할 수 있는 가능성에 대한 갈망을 은연중에 나타낸 것이니까요.

반려식물은 사람들이 정서적·심미적 만족을 얻기 위해 가정이나 사무실 같은 실내 공간에서 기르는 식물을 의미합니다. 반려식물은 단순한 장식물을 넘어서, 식물의 성장과 변화를 관찰하고 돌보는 과정에서 우리에게 위안을 주고 공간에 생기를 더하는 역할을 합니다. 공기를 정화하고 습도를 조절하여 호흡기 건강을 개선하는 데도 도움을 주며, 화초가 주변에 있는 것만으로도 진정 효과를 주므로 정신적 안정감을 높여줍니다. 반려동물과 비교할 바는 아니지만 반려식물은 키우는 데 경비가 적게 들고 하루이틀 집을 비워도 찡찡거리지 않을 뿐더러, 그러다 꽃이라도 피우면 실내를 향기로 가득 채워줍니다. 그런 의미에서 반려식물은 편안하고 너그러운 그린 메이트 green mate 입니다.

반려식물을 입양하기 위해서는 우선 이름부터 알아야 합니다. 이름을 알면 원산지는 물론이고 검색을 통해 그 식물에 대한 정보도 얻을 수 있으니까요. 예를 들어 레옹이 그토록 아낀 식물의 이름은 아글라오네마 스트라이프스입니다. 동남아시아 열대 우림의 숲이 원산지인 이 식물은 겨울에 춥지만 않다면 일조량이 적은 실내에서도 잘 자랍니다. 영화의 마지막 장면에서 마틸다는 레옹의 영혼이라도 떠돌아다니지 않기를 바라는 마음에서 식물을 화분에서 빼내어 땅에다 심어줍니다. 그런데 여기서 감독의 식물에 대한 무지가 딱 걸리고 맙니다. 「레옹」의 무대는 뉴욕인데, 그곳의 겨울 최저 기온은 영하 2~3도를 오르내려서 화초는 겨울을 넘기지 못하고 얼어 죽을 것입니다. 옥에 티라고 할 수 있지요. 이것이 화분을 기르려면 식물의 이름을 꼭 알아두어야 하는 이유입니다.

반려식물은 어떻게 대해야 할까요? 식물에 진심인 스님 한 분을 소개하려고 합니다. 스님은 단풍잎도 마른 아침, 옷깃을 여미며 계곡을 건너다 문득 이끼가 파랗게 낀 돌을 발견했습니다. 그냥 두면 얼어 죽을 것 같기에 거두기로 합니다. 접시에 물을 담아 소반 위에 얹고는 어리둥절해할 이끼를 위해 집 안의 집기들을 하나씩 소개해주었습니다. "저건 차를 끓이는 주전자이고 이건 찻잔일세. 봄이 올 때까지 있을 곳이니 사이좋게들 지내시게." 하면서 이끼가 서먹서먹한 환경에 적응하기를 바랍니다. 스님은 겨우내 이끼를 돌보며 마음의 위안을 얻습니다. 아무도 찾지 않는 외로운 산사의 고즈넉한 방에 또 하나의 생명이 숨 쉬고 있다는 것에 감사하는 것이지요. 봄이 되자 이끼 낀 돌은 제자리에 놓이고, 둘의 인연은 훈훈하게 마무리됩니다.[8] 이는 바로 법정 스님의 일화입니다. 존재의 소중함을 몸소 실천하는 스님의 모습에서 감동이 밀려오지 않나요? 사회생물학자 에드워드 윌슨은 "우리 유전자에는 생명을 사랑하는 본능이 새겨져 있다"고 했습니다. 반려식물을 인격체 대하듯 돌보는 것은 단순히 식물을 키우는 것 이상으로 사람의 본능에 충실한 행위이기도 합니다.

"사지 말고 입양하세요." 많이 들어본 문구일 것입니다. 동물 보호 단체는 동물을 사지 말고 입양하라 목소리를 내고 있습니다. 그러나 반려동물을 키우는 사람들 중 펫숍Pet Shop에서 분양받은 경우가 대다수입니다. 강아지를 펫숍에서 구입하여 키운다면 반려라는 단어가 무색해지는 것처럼, 반려식물에 진심인 사람은 식물을 잘 키우는 지인을 통해 분양받거나 유기 식물을 데려다 키우는 것을 선호합니다. 화분에 심은 화초는 씨로도 번식하지만 대부분 여러해살이 식물이라 포기 나누기가 가능합니다. 화분의 크기를 키우지 않고 같은 화분에 키우려면 일정한 주기로 분갈이를 하게 되는데, 이때 포기 나누기를 하면 화초가 기하급수적으로 늘어나게 됩니다. 마치 강아지가 새끼를 여러 마리 낳는 것과 같은 이치입니다. 서로 나누다 보면 화초에 대한 정보도 오가고 좋아하는 사람들끼리 연대감이 생기는 일은 덤이겠지요.

이런 방법도 있어요. 서리가 내리고 몸이 웅크려지는 가을날 아침, 길을 가다가 유독 눈에 띄는 것이 있습니다. 가게 옆에 버려진 화초들이지요. 개업 화분으로 들여왔다가 어두컴컴한 실내에 있다 죽었거나 죽어가는 아이들입니다. 저는 삼십여 년 전부터 이들을 거두기 시작했습니다. 주로 살릴 가망이 있는 벤저민고무나무가 대상이었습니다. 마치 유기 동물을 데려다 목욕시키고 이발시키고 영양가 있는 음식을 주듯, 분갈이하고 물을 주고 죽은 부위를 잘라낸 후 소독을 하고 따뜻하게 대해주니 버려진 고무나무가 새싹을 내기 시작하더군요. 그렇게 하다 보니 어느덧 베란다가 숲이 되었습니다. 여럿 나누어주고도 여전히 풍성한 숲이 제 마음을 즐겁게 합니다.

반려식물은 영혼을 살찌워주기도 합니다. 레옹이 화분을 선택한 것은 그의 떠돌이 삶을 반영한 것이지만, 그가 실제로 어디에도 속하지 않고 언제든 새로운 환경으로 옮겨갈 준비가 되어 있다는 것을 의미하기도 합니다. 하지만 반려식물과 맺은 관계를 통해 레옹은 점차 변화하며, 자신의 삶을 다시 평가하고 성장하게 됩니다. 식물에 대한 애정과 보살핌은 마틸다와의 관계를 통해 확장되며, 마틸다를 위한 레옹의 희생으로 이어집니다. 반려식물은 이 영화에서 단순한 소품을 넘어 주인공의 심리적 상태, 인간성, 그리고 삶의 변화를 상징하는 중요한 요소로 작용합니다. 따뜻한 날 오후, 우리 주변에서도 아침이면 작은 화분을 하나씩 들고 나와 볕 바라기를 하는 장면들을 볼 수 있기를 바랍니다. 중국인들이 아침 운동을 나올 때 새장을 들고 나와 나무에 걸어놓고 운동을 하듯이 말입니다.

곤충

insect

생산하라, 계속 생산하려면

곤충은 머리, 가슴, 배로 나뉘며 다리 세 쌍과 날개 두 쌍으로 이루어져 있습니다. 허물을 벗어야 하는 번거로움을 감수하고 딱딱한 껍질로 몸을 감싸고 있으며, 유전자의 명령에 따라 자신의 몸을 수시로 바꿉니다. 장구벌레의 모습을 한 모기를 상상이나 하겠어요. 곤충의 형태는 한마디로 '괴상하면서도 발랄하게' 생겼습니다. 어떤 곤충은 갑옷을 온몸에 두르고, 머리에는 안테나가 있으며, 먹이에 따라 다양한 형태로 씹을 수 있는 입 틀이 있어서 돋보기로 자세히 들여다보면 SF 작가들이 그대로 가져다 써도 손색없는 외계인의 외형을 하고 있습니다.

곤충이 괴상하면서도 발랄하게 생긴 것은 다 이유가 있습니다.

거친 환경에서 살아남아 번성하려면 다음과 같은 임무를 따라야 하기 때문입니다. 곤충들은 먼저 자신이 속한 종을 재생산해야 합니다. 아울러 그렇게 하기 위해서는 잡아먹히는 것을 피해 살아남아야 하고, 성적으로 성숙해질 때까지 끊임없이 먹고 성장해야 합니다. 이 세 가지 임무를 성공적으로 완수하기 위해 곤충들에게는 다른 동물이 상상할 수 없는 독특한 전략이 있습니다. 곤충의 신박한 전략 몇 가지를 소개합니다.

첫째, 곤충은 크기가 작습니다. 여차하면 숨기에도 좋고 도망치기에도 편리하며 하나의 식물에서도 다양하게 구역을 나누어 살아갈 수 있습니다. 식물의 잎, 줄기, 꽃봉오리, 열매, 뿌리 등에서 서로 다투지 않고 생활할 수 있는 것이지요. 곤충의 크기가 작은 이유는 체적과 표면적의 비율과 관련이 있습니다. 크기가 커질수록 표면적은 체적보다 느리게 증가하므로 큰 곤충은 열과 물질을 교환하기 어렵습니다. 또한 곤충은 허파가 따로 없어서 신체 외부에 있는 기공을 통해 내부로 산소를 전달해야 하는데, 크기가 커지면 효율성이 떨어져 질식할 수도 있습니다. 그 외에도 곤충의 외골격은 딱딱한 키틴질이라는 물질로 덮여 있어서 크기가 커지면 외골격의 무게가 빠르게 증가하여 자기의 무게를 지탱하기 어려워지므로 몸집이 커지는 일을 경계하게 됩니다.

둘째, 곤충은 그 숫자가 많습니다. 지구상의 생물체 중에서 단연

일등입니다. 동물 120만 종 중 80만 종을 곤충이 차지할 정도로 존재감이 대단합니다. 미국의 스미스소니언연구소에 따르면, 지구상에 존재하는 곤충의 총 무게는 인간의 17배 정도이고 개미의 무게만으로도 인류 전체의 무게와 맞먹습니다. 그래도 아직 밝혀지지 않은 종이 많다고 합니다. 곤충학자가 신종을 발표하려고 논문을 쓰는 도중에 창문으로 날아들어온 곤충이 미기록 종이라는 것을 알고 바로 글을 수정했다는 이야기가 전해질 정도이니까요. 누구든 지금이라도 곤충에 관심을 두고 연구하면, 신종을 찾아 발표하거나 새로운 곤충 명명자가 될 수 있을 정도로 아직 밝혀지지 않은 종들이 많습니다. 여러분도 도전해보시기 바랍니다.

셋째, 곤충은 탈바꿈(변태)을 합니다. 유충과 성충은 서로 다른 환경과 먹이를 이용함으로써 경쟁을 최소화하고 생존 기회를 높입니다. 일부 곤충은 갖춘탈바꿈(완전변태)을 하여 유충에서 성충으로 크게 변모하며, 일부는 안갖춘탈바꿈(불완전변태)을 거쳐 점차 성충의 형태로 성장해갑니다. 갖춘탈바꿈을 할 경우 유충과 성충의 모습이 놀라울 정도로 다른데, 이와 같은 변태의 과정은 유충과 성충이 먹이와 서식 장소를 놓고 서로 경쟁하지 않아도 된다는 이점이 있습니다.

넷째, 곤충은 환경 변화에 빠르게 적응할 수 있는 능력을 지니고 있습니다. 계절 변화에 따른 월동과 이동은 곤충이 다양한 기후 조건에서 생존하는 데 중요한 역할을 합니다. 특히 온대 지방에 서식하는 곤충들의 경우 추운 겨울을 어떻게 이겨낼 수 있는지가 관건입니다. 어떤 종은 따뜻한 남쪽 나라로 이동하기도 하지만 대부분의 곤충들은 스스로 신진대사를 떨어뜨려서 추위를 견뎌낼 수 있는 상태를 만들어 겨울잠(휴면기)을 잡니다.

다섯째, 대부분의 곤충에는 날개가 있습니다. 날개는 자유롭게 이동하여 포식자를 따돌리거나 짝을 찾거나 새로운 영역을 개척하는 데 유리합니다. 또한 혈액이 날개의 정맥을 통해 흐르면서 작은 태양 전지판 역할을 하여 추운 아침에 몸을 덥히는 데도 도움을 줍니다. 그 외에도 날개의 다양한 색상과 패턴이 짝짓기에 도움을 주기도 하고 보호색이나 경계색으로 변용하여 생존율을 높여 주기도 합니다.

여섯째, 곤충은 특수한 몸의 구조와 행동을 통해 포식자로부터 자신을 보호합니다. 자신을 잡아먹으려고 혈안이 되어 있는 수많은 동물(특히 새)들로부터 자신을 보호하기 위해 눈에 띄지 않게 위장을 하거나, 독을 쏘거나, 안 좋은 냄새를 풍기거나, 잡아먹혔을 때 독성 물질을 내뿜어 포식자를 괴롭히거나, 천적이 두려워하는 모양으로 의태를 하며 자신을 보호하기 위해 다양한 전략을 구사합니다.

지금까지 살펴본 곤충의 생존 전략은 하나같이 포유동물의 생존 전략과는 거리가 멀지요? 곤충은 이런 이유로 사람들에게 기피의 대상이 되기도 합니다. 독이 묻은 침, 안 좋은 냄새, 꼬물거리는 애벌레…… 사람들은 마음에 안 들거나 불쾌한 대상을 종종 벌레라고 부릅니다. 벌레는 곤충의 상위 개념으로서 절지동물을 낮추어 부를 때 사용하는 명칭인데도 말입니다. 사람들이 곤충을 싫어하는 근본적인 이유는 일부 곤충이 질병을 옮기기도 하고 알레르기나 물림으로 인한 통증을 유발하기 때문입니다.

한편 곤충이 농작물에 끼치는 경제적 손실도 무시할 수 없습니다. 인류와 경쟁 관계에 있는 곤충의 일부는 사람들의 생활에 해를 끼쳐서 해충이라고 불립니다. 해충은 농작물이나 가축 또는 환경에 해를 끼치거나 불쾌감을 줍니다. 인류의 문명이 싹트기 전부터 해충과 인류의 투쟁은 이어져왔고 앞으로도 인류가 존재하는 한 지속될 것입니다. 해충과 인류의 투쟁이 치열한 이유는 양쪽 모두의 생명 유지에 필요한 것이 겹치기 때문입니다. 어차피 해충을 전부 없애지 못할 바에는 공존의 방법을 모색해야 하지 않을까 생각합니다. 왜냐면 곤충이 우리에게 주는 막대한 이익을 포기할 수 없기 때문입니다.

곤충은 생태계에서 매우 중요한 역할을 합니다. 먼저 식물과 밀접한 관계를 맺어 꽃의 수분을 돕습니다. 또한 많은 동물들에게 중요한 먹이원이 되어, 생태계 내에서 포식자와 피식자의 관계를 형성하기도 합니다. 일부는 분해자로 작용하여 죽은 동물과 식물의 사체를 분해해 영양분을 토양에 되돌려주는 역할도 합니다. 이러한 과정은 생태계의 건강과 균형을 유지하는 데 중요합니다. 곤충은 동물 중에서도 앞서 언급했던 세 가지 임무를 가장 충실하게 따르는 종족일 것입니다. 자신이 속한 종의 멸종을 막기 위해 잡아먹히는 것을 피하고, 성적으로 성숙해질 때까지 끊임없이 먹으며 성장해야 한다는 명제를 실천하기 위해 오늘도 분주합니다. 이들이 살아서 제 역할을 다하는 동안 인류도 안전할 것이라고 믿습니다. 여러분들도 그렇게 생각하는지 궁금합니다.

새

bird

날갯짓이 아름다운 것은 흔적을 남기지 않기 때문

필자는 5년 동안 꾀꼬리와 같이 지낸 적이 있습니다. 자작나무를 심은 후 15년이 된 해부터 나무들이 제법 자라니까 꾀꼬리가 와서 둥지를 튼 것이지요. 꾀꼬리는 처음 도착해서는 길게 숨을 내쉽니다. "휘요~"먼 여행 끝에 나무에 둥지를 튼 탓인지 안도의 숨을 내쉬는 것만 같았습니다. 그리고 얼마 지나지 않아 꾀꼬리가 집을 짓기 시작했습니다. 긴 가지가 Y자로 갈라진 부위에 엉성하게 집을 지었습니다. 건축 자재로는 덩굴이나 풀잎도 동원되지만 가장 구하기 쉽고 가벼운 비닐 조각도 사용합니다. 집을 완성하고 나니 꾀꼬리가 지난번과 좀 다른 소리를 냅니다. "피요~"겨우 해냈다는 뜻이겠지요. 알을 낳고 육아가 시작되면 부부의 대화는 까

칠해지기 시작합니다. "꺅" "히" "피요피요" 등 한글로도 표현하기 힘든 격한 소리를 내다가도 자식들을 배불리 먹이고 난 후에는 "꾀꼴~" 하며 만족감을 나타내는 노래를 부릅니다.

새의 노랫소리를 듣는 것은 즐거운 일입니다. 2016년 노벨문학상 수상자인 가수 밥 딜런이 "작은 새 한 마리가 나뭇가지를 흔들 수는 없어도 노래로 전 세계를 흔들 수 있다"고 말했을 만큼 새의 노랫소리 또한 자연의 소리를 넘어 정신적으로나 신체적으로 우리의 삶에 깊은 영향을 미칩니다. 한 연구에 따르면, 새의 노랫소리를 듣는 것만으로도 뇌에서 스트레스와 관련된 호르몬의 분비가 줄어들고 행복과 연관된 호르몬의 분비가 촉진된다고 합니다. 특히 알파파의 활동이 증가하면서 명상 상태와 유사한 휴식 상태에 머물게 된다고 합니다.

새는 약 1억 5천만 년 전 쥐라기의 끝자락 공룡들이 마지막 눈을 감기 전에 등장했습니다. 우리가 흔히 알고 있던 것처럼 시조새는 새의 직계 조상은 아니라지만, 그 날개의 형상만으로도 땅 위를 박차고 오르려는 몸짓은 느낄 수 있습니다. 시조새의 머리는 뱀을 닮았고, 날개 뼈의 끝에는 손톱이 달린 가느다란 손가락이 붙어 있었지요. 지금 새의 모습보다는 오히려 도마뱀에 더 가까웠다고 합니다. 힘센 뒷다리로 뛰어다니며 날개에 달린 손가락의 도움을 받아 바위나 나무에 올라 뛰어내리기도 하는 시조새의 모습을 상상해보세요. 이후 지질 시대에 접어들면서 시조새는 파충류의 특징과 이별을 하고 뼈를 비우는 각고의 노력 끝에 아무도 내디뎌보지 않은 하늘을 터전으로 삼는 기적을 이루었습니다.

　새는 날기 위해 온몸을 변화시켜야 했습니다. 첫째, 가벼운 골격 구조를 만들었습니다. 새의 뼈는 속이 비어 있습니다. 이러한 구조는 무게를 줄이는 동시에 높은 강도를 유지하게 합니다. 둘째, 어떤 동물에도 없는 깃털을 만들었습니다. 깃털은 가볍기 때문에 부력을 높이며, 효율적인 비행을 가능하게 합니다. 셋째, 가슴에는 튼튼한 근육을 만들어 날개를 강하게 움직일 수 있었습니다. 넷째, 날개의 형태를 공기 저항을 최소화하고 높은 효율을 유지하면서 날 수 있도록 설계했습니다. 다섯째, 필요한 산소를 빠르게 공급받을 수 있는 폐를 만들었습니다. 새의 폐는 포유류와 달리 주머니 형태로 되어 있지 않고 공기의 입구와 출구가 달라서 공기가 한 방향으로 흐릅니다. 그러므로 새의 폐에 들어온 신선한 공기는 포유류처럼 자신이 내뱉은 이산화탄소와 섞이지 않으므로 새는 산소가 희박한 고공에서도 비행이 가능합니다.

　새는 자유롭게 날아다니는 것 같지만 규칙을 준수하는 습관의 동물입니다. 먼동이 트면 함께 노래를 부르며 하루를 시작하고, 저녁놀과 함께 어둠속으로 사라집니다. 정확한 시간에 먹이를 찾으러 갔다가 돌아오며, 매년 같은 시기에 장거리를 날아와 터전을 마련합니다. 이러한 새의 습관은 생존과 진화의 영역에서도 깊은 의미를 지닙니다. 새들의 규칙적인 습관은 궁극적으로 짝짓기와 육아를 성공적으로 이끌기 위함입니다. 새들은 노래하는 습관을 통해 세상과 소통하며, 자연의 리듬을 따르며 생명의 무한한 순환을 이어갑니다. 하늘과 땅, 자연과 사람, 일상과 특별함 사이의 다리를 이어주는 새들의 규칙적인 습관은 농부에게는 씨 뿌리는 시기를 알려주고, 꽃들에게는 수분의 신호가 되기도 합니다.

새는 생태계의 구성원으로서 안정성과 다양성을 유지합니다. 씨앗을 먼 곳으로 널리 퍼뜨리는 데는 새만큼 일등공신이 없습니다. 새는 이빨이 없으므로 열매를 꿀꺽 삼키면 씨앗은 소화되지 않다가 이동하면서 배변을 할 때 공중으로 투하됩니다. 씨앗은 새의 변을 영양분으로 삼아 새롭게 정착한 지역의 생태계에 다양성을 부여합니다. 곤충을 먹이로 삼는 새들은 농작물에 해를 입히는 해충의 수를 조절함으로써 농업과 우리의 일상에 긍정적인 영향을 미치며 자연의 균형을 유지합니다. 한편 일부 새들은 청소부 역할도 합니다. 그들은 자연 환경에서 죽은 동물의 시체를 먹어치워서 생태계를 깨끗하게 유지하여 각종 병원균의 확산을 막아줍니다.

새의 날갯짓은 흔적을 남기지 않습니다. 가볍기 때문이지요. 언젠가 유리벽에 부딪친 새를 거둔 적이 있는데 그 가벼움에 깜짝 놀랄 정도였습니다. 자신을 사랑한 만큼 가벼워진 걸까요? 모든 걸 비워낸 새의 가벼움은 중력도 비껴갑니다. 새의 날갯짓은 자신의 삶을 열렬히 사랑할 것이라는 믿음을 줍니다. 사랑하므로 몸을 비운 채 자유로운 영혼이 되어 산과 국경을 넘으며 비행을 합니다. 새들 중에서도 철새들의 장거리 이동은 많은 사람들에게 깊은 영감을 줍니다. 꾀꼬리는 중국 남부, 인도차이나, 버마, 말레이반도 등지에서 겨울을 보내고 대양을 건너 한반도로 오는 철새입니다. 5월이 되면 꾀꼬리들이 짝을 지어 날아오곤 했지만, 더는 저희 집 근처에 집을 짓지 않습니다. 집을 짓기에는 나무가 너무 커버렸기 때문입니다. 대신 오후가 되면 자작나무에 와 앉아 노래를 부릅니다. "꾀꼴~" 자식들 배불리 먹인 후 휴식 시간인가 봅니다. 그마저도 날갯짓을 하며 흔적 없이 사라져버리겠지만요.

호미

homi

할머니와 호미는 시간이 갈수록 작아진다

시골길을 걷다 보면 가끔 처마 아래에 걸려 있는 농기구들을 만날 수 있습니다. 창고가 버젓이 있는 집이야 그럴 리 없겠지만 가난한 농부의 집 바람벽에는 둘둘 말아놓은 멍석, 쟁기, 길마, 고무래, 지게 따위가 하릴없이 매달려 있습니다. 지금은 거의 쓰지 않는 물건들이지만 그것들을 버리지 못하는 이유는 돌아가신 할아버지의 손때가 묻어 있기 때문이겠지요. 그중에서도 다 닳아 숟가락만 해진 호미가 쟁기 위에 얹혀 있는 것이 눈에 띕니다. 모두 퇴역한 농기구들 틈에 호미가 장갑과 함께 놓여 있는 것을 보니 아직도 할머니가 할아버지의 빈자리를 호미로 대체하고 있는가 봅니다.

할머니의 관절과 함께 쪼그라든 호미는 얼마만큼 작아져야 은퇴를 할까요? 그만큼 닳아서 작아지려면 얼마나 많은 날을 밭에서 지내야 할까요? 산골로 시집 온 젊은 색시가 호미 세 개는 닳게 해야 밭일을 그만둔다는데, 작아질 대로 작아진 호미를 보면 할머니와 호미는 떼려야 뗄 수 없는 운명을 같이하는 듯싶습니다. 어쩌다 새로 산 호미를 미처 다 쓰지 못하고 손을 놓았을 때 비로소 할머니와 함께 명을 다할 테니까요. 오늘도 할머니는 무릎을 제대로 못 쓰면서도 손에서 호미를 놓을 줄 모릅니다. 뒤뚱뒤뚱 걸으며 엉덩이에 둥그런 의자를 붙인 채 여기저기 텃밭을 득득 긁고 다닙니다. 호미의 슴베가 아무리 길어진들 쪼그려 앉지 않고는 호미질을 할 수 없기 때문입니다.

호미는 우리나라 고유의 농기구입니다. 빈자리만 있으면 곡식을 심어야 하기에 긴 세월에 걸쳐 자연스럽게 만들어진 것이지요. 호미가 통일 신라 시대의 유물에서도 발견되고 농가의 세시 풍속에도 등장하는 것을 보면 우리나라만의 농기구임에는 틀림없습니다. 대륙처럼 경작지가 넓은 땅에서는 그다지 필요하지 않지만, 호미는 우리나라처럼 좁은 땅에서 집약적인 농업을 해야 하는 농부뿐만 아니라 어부와 해녀에 이르기까지 우리의 삶에 없어서는 안 될 도구였습니다. 논일과 밭일은 물론이고, 갯가에서 조개를 캐고 바닷속에서 소라를 따는 것까지 다양한 일을 하기에 호미는 그 모양도 가지각색입니다.

  호미는 지역과 용도에 따라 모양이 다양합니다. 토질이나 자연조건, 작물의 종류와 경작 방법에 따라 날의 형태나 슴베의 길이가 달라지는 것이지요. 호미의 형태는 크게 세 가지로 나뉩니다. 끝이 뾰족하고 위로 올라갈수록 넓어지는 보습형, 넓이에 비해 길이가 길어 자갈밭 매기에 적합한 낫형, 양변에 비해 바닥의 길이가 긴 세모형이 있습니다. 생김새에 따른 호미의 이름은 지방마다 다르긴 하지만 대체로 작물을 캐거나 흙을 팔 때 쓰는 '막호미', 호미 끝이 뾰족해 풀을 제거하거나 씨앗을 뿌리기 용이한 '파호미', 포크 모양으로 생겨 마늘이나 약초를 캘 때 사용하는 '마늘호미', 감자나 고구마를 캘 때 쓰는 '감자호미', 조개를 캘 때 쓰는 '조개호미' 등으로 불립니다. 아마도 농부나 어부들이 대장간에 가서 요모조모 쓰임새에 따라 주문하면 눈치 빠른 대장장이는 주문자의 마음을 알아차리고 거기에 알맞은 호미를 만들어내 이름을 붙였으리라 짐작합니다.

  그렇더라도 호미의 원형은 변하지 않습니다. 가장 흔하게 볼 수 있는 보습형 호미를 자세히 들여다보면, 날카로운 끝부분을 중심으로 하여 자루 부분은 둥글게 휘어져 있는데 앞면은 볼록하고 뒷면은 오목한 형태로 되어 있습니다. 이런 형상은 잡아당길 때는 힘을 들이지 않고 땅을 팔 수 있고, 밀 때는 흙을 덮는 데 용이하지요. 전체 모습을 보면 비대칭이어서 마치 소가 끄는 쟁기와 닮았습니다. 이런 형태는 흙을 한쪽 방향으로 갈아엎는 데 용이하고 적은 힘을 들이면서도 깊게 팔 수 있다는 장점이 있습니다. 뭐니 뭐니 해도 호미에게 주어진 가장 큰 임무는 풀을 뽑고 흙으로 풀뿌리를 덮어주는 일일 것입니다. 하나의 도구로 파고, 덮고, 심고, 돋우고, 뽑기까지 하는 만능 기구인 셈입니다.

늘 흙 속에서 뒹구는 호미가 공식적으로 목욕을 하는 날이 있습니다. 논밭의 김매기가 끝나는 날인 음력 7월 15일 백중날에는 여름 농사를 마무리하고 풍년을 기원합니다. 대보름 때처럼 조상에게 햇곡식과 햇과일을 바치고 그동안 수고한 일꾼들에게 용돈을 쥐여주면 일꾼들은 백중장에 가서 하루를 즐겁게 보냅니다. 이때 그동안 고생한 호미한테도 멋진 선물이 주어지는데, 바로 몸에서 떨어질 날 없던 흙들을 깨끗이 닦아주는 것입니다. 이것이 백중날을 '호미씻이날'이라고도 부르는 이유입니다. 호미도 목욕을 하는 날이 있다는 것이 신기할 따름입니다.

"고개를 살짝 비튼 것 같은 유려한 선과, 팔과 손아귀의 힘을 낭비 없이 날 끝으로 모으는 기능의 완벽한 조화는 단순 소박하면서도 여성적이고 미적이다. 호미질은 김을 맬 때 기능적일 뿐 아니라 손으로 만지는 것처럼 흙을 느끼게 해준다."[9] 박완서 작가의 산문 「호미예찬」에 나오는 문장입니다. 직접 농사를 지어본 경험이 없는 작가가 꼭 한 번 정직하게 살아보고 싶은 생각 끝에 손에 들은 것이 펜이 아니고 호미라고 표현한 것을 보면, 호미는 호미 이상의 의미를 지니는 것 같습니다. 채집에서 재배를 선택한 농민들에게는 생존을 위한 도구이자 그들의 고단한 삶을 대변하는 농기구이지만, 흙과 가장 가까이서 교감을 하는 데 호미만 한 농기구가 또 없습니다. 잡초와 작물을 구분하고 지렁이와 거세미나방을 걸러내 흙의 향긋한 냄새와 생명력을 느낄 수 있게 해주니까요.

호미는 철기 시대 이후에 발명된 농기구 중에서 가장 친환경적이며 생태적입니다. 김매기를 하며 뿌리를 북돋는 일을 함께할 수 있으니까요. 김매기는 풀을 뽑는 일입니다. 풀을 뽑을 때 풀뿌리

에는 흙이 딸려 나오기 마련이지만, 호미는 이를 놓치지 않고 흙을 분리하고 골로 흘러내린 흙까지 그러모아 작물의 뿌리를 북돋아줍니다. 이때 흙 표면에 있는 굳은살처럼 딱딱해진 층을 깨면 흙이 숨을 쉬게 되고 수많은 미생물이 살 수 있게 됩니다. 시골 여인의 전유물이던 호미가 요즘 외국에서도 인기가 있다고 합니다. 텃밭 가꾸기나 잔디밭 풀 뽑기의 명수로 인정받아 'K-Homi'로 자리를 잡아가고 있다는군요. 한 가지 흠이 있다면 호미를 가지고는 쪼그리고 앉아서 일을 해야 하기에 할머니처럼 무릎이 망가질 수 있습니다. 호미가 수출될 때 엉덩이에 붙이는 동그란 방석까지 같이 수출되면 좋겠습니다. 호미로 짓는 농사가 힘들다면 안철환의 『호미 한자루 농법』을 읽어보시기 바랍니다. 호미질이 한결 쉬워지고 힘을 덜 들이게 될 테니까요.

4장

태態
모여서 만든

나와 너
ich und du

내 안에 너의 그림자 있다

내 몸에 타인의 그림자가 배어 있다는 사실을 아십니까? 이것은 한 생명체가 다른 생명체와 깊이 연결되어 있다는 것을 의미합니다. 이를 생태학의 관점에서 설명하려면 우선 우리가 사는 생태계 내에서의 상호 의존성과 연결망을 이해해야 합니다. 생태계에서 모든 생명체가 서로 밀접하게 연결되어 있다는 사실은 서로의 건강과 안정성을 유지하는 데 필수적입니다. 예를 들어 식물은 광합성을 거쳐 산소를 생성하고, 동물은 이 산소를 사용하여 호흡합니다. 동시에 동물은 이산화탄소를 배출하고, 식물은 다시 이 이산화탄소를 흡수합니다. 이러한 순환은 생태계 내에서 물질과 에너지의 흐름을 가능하게 하며 생명체 간의 복잡한 교류를 통해 유지됩니다.

인류가 탄생하고 발전하는 과정에서도 다른 생명체와 교류를 맺는 것은 필수적이었습니다. 초기 인류는 사냥과 채집을 하며 생활했으며, 이런 과정에서 다양한 동식물과의 교류는 인간의 식습관, 이동 패턴, 심지어 사회 구조의 발전에도 중요한 역할을 했습니다. 인류가 농업을 시작하면서부터는 일정 지역에 정착하여 작물을 재배하고 야생 동물을 길들여 가축화하면서 자연스럽게 섞이고 스미며 현재의 우리가 된 것이지요. 인류와 동식물이 모여 살게 되면서부터는 감염병의 전파도 쉬워졌습니다. 이처럼 인류와 동식물 간의 교류는 인간의 면역 체계 발달에도 영향을 미쳤습니다.

도가 철학의 대가인 장자는 어느 날 자신이 나비가 되어 날아다니는 꿈(호접몽 胡蝶夢)을 꾸었습니다. 깨어나보니 자신이 꾼 꿈속의 나비가 자신인지 아니면 나비가 꿈을 꾼 것인지 혼란스러웠습니다. 이러한 경험을 바탕으로 삼아 장자는 실체와 정체성, 주관과 객관 사이의 경계에 대해 탐구했습니다.[1] 여러 관점에서 해석할 수 있겠지만, 생태학의 관점에서 본 호접몽 이야기는 인간과 자연이 분리된 존재가 아니라 서로 연결되고 상호 의존적인 관계라는 점을 알려줍니다. 특히 인간과 자연 사이의 경계가 모호하다는 것을 상징적으로 표현하고 있는 호접몽은 모든 생명체가 서로 연결되어 공존한다는 개념과 일치합니다. 인간, 동물, 식물, 그리고 무생물까지 모두 상호 작용하면서 서로의 흔적을 짙게 새긴다는 것이지요.

20세기 철학에 큰 영향을 끼친 독일 철학자 마르틴 부버의 저서 『나와 너Ich und Du』는 인간관계의 두 가지 기본적인 태도를 '나-그것I-It' 관계와 '나-너I-You' 관계로 정의합니다.[2] '나-그것' 관계는 인간이 세계를 대상화하여 경험하는 방식을 가리킵니다. 이 관계에서 '나'는 주변의 사람들이나 물건들을 대상, 즉 '그것It'으로 취급하며 대상을 분석하고 이용하려는 성격을 띱니다. 따라서 '나-그것' 관계에서는 깊은 만남이나 진정한 소통이 이루어지지 않습니다. 반면 '나-너' 관계는 다른 존재와 깊은 관계를 맺고 서로를 완전히 받아들이고 존중하는 상호 작용을 의미합니다. 대상을 이용하거나 분석하는 대신 존재의 전체성을 경험하며 진정한 의미에서의 소통과 만남이 이루어집니다.

부버가 주창한 사상의 핵심은 인간 존재의 이중성과 그 사이에서의 선택에 있습니다. '나-그것' 관계는 일상생활에서 흔히 경험할 수 있지만, 인간은 '나-너' 관계를 통해 비로소 자신의 진정한 존재와 세계를 경험합니다. 부버는 '나-너' 관계를 통한 만남을 강조하면서 인간이 삶에서 진정한 의미와 가치를 찾을 수 있는 길을 제시합니다. 나아가 이러한 관계가 개인의 삶과 전체 인류에 어떤 의미를 지니는지 탐구합니다. 만약 내가 어떤 사물을 경험한다 하더라도 내가 경험하는 것은 '그것'일 뿐입니다. 아무리 비밀을 샅샅이 파헤쳐보고 지식의 토막을 산더미처럼 쌓아올리더라도 '그것'은 언제나 '그것'에 지나지 않는 것임을 알아야 합니다.

부버의 사상을 생태학적 관점으로 확장해보겠습니다. 지구상의 모든 생명체와 인간의 상호 의존성을 인식한다는 것은 단순한 환경 보호의 차원을 넘어서, 우리의 일상적인 선택과 행동이 지구와 그곳에 사는 생명체들에게 어떠한 영향을 끼치는지 깊이 고민하고 지속 가능한 미래를 위한 책임감 있는 행동으로 이어진다는 것을 의미합니다. 필자에게는 종종 한 그루의 나무 앞에 서서 오래도록 그 나무를 바라보는 습관이 있습니다. 어떨 때는 나무가 나타내는 몸짓을 단순한 현상으로 받아들일 수도 있고, 그렇게 나타나는 특징을 하나의 종種으로 분류하는 기준으로 삼을 수도 있습니다. 이 경우 나무는 여전히 나의 대상에 그칠 뿐입니다. 그러나 만일 그 나무가 종 이상의 의미가 있다면, 나무와 나는 모종의 관계를 맺게 됩니다. 그러면 그 나무는 이미 '그것'이 아니고 '너'가 됩니다. '너'는 나와 마주 서서 살아 있는 존재가 되고 나와 깊은 관계를 맺게 됩니다. '나-그것'에서 '나-너'의 관계가 될 때 비로소 나무도 자신의 상처를 내보여줍니다. 그러면 나무의 상처에 나의 그림자가 배어 있다는 것도 발견하게 됩니다.

생태계

ecosystem

원숭이 엉덩이와 백두산

"붉은토끼풀이 종자를 생산하려면 땅벌들이 가루받이를 해주어야만 하는데 땅벌의 개체 수에 영향을 주는 것은 들쥐다. 들쥐가 땅벌의 집을 부수어버리기 때문이다. 들쥐는 다시 고양이의 개체 수에 영향을 받는다. 고양이는 그 동네에서 고양이를 좋아하는 사람들의 숫자에 따라 변한다고 한다. 따라서 붉은토끼풀의 종자 생산은 그 지역에 고양이를 좋아하는 사람의 숫자와 관계가 있다는 결론에 도달하게 된다."[3]

1859년 찰스 다윈이 발표한 『종의 기원』에 나온 생태계 구성원의 상호 관계를 재미있게 정리해본 것입니다. 고양이와 붉은토끼풀은 관련이 없어 보이지만 실제로 세상에서 연결되지 않은 것은 없다는 이야기지요.

생태生態는 생물들이 살아가는 모양이나 상태를 말합니다. 생태를 의미하는 접두어 'eco(에코)'는 1873년 독일의 동물학자 에른스트 헤켈이 만든 말 'Ökologie'에서 유래했으며, 이는 그리스어에서 집을 의미하는 'oikos'에서 따온 것입니다. 'eco'를 어근으로 하는 단어에는 생태계를 가리키는 ecosystem(에코시스템), 자연 친화적인 관광 형태인 생태 관광을 뜻하는 ecotourism(에코투어리즘), '친환경'을 뜻하는 ecofriendly(에코프렌들리), 대규모 생태계 파괴 행위를 일컫는 ecocide(에코사이드), 생태계를 보호한다는 명분으로 인권 억압을 정당화하려는 ecofascism(에코파시즘) 등이 있습니다. 이처럼 'eco'를 단어 앞에 붙이면 생태와 관련된 다양한 용어들이 만들어집니다.

생태계는 생물과 비생물로 구성되며, 이들은 서로 연결되어 순환 체계를 이룹니다. 따라서 생물과 비생물을 하나로 묶어 총체적인 체계system로 파악하는 것을 생태계라고 합니다. 1935년 영국의 식물학자 A. G. 탠슬리가 제창한 이 용어에는 자연 그대로의 상태를 인식하기 위해 생물과 무기적 환경을 하나로 통합해야 한다는 인식이 깃들어 있습니다. 미생물 집단에서부터 숲 전체 또는 사막과 바다에 이르기까지 다양한 크기를 지닌 수많은 생물이 모여 사는 자연은 이들이 서로 복잡하게 얽혀 순환하는 곳이기 때문입니다.

동양에서는 생태계를 연결 지어 생각해야 한다는 생각이 오래 전부터 있어왔습니다. 북한산 도선사 입구 돌기둥에는 '천지동근 만물일체天地同根 萬物一體'라는 글귀가 있습니다. "하늘과 땅은 그 뿌리가 같고 만물은 서로 연결되어 하나"라는 뜻입니다. 이것은 부처님이 보리수나무 아래서 처음으로 깨달은 생각입니다. 부처님이 해탈하여 열반에 든 것은 곧 진리를 깨달았다는 것이고, 그 진리의 핵심은 "이것이 있으므로 저것이 있고, 이것이 생함으로 저것이 생한다"는 개념에 있습니다. 불교에서는 상호 의존성을 연기법緣起法이라고 합니다. 이 개념은 생태계를 모든 존재가 서로 연결되어 있는 곳으로 이해하는 것과 같습니다.

최근 '환경'과 '생태'라는 용어를 자주 혼동하여 쓰는 것을 볼 수 있어 이를 바로잡아보고자 합니다. 우선 환경의 환環자는 고리를 가리키며 어떤 것을 둘러싸고 있음을 의미합니다. 고리가 어떤 것을 둘러싸고 있는 것일까요? 바로 사람입니다. 중심에 사람이 있고 사람을 둘러싸고 있는 것이 환경입니다. 그러면 사람들의 이익을 위해 자연을 보호해야 한다는 결론에 다다르게 됩니다. 반면 '생태'라는 단어는 '환경'과는 전혀 다른 뜻을 내포하고 있습니다. 생태계에서의 사람은 만물의 영장이 아니라 참새나 민들레처럼 하나의 종에 불과합니다. 인간 중심 사상에 젖어 있는 우리가 선뜻 이해할 수 없는 부분이기도 하지만, 생태 사상에서 자연은 더는 인간의 이익을 위해 존재하는 곳이 아니라 그 자체로 고유한 가치를 지닌 곳임을 의미합니다.

　곤충에게 고마워한 적이 있으신가요? 현실에서 우리는 모기가 왱왱거리면 어떻게 해서든지 잡으려고 합니다. 곤충을 무서워하는 사람들 중에는 "죽은 벌레 말고는 좋은 벌레란 없다"고 할 정도로 곤충을 혐오하는 사람도 있습니다. 그러나 우리가 먹고 입고 움직이는 데 곤충이 큰 역할을 한다는 것에 이의를 제기할 수 없습니다. 생태계가 인간에게 주는 서비스가 만만치 않거든요. 곤충은 많은 식물들의 가루받이 역할을 하기에, 곤충이 사라진다면 아침 밥상에 과일이 디저트로 올라오는 일은 상상도 못할 겁니다.

　생태계 서비스란 생태계가 직간접적으로 이득을 주는 복잡한 기능을 말합니다. 생태계가 우리에게 주는 서비스는 맑은 물, 맑은 공기, 에너지, 재해 방지, 기후 완화, 레크리에이션 등 사람들이 사용하고 즐길 수 있는 모든 것을 망라합니다. 생태계가 제공하는 서비스의 가치를 돈으로 환산해볼 수도 있습니다. 2013년 국립공원관리공단의 발표에 따르면 국립공원 20군데의 경제적 가치가 103조 원이나 된다고 합니다. 그중에서도 북한산 국립공원이 9조원으로 가장 가치가 높았습니다. 보존 가치 항목에서는 북한산이 1위를 차지했고 이용 가치 항목에서는 설악산이 1위를 차지했습니다. 역시 돈으로 환산하니까 생태계의 중요성이 눈에 확 들어오지요?

『토지 윤리』를 집필한 미국의 생태학자 알도 레오폴드는 "역사의 논리가 빵을 요구하는데 돌을 내민다면 우리는 돌이 얼마나 빵과 비슷한지를 애써 설명해야 한다"[4]고 했습니다. 오직 경제적 논리로만 생태계를 파괴한다면 생태계가 그만한 경제적 가치가 있는지를 증명해야 하는데, 어떠한 논리로도 설명할 수 없는 것이 생태계 문제라는 의미입니다. 경제를 의미하는 'economy(이코노미)'나 생태계를 의미하는 '에코시스템'은 'eco(집)'라는 같은 말 뿌리를 사용합니다. 이윤을 추구하는 경제인을 집을 마구잡이로 사용하는 사람이라고 정의한다면, 생태계를 보호하려는 사람은 집의 특성을 잘 이해하고 조심스럽게 이용하려는 사람일 것입니다. 그런데 자본주의가 지배하는 세상에서 집을 파괴하는 행위가 흔히 일어납니다. 그러다 보면 생물 다양성이 감소하고 생태계를 이루는 그물망의 코가 풀리면서 생태계가 더는 복구가 불가능한 임계점에 이르게 됩니다.

생태계의 꼴은 지구의 살림입니다. '살림'은 곧 '생명'을 가리키고, '목숨을 살리다'는 문장의 명사형이기도 하며, 한 집안을 이루고 살아가는 일을 가리키기도 합니다. 지구 살림은 너무 큰 탓에 사람들이 무관심하기 마련입니다. 만약 아이들이 들판에서 땅벌에 자주 쏘인다면 누구를 원망해야 할까요? 한참을 궁리해야 할 겁니다. 사람들은 사물을 보면 그 사물이 맺고 있는 상호 관계 대신에 단순한 인과 관계만을 인식하는 경향이 있어서, 복잡한 상호 관계를 바탕으로 이루어진 생태계를 잘 이해하지 못합니다. 생태계는 넓은 시각으로 보아야 잘 보입니다. 불교의 연기법에 따르면 어떤 생명체 중에도 독립된 실체는 없으며 다른 것과 상호 연관을 맺어야만 생명이 유지된다고 합니다. 따라서 연기의 고리를 끊지 말고 날 생명을 넘어 온 생명을 들여다보아야 비로소 생태계에 대한 총체적인 이해가 가능해집니다. 우리에게 익숙한 아래의 노래가 생태계의 특성을 잘 보여줍니다. "원숭이 엉덩이는 빨개, 빨가면 사과, 사과는 맛있어, 맛있으면 바나나, 바나나는 길어, 길으면 기차, 기차는 빨라, 빠르면 비행기, 비행기는 높아, 높으면 백두산."

공동체
community

텃세가 있는 것은 그곳에 보물이 있기 때문이다

    북한에서 내려온 한 귀순 용사가 남한에서 생활한 소감을 말하는 중에 남한에는 텃세가 없어서 실망했다고 언급했습니다. 텃세는 자기가 속한 집단에 외부 사람이 들어왔을 때 배척하는 원주민들의 일종의 특권 의식인데 그는 왜 텃세를 그리워했을까요? 그가 살던 북한이 그만큼 폐쇄적이라는 뜻일까요? 아니면 남한이 개방적이라 아무나 들어와도 받아주기 때문에 싱거웠던 것일까요? 곰곰이 생각해보니 옛날에는 마을마다 텃세가 있었습니다. 뒤늦게 이사 온 아이를 따돌리다가도 친구가 되면 아낌없이 받아주고 같이 뛰어 놀았던 기억이 납니다. 어디 그뿐인가요. 남의 동네를 지나가려면 여럿이 몰려서 가야 했는데, 혼자 지나가다 재수 없으면 얻어터지기 일쑤였습니다.

텃세는 왜 생겼을까요? 그동안 공동체에서 일구어놓은 공동의 자산이 있기 때문입니다. 아이들은 아이들 나름대로 어른들은 어른들 나름대로 그런 것이 있었지요. 아이들은 모이기만 하면 놀이터를 곰비임비 자기들만의 방식대로 바꾸어놓습니다. 동굴을 파거나 나무 위에다 얼기설기 엮어 아지트를 만들기도 하고, 이웃 마을 아이들과 한판 붙기 위해 공동 재산인 딱지나 구슬을 모아 숨겨놓기도 했습니다. 어른들에게는 길을 넓히고 우물을 파거나 상엿집을 정비하는 것처럼 개인의 재산을 희사해서 만든 공동의 자산이 있었습니다. 그런데 어느 날 외지인이 들어와서 공동체가 이루어놓은 시설들을 그냥 이용하려 한다면 응당 대가를 치러야 하는데, 대놓고 말은 못하고 아웅대는 것이 텃세입니다.

공동체는 모내기나 추수 또는 마을에 큰일이 있을 때 울력하는 정신에서 비롯되었습니다. 기쁜 일, 슬픈 일, 괴로운 일을 자신들의 일처럼 함께하고 서로의 방패막이가 되어주는 것이 울력의 정신입니다. 귀순 용사의 경우 남한 사람들이 상냥하고 부드럽기는 한데 귀순이라는 힘든 일을 자기 일처럼 대해주지 않는 것을 보며 많이 힘들었을 것입니다. 처음에 정착하기는 어렵지만 일단 친해지고 보면 서로를 위해주는 것이 공동체의 특성인데, 남한에서는 그러한 공동체 정신을 느끼지 못했나 봅니다. 사회 체제의 차이에서 오는 괴리감일지도 모르겠지만요.

공동체 정신이 잘못 발전하면 원래의 취지는 사라지고 단점으로 작용하기도 합니다. "우리가 남이가" 하는 공동체 정신이 충만할 때 흔히 저지르는 실수는 내집단과 외집단을 구분하게 된다는 점입니다. 내집단이라고 여기면 무조건 도와주지만, 외집단은 아무렇게나 대해도 괜찮다는 의식이 자리잡을 수 있기 때문입니다. 심하면 적대감을 보이거나 공격적인 태도를 취하기도 합니다. 오늘날의 지역 공동체도 마찬가지입니다. 대부분의 지역에서 다문화주의와 동화주의를 놓고 갈등하고 있습니다. 다문화주의는 다양한 문화들이 공존하며 자신의 문화적 정체성을 유지하면서도 공동체의 일원으로 통합될 수 있도록 장려하는 데 반해, 동화주의는 이민자에게 원래 지녔던 문화를 버리고 새로운 문화를 받아들이도록 은근슬쩍 요구하거나 강제하곤 합니다. 동화주의는 이민자에게 상처를 줍니다. 인간에게는 문화적 소속감과 함께 자신의 역사와 관련된 주체 의식이 필요하기 때문입니다.

지역의 공동체 정신은 삶의 방패막이로서 중요한 역할을 합니다. 위기 상황에서 공동체 정신은 사람들이 연대감을 형성하고 서로를 돕게 만듭니다. 이는 어려움을 함께 극복하는 데 필수적인 정신입니다. 정서적 지지를 제공하며, 삶의 난관을 견디기 위한 안정감과 소속감을 느끼게 해주기 때문입니다. 공동체 내의 상호 작용은 사회적 학습의 장이 되어 다양한 경험과 지식을 공유하도록 이끌고, 그 과정에서 개인의 적응력을 강화하고 성장을 돕습니다. 이처럼 공동체 정신이 만들어지는 과정은 삶의 질을 높이는 데 기여합니다.

공동체를 이루고 있는 원주민은 지속 가능한 삶을 살기 위해 생태계를 보호하려고 노력합니다. 그들은 자연 환경에 깊은 지식이 있으며, 원금을 까먹지 않고(생태계를 파괴하지 않고) 생태계 서비스에서 남는 부분을 취하면서 대대손손 한자리에서 살 수 있었습니다. 보호수를 진단하려고 지방에 다니다 보면 원주민 비율이 높은 곳은 비교적 나무들이 건강한 것을 볼 수 있습니다. 그런데 어쩌지요? 이제 어느 곳을 가봐도 원주민이 단단히 자리 잡은 공동체를 보기가 쉽지 않습니다.

공동체 정신의 현대적 개념은 단순히 함께 생활하거나 공통 관심사를 공유하는 것 이상의 의미를 지닙니다. 만약 도시를 떠나 귀촌이나 귀농을 할 계획이 있다면 어느 정도 텃세가 있는 곳을 권합니다. 그리고 원주민의 말에 귀 기울여보세요. 잘하면 보물 지도를 손에 넣을 수도 있으니까요. 그러면 딱지나 구슬이 어디에 숨어 있는지도 알 수 있습니다.

공유지

common land

신성한 땅을 탐하지 말라

보호수를 치료하다 보면 집이 나무에 바짝 붙어 들어서 있거나 뿌리 위로 차가 지나다니는 것을 흔히 봅니다. 천연기념물의 경우 문화재청에서 주변 땅을 사들여 정비를 해서 다행이지만 대부분의 보호수는 방치됩니다. 마을과 인접해 있거나 마을 내에 있는 오래된 나무 대부분은 당산목이었습니다. 당산목은 마을에서 수호신으로 모시며 제를 올리던 신성한 나무입니다. 지금은 초라하게 곁방살이를 하고 있지만 한때는 범접 못할 위엄을 갖추고 섬김을 받던 나무였지요. 언제부터인가 나무의 신성성을 무시하고 나무의 뿌리 위에 집을 짓고 길을 내기 시작한 것은 나무가 있는 곳이 그 누구의 땅도 아닌 공유지이기 때문입니다. 원래는 나무가 그 땅의 주인이었는데 말이지요.

국가나 공공 단체가 소유한 토지를 가리키는 공유지는 공동으로 관리되는 곳입니다. 다른 사람이 사용할수록 내가 사용할 양이 줄어드는 땅입니다. 그 누구의 땅도 아닌 곳이므로 늘 훼손될 위험에 처해 있습니다. '나만 아낀다고 될 일인가, 남들은 멋대로 쓰는데 아끼는 나만 바보가 되는 것 아닌가' 하는 생각에서 비롯된 것이지요. 공유지를 둘러싼 이런 문제는 공유 자원을 고갈하거나 파멸할 정도로 과잉 착취하려는 인간의 심리를 극명하게 보여줍니다.

바람이 심하게 분 다음 날 아침, 중국 북부 몽골고원에 있는 네이멍구 자치구의 마을 사람들은 밖에 나가보고 입을 다물지 못했습니다. 길이 사라진 대신 그 자리에 모래로 된 산이 마을을 집어삼킬 듯 막아서고 있었기 때문이지요. 이런 현상은 매년 더 심해진다고 합니다. 이유를 물어보니 주범이 염소라고 합니다. 염소는 식습관이 독특해서 먹이가 모자라면 풀뿌리까지 캐먹는 동물입니다. 그 지역 사람들이 염소를 한두 해 키운 것도 아니고 수천 년 이어져 내려온 풍습인데 갑자기 그렇게 된 이유를 물으니 한족의 유입이 늘면서부터라고 합니다. 지금 네이멍구 자치구의 원주민은 마을 전체 인구의 10퍼센트 정도밖에 안 됩니다. 한족의 과도한 이주와 그로 인해 불어난 가축 수로 커얼친 초원이 사라지고 사막으로 변해가는 현상을 목도하게 된 것이지요.

　1968년 미국의 생태철학자 개릿 하딘은 「공유지의 비극」이라는 논문을 발표했습니다. 이 논문에도 위와 비슷한 사례가 나옵니다. 풀이 잘 자라는 야생의 초원이 있었는데, 그곳은 소 100마리가 풀을 뜯어 먹기에 알맞은 크기였습니다. 그러던 어느 날 한 집에서 몰래 소 한 마리를 더 풀어놓은 이후로 목초지가 황폐화되고 더는 소를 키울 수 없게 되었다고 합니다. 어째서 이런 일이 벌어지게 되었을까요? 고작 '소 한 마리'라고 생각하면 오산입니다. 한 집에서 몰래 소 한 마리를 들여놓는 장면을 엿본 다른 집에서도 소를 경쟁적으로 풀어놓은 것이 문제였습니다.

　영국에서 일어난 '인클로저Enclosure 운동'이 있습니다. 18세기와 19세기에 걸쳐, 그동안 자유롭게 써왔던 공유지를 사유화하여 개인이 소유할 수 있게 한 것이 운동의 골자였습니다. 그 결과 토지 관리가 쉬워졌고 양모 산업이 번창했으며 경제와 산업도 크게 발전했습니다. 그러나 인클로저라는 단어의 뜻처럼, 울타리가 들어서면서부터 토지가 보호되고 생산성은 늘어났지만 많은 서민들이 조상대대로 살던 터전을 잃고 도시 노동자로 전락하는 비극을 맞게 되었습니다.[5]

　공유지를 둘러싼 문제에는 우리에게 꼭 필요한 것들을 훼손하거나 더럽히는 일도 포함됩니다. 길거리의 가로수 밑에는 쓰레기와 담배꽁초가 수없이 버려지고, 공중 화장실에서는 악취가 나고 오물이 발견되며, 경치 좋다는 산과 계곡과 바닷가에도 쓰레기가 넘쳐납니다. 좋은 것은 나의 것, 나쁜 것은 너의 것이라는 심리에서 비롯된 결과일까요? 우리 모두는 맑은 호수와 신선한 공기와 깨끗한 화장실을 원하면서 왜 이런 공유지들을 지저분하게 사용하는 걸까요?

공유지의 범위를 하늘과 바다로 확장할 수도 있습니다. 실제로 대기와 바다는 전 세계 모든 사람이 공유하는 자원입니다. 공유 자원의 오용은 이제 지구 전체의 생태계와 인간의 생존에도 영향을 미치고 있습니다. 산업 발전과 함께 화석 연료의 대량 사용, 산업 폐기물, 자동차 배기가스 배출 등은 대기를 심각하게 오염시키고 있으며, 이들은 온실 가스 발생의 주원인이 되어 기후 변화를 가속화합니다. 한편 바다의 경우 후쿠시마 오염수 방류로 인한 오염이 한층 더 우려되는 실정입니다. 오염수의 해양 방류는 위험도를 떠나 생태계에 좋지 않은 선례입니다. 전 세계의 원자력 발전소 대부분이 냉각수 확보를 위해 강가나 바닷가 근처에 지어져 있기 때문이지요.

그러면 공유지는 어떻게 관리되어야 할까요? '지구는 작은 우주선'이라는 개념이 있습니다. 캡슐과 같이 작은 우주선 안에는 태양광 말고는 유입되는 것이 없습니다. 그 안에서 산다는 것은 마치 마이너스 통장을 쥐고 소비하는 것과 같지요. 지금 지구에 사는 인류의 사정도 다르지 않습니다. 지구는 우리가 마구 사용할 정도로 크지 않습니다. 인류는 과도한 성장의 그늘에서 벗어나 '우주선 경제 체제'로 바꾸고 절약해야만 앞으로도 지구에서 살아갈 수 있습니다. 가지가 나무를 떠나서 꽃을 피울 수 없듯, 우리는 공유지를 떠나서 살 수 없습니다. 모두가 잘 살기 위한 공유지를 만들기 위해서는 '누구나'의 땅이 아니라 '신성한 곳'이라는 생각으로 접근해야 하지 않을까요?

숲
forest

어린이집, 놀이터, 병원, 헬스장, 집, 명상센터가 합쳐진 곳

숲 이야기 하나

사람마다 숲을 바라보는 관점이 다릅니다. 식물학자들은 생육 상태를 점검하며 어떻게 하면 숲을 건강하게 유지할 것인지를 연구하고, 산림학자들은 산세를 보고 어떻게 숲을 경영할 것인지를 연구하며, 벌목업자들은 숲에 있는 나무들을 어떻게 베어 돈을 벌 것인지를 연구합니다. 생태학자들은 생물 다양성을 조사하여 어떻게 숲을 보존할 것인지를 연구하고, 시인들은 숲의 아름다움을 어떻게 글로 표현할지를 연구하며, 사진작가들은 숲의 아름다움을 프레임 속에 어떻게 담아낼지를 연구합니다. 시대에 따라서 숲을 보는 관

점도 달라집니다. 옛날에 숲은 의식주를 해결하는 공간이었고, 큰 나무가 있는 숲은 토템의 대상으로서 정화의 공간이었습니다. 그런데 도시에 사는 현대인들에게 숲은 어떻게 보일까요? 아마도 마음의 안정과 건강, 레저의 대상이 될 것이라고 짐작해봅니다.

숲은 수풀의 준말입니다. 나무와 풀이 모여 사는 사회라는 뜻이지요. 우리나라는 산악 국가라 평지에는 숲이 거의 없습니다. 산과 숲을 동일시해도 무방합니다. 한자어로는 산림山林 또는 삼림森林으로 부릅니다. 이 두 용어는 의미가 같아보이지만 뉘앙스는 좀 다릅니다. 산림은 산山에 나무林가 있다는 뜻이고, 삼림의 삼森자는 나무가 빽빽하다는 뜻으로 숲이 우거진 상태를 가리킵니다. '森'이라는 글자를 자세히 뜯어보면 중간에 있는 나무가 옆에 있는 나무 두 그루를 위에서 덮고 있는 형상을 하고 있습니다. 실제로 숲에서 보면 나무 세 그루가 마치 하나의 나무인 양 보일 때가 많습니다. 오래된 숲이 그렇습니다. 위에서 내려다보면 나무들의 형상이 둥글둥글해서 엠보싱embossing 처리된 침대처럼 푹신하게 보입니다. 이런 숲은 둥글둥글한 주변이 비어 있으므로 헐겁습니다. 말하자면 생명이 자라날 빈틈이 많다는 뜻이지요.

숲은 변합니다. 하지만 바람이나 새들이 정적을 깨기 전의 숲은 '동작 그만' 그 자체입니다. 새싹이 돋고 꽃을 피우며 열매를 맺고 단풍이 드는 일은 아무도 보지 않는 밤에 이루어집니다. 산불이나 태풍, 홍수 같은 자연재해는 숲에 변화를 일으키는 동시에 새로운 생명의 시작을 알리는 신호가 되기도 합니다. 예를 들어 일부 나무 종은 산불이 난 후에 더 잘 자라기도 하고, 오래된 숲에 고목나무 하나가 쓰러지면 새로운 생명력을 불어넣는 계기가 되기도 합니다. 큰 나무 한 그루가 쓰러지면 그 공간에서는 빛, 온도, 습도 같은 환경 조건이 바뀝니다. 어둠 속에 묻혀 있던 씨앗들은 이런 기회를 놓치지 않고 기지개를 켭니다. 어린 싹들이 순식간에 빈틈을 메우는 것이지요. 몇 해 안 가서 틈은 흔적도 없이 사라집니다. 마치 솜씨 좋은 장인이 흔적을 남기지 않는 것처럼, 숲은 언제 그랬냐는 듯이 그동안 열려 있던 하늘 문을 닫고 아늑한 공간을 만듭니다. 이러한 숲의 변화는 부분적으로 반복되고, 종 다양성이 늘어나는 일로 훈훈하게 마무리됩니다.

숲의 생명들은 혼자 살지 못합니다. 숲은 나무뿐만 아니라 풀, 꽃, 버섯, 곤충, 새, 포유류, 파충류, 양서류 등 수많은 생명체가 공존하는 공간입니다. 이들은 서로 어울려 살기를 바라며 모두 주변의 생태계와 깊은 관계를 맺습니다. 보이지 않는 땅속을 살펴보면 뿌리들은 많은 미생물들과 관계를 맺고 삽니다. 균근을 형성하는 것이 대표적인 사례인데, 나무는 균류에게 영양분을 제공하고 균류는 물과 미네랄을 흡수하여 나무에게 전달합니다. 이러한 과정은 불모지에서도 나무가 생존할 수 있는 조건을 마련해줍니다. 또한 숲은 생명체들이 서로에게 먹을 것과 서식처를 제공하는 공간이기도 합니다. 새들은 나무에 집을 지어서 새끼를 키우며, 잎을 갉아먹는 애벌레를 잡고, 멀리 날아가 새로운 땅에 씨앗을 떨구어 줍니다. 나무들끼리도 서로 의지합니다. 힘센 바람이 불 때 서로의 어깨가 되어줍니다. 마치 사람들이 모여 사회를 이루듯 숲도 사회를 이루며 함께 삽니다.

숲속에는 다양한 생물들이 살며 생태계를 이룹니다. 여기서 계界라 함은 범위를 한정할 수 있는 경계 내에서 상호 의존적인 구성 요소들의 집합체를 가리킵니다. 따라서 생태계는 물, 공기, 토양, 빛, 열 등의 물리적 요소로 이루어집니다. 다양한 생물학적 요소로 이루어져 상호 작용하고, 순환하고, 변화합니다. 자신의 생존과 번식을 위해 자원과 정보를 공유하고, 도움과 협력을 요구하며, 경쟁과 갈등을 해결하면서 서로를 보호합니다. 생태계는 마치 하나의 생명체처럼 일사불란하게 움직입니다. 그래서 숲에 들어가면 마음이 안정되고 피로가 사라지나 봅니다.

숲 이야기 둘

낯선 자여.
만일 당신이 학교가 필요하지 않는
오랜 경험에서 나온 진리를 배웠다면,

세상이 죄와 불행으로 가득 차 있음을 알았다면,

세상의 슬픔과 범죄와 근심 걱정을 충분히 보았다면,

그리하여 그런 것들이 당신을 지치게 만들었다면

이 산으로 들어와

자연의 품에 안기도록 하라.

고요한 그늘이

당신에게도 고요함을 안겨줄 것이며

푸른 잎사귀들을 춤추게 하는 바람이

당신의 멍든 가슴에

연고를 발라주리라.

어느 산 입구의 팻말에 적힌 작자 미상의 시입니다.[6] 살다 보면 머리 아픈 일이 어디 한둘입니까? 숲은 수많은 치유 인자를 품고 있습니다. 그중에서도 '숲 틈'과 '숲의 옷'이라는 두 단어가 있습니다.

'숲 틈'은 오래된 나무들로 인해 숲이 헐거워졌거나, 고목나무가 쓰러져 숲속에 빈자리가 생겼거나, 산사태가 나서 하늘 문이 열린 곳을 의미합니다. 아침 숲을 산책하다 나무 사이로 내리꽂히는 빛기둥을 보신 분이라면 '숲 틈'이 어떤 곳인지를 짐작하실 것입니다. 침엽수림이 만들어내는 빛기둥은 특히 더 선명합니다. 그때의 빛은 광선 검처럼 날카롭습니다. 나무줄기를 숫돌로 삼고 옅은 안개를 뿌려 버린 날에서 장인의 숨결을 느낄 수 있을 정도지요. 나무 사이로 빛기둥이 떨어지는 숲의 헐거움은 마음의 평화를 느끼게 해줍니다. 헐거운 숲은 생명을 불러 모으는 블루오션과 같은 곳입니다. '숲 틈'은 규모가 크든 작든 새로운 생명이 태어나는 곳입니다. 그중에서도 뿌리가 뽑혀 구덩이가 생긴 곳은 틈새시장과 같아서 모두가 노리는 곳이기도 합니다.

패션의 완성은 무엇이라고 생각하십니까? 몸매, 얼굴, 장신구, 자신감 등 다양한 의견이 있겠지요. 숲이라면 패션의 완성은 그런 것이 아니라 옷 본연의 목적인 '보호'라고 말하겠습니다. 숲이 아무리 아름답더라도 그 자신을 보호할 수 없다면 신기루 같은 곳이 되고 맙니다. 숲도 옷을 입습니다. 이를 '숲의 옷' 또는 임의林衣라고 부릅니다. 숲 가장자리를 두르고 있는 떨기나무들이 주로 이 임무를 맡습니다. 국수나무, 조팝나무, 싸리나무, 작살나무, 화살나무, 보리밥나무, 산딸기나무 등도 자신도 모르게 이런 임무를 맡습니다. 이 나무들은 산사태를 방지하고, 야생 동물을 보호하며, 숲의 단면을 유선형으로 만들어 큰 나무들이 바람에 쓰러지지 않게 보호합니다.

입술이 없으면 이가 시리다는 말이 있지요. '숲의 옷'이 손상되면 숲의 경관도 흉측해지며 키 큰 나무들은 두려움에 몸서리칠 것입니다. 이것은 마치 겨울날 옷도 제대로 갖추어 입지 못하고 길거리를 방황하는 것과 같습니다. 작고 볼품없는 나무들이 키 큰 나무들을 보호하는 것을 보면, 마치 덩치 큰 개들을 제치고 작은 개들이 집을 지키는 모습이 떠오릅니다. 이들이 무성하게 자랄수록 숲은 자신감에 차고 밝은 표정을 지으며 유선형의 날씬한 몸매로 거듭납니다. 이것이 숲이 말하는 패션의 완성인 셈이지요. '숲 틈'은 새로운 생명을 불러 모으고 '숲의 옷'은 그런 숲을 보호합니다. 우리가 숲에 있으면 마음의 평화를 얻는 이유는 이러한 숲의 덕목 때문이 아닐까 생각해봅니다. 현대인들에게 숲은 탁아소, 놀이터, 병원, 헬스장, 집, 명상센터 등을 모두 합친 곳이니까요.

생태도시
ecopolis

화장실과 식탁이 가까이 있는 이유

서른여섯 살 혈기 왕성할 때, 강원도 산골에 땅을 사서 나무를 심고 농사를 짓기 시작했습니다. 그렇다고 아주 이주를 한 것은 아니고 도시 생활을 하면서 주말이면 그곳으로 달려갔지요. 그동안 나무도 많이 자랐고 나무가 자란 만큼 제 몸도 늙었습니다. 이제 왕복 150킬로미터를 운전하는 것도 버겁거니와 기름 한 방울 나지 않는 나라에서 그렇게 차를 운행한다는 것이 부담스러워지면서 집 근처 어디에 텃밭이 있으면 좋겠다는 생각이 들었습니다. 하지만 아무리 둘러보아도 아파트만 빼곡하고, 유휴지라고 해봐야 공원 아니면 놀이터 정도이고, 야산 밑에 있는 조그마한 밭뙈기들은 이미 분양이 끝났다고 합니다. 더구나 아무나 농사를 지을 수 있는 것이 아니고 엄청난 경쟁률을 뚫어야 한다니 아예 엄두도 못 냅니다.

우리 몸에는 경작 본능이라는 피가 흐르고 있나 봅니다. 옛날에는 집집마다 텃밭이 있어 언제든 푸성귀들을 뜯어 먹었습니다. 텃밭에서 상추, 쑥갓, 파, 고추, 호박을 기른 것은 기본이고 무, 배추 같은 김장거리는 이모작을 했으며 손바닥만 한 땅뙈기도 놀리지 않았습니다. 도시 면적의 상당량이 농토로 이루어져서 신선한 채소를 먹을 수 있다면, 가로수의 낙엽이나 개똥 하나라도 주워 퇴비를 만들어 화학 비료 없이 농사를 지을 수 있다면, 석유 문명과 고리를 끊기 위해 재생 에너지 사용을 늘리고 자동차를 멀리하며 자전거를 타고 거리를 달릴 수 있다면, 그래서 깨끗해진 거리에서 아이들과 어른들이 거리를 활보하며 함께 춤을 출 수 있다면 얼마나 좋을까요.

도시는 합리성을 존중하는 인류 최고의 작품입니다. 그 과정에서 자연의 파괴가 필연적으로 이루어지지요. 카인이 아벨을 죽이고 에녹이라는 도시를 세운 것처럼, 도시는 누군가의 희생으로 세워집니다. 이러한 인간 중심의 생각으로 만들어낸 도시가 우리가 인간답게 사는 것을 방해하는 것은 당연한 일입니다. 그래서 태어난 개념이 '생태도시'입니다. 생태도시는 인간과 자연이 조화를 이루고 문화, 전통, 다양성을 중시하는 곳입니다. 녹지 공간을 늘려서 에너지를 절약하는 것뿐만 아니라 화석 연료의 의존도를 줄이기 위해 도시 안에서 자원이 순환하도록 해 보행 친화의 도시 환경으로 재편성한 곳이지요. 미국의 생태건축가 윌리엄 맥도너는 마을과 도시가 숲처럼 기능하려면 "도시는 근본적으로 자연을 착취하고 훼손하는 곳이 아니라 자연의 장소가 되어야 하며, 쉼터로서 기능하면서 공기, 물, 정신을 정화하는 역할을 맡아야 하고, 지구의 기운을 회복하고 충전하는 장소가 되어야 한다"고 강조합니다. 한마디로 합리성만이 다가 아니라 사람 냄새가 나는 곳이어야 한다는 뜻이지요.

생태도시하면 쿠바의 아바나를 꼽지 않을 수 없습니다. 1989년 베를린 장벽이 무너지고 이어 소련이 붕괴되면서 공산주의 국가였던 쿠바는 상상을 초월하는 어려움을 겪게 됩니다. 특히 식량 자급률이 40퍼센트밖에 되지 않는 상황에서 먹을 것이 절대적으로 부족해지자 쿠바 인구의 평균 몸무게가 4~5킬로그램 이상 줄었고, 영양 부족으로 실명자가 발생하기도 했으며, 임산부는 미숙아를 출산했습니다. 사태가 심각해지자 아바나 시민들이 선택한 것은 도시를 경작하는 것이었습니다. 유휴지의 쓰레기를 치우고 손으로 땅을 일구며 새로운 농토를 만들었습니다. 수만 명의 시민들이 마치 게릴라처럼 땅을 경작한 것이지요. 옥상이나 베란다 마당, 심지어는 버려진 깡통에도 흙을 채워 채소를 가꾸었다고 합니다.[7]

버스가 없어져 출근길이 막히자 스스로 농민이 된 샐러리맨, 학교에서 아이들을 가르치던 손으로 농사를 짓는 선생님을 포함해 아바나의 수많은 시민들은 콘크리트를 걷어내고 돈이 없어도 생계를 꾸리는 것이 가능한 도시를 일구어냈습니다. 의료비와 주거비와 교육비를 걱정하지 않는 도시, 헌법에 "국민은 무료로 치료를 받고 건강을 누릴 특권을 지닌다"고 명기되어 있는 도시. 아직도 해결해야 할 문제들이 많지만 아바나는 그래도 희망을 잃지 않는 도시가 되었습니다.

아바나가 생태도시로 거듭날 수 있었던 요인 몇 가지를 짚어보겠습니다. 우선 시민들이 이웃과 함께 농작물을 재배하고 농업에 필요한 자원을 공유하면서 지역 사회의 결속력을 강화하고 지속 가능한 식량 생산 체계를 유지했다는 점입니다. 그 다음으로, 정부가 도시 농업을 적극적으로 장려하며 토지를 시민들에게 무료로 할당하고 농업 기술을 가르치고 농산물 직거래를 통해 신선한 식품을 직접 판매할 수 있도록 허용했다는 점을 꼽을 수 있습니다. 또한 시민들은 유기물과 미생물 등 자연적인 자재만을 사용하는 유기 농업의 중요성을 이해하고, 지역 커뮤니티 내에서 농업과 관련한 지식을 적극적으로 전파하기도 했습니다. 마지막으로 쿠바 정부가 물 부족 문제에 대응하기 위해 빗물 수집 시스템을 개발하고, 토양 없이 작물을 재배할 수 있는 수경 재배 같은 혁신적인 방법을 도입했기 때문입니다.

세계가 점점 도시화됨에 따라 지속 가능성에 대한 정책이 어느 때보다 중요해졌습니다. 도시는 전 세계 탄소 배출량의 70퍼센트 이상을 차지하고 전 세계 에너지의 3분의 2가 소비되는 곳입니다. 유엔은 2050년에 세계 인구의 70퍼센트가 도시 지역에 살 것이라고 예측합니다. 도시는 앞으로도 엄청난 에너지를 소비하고 막대한 쓰레기를 더 많이 생산할 것입니다. 소비도시의 대안으로 생태도시는 지속 가능한 삶을 지향하며 그동안 소외되었던 인간과 자연의 관계와 공동체의 가치를 회복할 수 있도록 도와줄 것입니다.

2024년 2월 14일 뉴욕에서 한국과 쿠바가 대사급 외교 관계를 수립했다는 소식이 깜짝 발표되었습니다. 지난 1949년 쿠바는 한국을 국가로 승인했으나 1959년 사회주의 혁명 이후 한국과 교류를 단절했고 65년 만에 수교를 맺은 것입니다. 오랜만에 이루어진 수교이니 만큼 두 국가가 서로 배울 게 많겠지요. 대부분 사람들은 쿠바가 우리나라에서 배울 게 더 많다고 생각할 것입니다. 경제는 물론이고 이념이나 문화까지 우리가 우세하다고 여길 테니까요. 하지만 저는 좀 다르게 생각합니다. 쿠바는 지구의 미래를 일찍 경험한 나라입니다. 자원이 부족한 상황에서 봉쇄까지 당했지요. 그렇지만 쿠바인들의 삶의 행복 지수는 우리나라 사람들보다 훨씬 높습니다. 우리나라는 68위, 미국은 114위, 일본은 75위, 쿠바는 7위입니다. 2009년 영국의 신경제재단NEF이 전 세계 국가를 대상으로 하여 삶의 만족도, 기대 수명, 환경 오염 정도 등을 종합적으로 평가한 결과라고 합니다.

갯벌
mud flat

말랑말랑한 숲

급한 일로 지방에 가려고 고속도로에 들어섰는데 연료 눈금이 간당간당 바닥을 치고 있었습니다. 눈금이 바닥에 붙어도 연료통에 숨은 기름이 있어 몇십 킬로미터는 더 갈 수 있다는 얘기를 얼핏 듣기는 했지만, 눈금이 언제 바닥에 붙었는지 알 수 없으니 불안해지기 시작했습니다. 몸이 오싹해지니 소변도 마렵고 배도 고파왔습니다. 이러다 고속도로에서 허우적거리다 사고가 나는 것은 아닐까 걱정이 됐지만 다행히 휴게소가 멀지 않은 곳에 있어 모든 것을 해결하고 나니 휴게소가 얼마나 소중한 곳인지 새삼 고맙게 느껴지더군요. 여러분도 비슷한 경험을 한 적이 있으리라 생각합니다. 그런데 만약 1만 킬로미터를 달려야 하는 고속도로에 휴게소가 딱 하나 있었는데 그곳이 문을 닫고 없어졌다면 어떤 기분이 들까요? 상상하기도 싫은 끔찍한 일이 실제로 벌어지고 있습니다.

세계에서 가장 먼 거리를 이동하는 철새의 이동 경로가 확인되어 화제가 된 적이 있습니다. 도요새의 일부 종은 가을에 시베리아를 떠나 한국의 서해안 갯벌에서 잠시 쉰 다음, 호주나 뉴질랜드로 날아가 겨울을 나고 이듬해 봄이 되면 다시 시베리아로 돌아갑니다. 그중 몸무게가 250그램 정도 나가는 큰뒷부리도요는 뉴질랜드에서 출발해 일주일간 먹지도 자지도 않으며 쉬지 않고 비행한 끝에 우리나라에 도착한다고 합니다. 이들이 도착할 즈음이면 몸무게는 반으로 줄고 뼈와 가죽만 남은 상태로 겨우 살아 있는 모양새가 됩니다. 잠시 쉬고 다시 시베리아로 떠나려면 충분한 휴식을 취하고 영양을 보충해야 하는데 그러기 위해서는 서해안의 갯벌만 한 곳이 없습니다. 갯벌은 영양가가 풍부한 먹이가 아주 많은 곳이지요.

갯벌은 스스로 만들어진 것이 아닙니다. 강과 바다가 달의 힘을 빌려 만든 것입니다. 달이 바닷물을 밀고 당기며 끊임없이 해안선을 어루만지면, 강을 따라 바다로 흘러내려온 퇴적물이 흩어지지 못하고 쌓이게 됩니다. 밀물 때는 물에 잠기고 썰물 때는 물 밖으로 드러나며 모래나 점토의 미세한 입자들이 쌓이는 것입니다. 조수 간만의 차가 큰 서해안과 남해안에서는 썰물일 때 드넓은 벌판

이 펼쳐지는데, 이렇게 갯가에 펼쳐진 벌판이 갯벌입니다. 한국 서해안 갯벌은 세계 5대 갯벌 중 하나로 손꼽힙니다. 비록 국토는 넓지 않지만 세계적인 갯벌 부지를 보유한 부자 국가인 셈입니다.

 갯벌은 늘 간척될지도 모른다는 위험에 놓여 있습니다. 바다를 막은 뒤 그 안쪽을 흙으로 채워 육지로 만드는 일을 간척이라고 하는데, 간척 사업은 고려 시대 때부터 조금씩 이루어져 일제강점기에 이르러 본격적으로 시행되었습니다. 일제로부터 해방된 뒤 간척 사업은 우리의 손으로 더 크게 이루어졌습니다. 갯벌을 질척

거리기만 하는 쓸모없는 땅이라고 여겨 마구잡이로 개발했기 때문입니다. 그때는 갯벌이 얼마나 소중한지를, 갯벌을 없애면 환경이 파괴된다는 사실을 알지 못했습니다. 그렇지만 애초에 쓸모없는 땅은 없습니다. 갯벌은 숲처럼 많은 일을 합니다.

갯벌은 생물 다양성의 보고입니다. 시인 함민복은 갯벌에 두 발을 담그고는 "말랑말랑한 힘이야말로 새로운 생명을 싹 틔우는 힘"이라고 했습니다. 온갖 미생물에서부터 갯지렁이, 바지락, 낙지 등 수많은 연체동물과 갑각류, 어류 등이 말랑말랑한 퇴적물을 파고들며 갯벌 생태계를 이룹니다. 갯벌은 수많은 해양 생물의 서식처이자 산란처로서 바다 생태계를 지탱하고 유지하는 데에도 큰 역할을 합니다. 풍부한 먹거리를 제공하여 어민들의 삶터이자 철새들의 낙원이 되어주기도 합니다. 매년 300여 종, 100만 마리 이상의 철새가 우리나라의 갯벌을 찾습니다.

또한 갯벌은 오염 물질을 정화하는 기능을 합니다. 박테리아나 저서동물*들이 유기물을 분해하면 펄이나 점토가 오염 물질을 흡착하고, 이곳에 사는 염생식물**들이 오염 물질이 잘 분해될 수 있

- • 말미잘, 해삼, 조개류처럼 바다, 늪, 하천, 호수 따위의 밑바닥에서 사는 동물을 통틀어 이르는 말.
- •• 염분이 많은 토양에서 자라는 식물.

도록 도움을 주어 정화 능력을 촉진합니다. 갯벌은 노폐물을 걸러 주는 인체의 콩팥과 같은 역할을 합니다. 조수 간만의 차이로 바닷물이 들락거리며 양분과 산소를 공급하면 갯벌은 육지에서 버려진 노폐물을 걸러 정화합니다. 우리나라는 연안을 따라 여러 도시와 산업 지역이 형성되어 많은 오염 물질이 배출되고 있으므로 갯벌의 정화 기능이 없다면 이 오염 물질이 그대로 바다로 흘러들어 갈 것입니다.

갯벌은 바다의 허파입니다. 갯벌에서는 일차 생산자인 저서성 규조류*가 빛 에너지를 이용하여 무기물에서 유기물을 생산합니다. 이 과정에서 저서성 규조류는 이산화탄소를 소비하면서 바다에 산소를 공급합니다. 또한 저서성 규조류는 바닷물 속의 영양염을 흡수하여 플랑크톤이 비정상적으로 번식하여 수질이 오염되는 부영양화를 방지하고, 녹조나 적조 같은 해양 환경 문제를 예방하기도 합니다. 우리 몸속의 장기도 한 번 손상되면 회복이 어렵듯이 갯벌도 훼손되면 온전한 복구가 불가능합니다.

또한 갯벌은 자연 재해를 막아줍니다. 갯벌은 홍수에 따른 급속한 물의 흐름을 완화하고 저장하는 역할을 하며 물을 장기간에 걸쳐 조금씩 흘려보냅니다. 갯벌은 해안가의 퇴적물로 구성되어 있

● 갯벌 표층에 서식하는 초미세 크기의 단세포 미세 식물.

으므로 해일과 해안 침식을 자연적으로 완충하는 역할을 하여 연안 도시를 보호합니다. 갯벌의 식생은 해안선을 안정시키고 파도 에너지를 흡수하여 폭풍에 의한 파도와 바람의 힘을 줄여주는 역할을 합니다. 기후 변화로 기상 이변이 심화되고 해수면이 상승함에 따라 갯벌의 방어벽 역할이 더욱 중요해지고 있습니다.

갯벌은 탄소를 저장하는 역할도 합니다. 바다는 지구 온난화를 막는 탄소 흡수원으로서 최근 삼림보다 더 주목받고 있습니다. 갯벌에는 저서 미세 조류가 삽니다. 바다 밑바닥 환경에 살면서 광합성을 하는 단세포 식물인 이들은 광합성을 통해 탄소를 고정하고, 사체가 되면 퇴적물에 쌓여 탄소를 침적시키면서 격리됩니다. 해양 생물의 탄소 흡수원 기능을 일컬어 '블루 카본 blue carbon'이라고 합니다. 탄소 흡수 속도가 광대한 숲이 흡수하는 '그린 카본 green carbon'에 비해 최대 50배 빠르고 양도 5배 더 많기 때문에 학계와 산업계의 큰 주목을 받고 있습니다. 최근 연구에 따르면 우리나라의 갯벌은 약 1300만 톤의 탄소를 저장하고 있으며, 연간 26만 톤의 이산화탄소를 흡수한다고 합니다.

갯벌은 경제적 가치도 뛰어납니다. 갯벌은 어업과 양식업을 지원하며, 생태 관광과 휴양의 기회를 제공하며 지역 경제와 국가 경제에 묵묵히 기여합니다. 2016년 해양수산부의 발표에 따르면 갯벌 1제곱킬로미터의 연간 가치는 63억 원이며, 우리나라 갯벌 2482제곱킬로미터의 연간 총 경제적 가치는 약 16조 원에 이른다고 합니다. 전 지구 생태계 면적의 0.3퍼센트에 불과하지만 자연의 정화조이자 지구의 허파 역할을 맡는 갯벌의 생태적 가치는 숲의 10배, 농경지의 100배에 달한다는 내용이 담겨 있습니다. 갯벌의 경제적 가치는 갯벌을 연구할수록 더 늘어나고 있습니다.

갯벌은 숲과 같은 곳입니다. 즉, 말랑말랑한 숲입니다. 생물 다양성의 보고이면서, 오염 물질을 정화하고, 산소를 생산하며, 탄소를 저장하고, 자연 재해를 방지하는 갯벌은 숲과 닮았습니다. 2023년 8월, 세계스카우트연맹에서 주최하는 잼버리대회가 새만금에서 열렸습니다. 지구 온난화로 유난히 더웠던 여름, 나무 한 그루 없는 땡볕에서 더위를 견디지 못한 대원들이 퇴소를 하면서 국제적으로 망신을 당했습니다. 대회장은 새만금에서도 유명한 해창 갯벌을 250만 평(축구장 1150개에 해당)이나 매립한 곳입니다. 그러니까 잼버리대회는 숲의 나무를 잘라내고 축제를 벌인 일과 다를 바 없게 되었습니다. 철새들이 애타게 찾던 휴게소도 더불어 사라졌습니다.

비오톱
biotope

아이와 메뚜기는 함께 살아야 합니다

 공원을 조성할 때는 물론이고 전원주택을 짓더라도 마당 한편에 조그만 연못을 파기 마련입니다. 아침에는 새가 와서 물을 먹고 가기도 하고 어느새 알을 낳았는지 개구리들이 팔딱 뛰며 파리를 잡아먹기도 합니다. 도시에 살다 보면 이런 광경을 보기가 쉽지 않지요. 그렇게 자연스럽게 자연과 멀어지게 됩니다. 우리의 몸은 구석기 시대부터 자연에 적응해왔기에 자연을 떠나서 사는 삶은 뭔가 허전합니다. 그래서 마당이 있는 이들은 작은 비오톱을 만들어 놓고 나비가 날아오고 새들이 와서 지저귀기를 기대합니다.

 비오톱Biotope이란 도심에 존재하는 인공적인 생물 서식 공간입니다. 일반 정원과 혼동할 수도 있지만, 비오톱은 야생 생물들이 찾아오면 공짜 점심을 제공하거나 아예 그들이 번식할 수 있는 공간을 제공하는, 인간과 자연이 공생하는 곳입니다. 생명을 나타내는 접두사 'bio'와 그리스어로 장소를 뜻하는 'topes'의 합성어인 비오톱은 독일의 생물학자 에른스트 헤켈이 만든 개념입니다. 비록 인공적이지만 어린아이들에게 훌륭한 학습 장소가 되는 것은 물론이고, 작은 생물들에게는 일시적이나마 서식지와 먹이를 제공해주어 일반 정원과는 다른 쏠쏠한 재미를 선사하는 정원인 것이지요.

비오톱과 정원은 모두 자연을 모방하고 생태계를 조성한다는 점에서 중요한 역할을 하지만, 두 개념에는 몇 가지 주요한 차이점이 있습니다. 비오톱은 자연 환경을 모방하여 특정 생물 종의 생태계를 만드는 인공적인 공간으로, 특정 동식물이 자연적으로 살아갈 수 있는 환경을 만들어주는 것을 목표로 합니다. 반면에 정원은 미적인 측면을 강조하며 식물을 심거나 조형물을 배치하여 사람들이 즐길 수 있는 장소를 제공하는 것을 목표로 합니다. 말하자면 비오톱은 인간의 개입이 최소화된 공간으로서 자연적으로 발생하는 생물의 다양성과 생태계를 보존한다는 것이 일반 정원과 차이가 있습니다.

비오톱은 생명이 살아 숨 쉬는 공간입니다. 송사리, 개구리, 맹꽁이, 두꺼비가 살고 나비, 잠자리, 벌이 날아드는 곳입니다. 물속에는 잉어나 송사리가 헤엄치고, 눈에 보이지 않는 작은 생물들이

득시글대며, 밤이 되면 부엉이나 너구리가 방문하는 곳입니다. 비오톱에 반드시 물이 필요한 것은 아니지만 물이 있으면 더 많은 생물들이 살아갈 수 있기 때문에 수변 공간을 마련하는 경우가 많습니다.

비오톱의 개념은 사회의 변화와 과학의 발전을 거듭하면서 조금씩 바뀌고 또 세분화됩니다. 산업화와 도시화가 진행되며 생물 종이 급격히 감소하자, 생물 종 보전 측면에서 비오톱의 중요성이 강조되면서 이에 대한 연구가 활발하게 진행되고 있습니다. 법적으로 비오톱은 자연환경보전법에서 소小생태계로 정의되는데, 소생태계란 생물 다양성을 높이고 야생 동·식물의 서식지 간 이동 가능성 등 생태계의 연속성을 높이거나 특정한 생물 종의 서식 조건을 개선하기 위하여 조성하는 생물 서식 공간입니다(자연환경보전법, 2조 6항). 비오톱을 조성하기 위한 첫 번째 원칙은 비오톱이 조성되는 과정

에서 자연의 모습을 최대한 모방하여 자연스럽게 생태계의 균형을 이루도록 해야 한다는 점입니다. 두 번째 원칙은 지역적 특성인 기후, 토양, 지형 등 여러 환경적 요인을 고려해야 한다는 점입니다. 지역적 특성에 맞게 식물과 동물을 선택하는 것은 자연 환경과 조화는 물론이고, 생물들이 오래도록 그곳에 살 수 있도록 돕는 원동력이 됩니다. 세 번째 원칙은 비오톱이 다양한 생물 종의 서식지로서 기능할 수 있도록 만들어야 한다는 점입니다. 다양한 생물이 서로 어우러져 살면, 서로가 상호 작용하며 공존하므로 모두에게 지속 가능한 장소가 됩니다. 비오톱이 지속 가능하다는 것은 생태계가 스스로 유지되고 인간의 지속적인 개입 없이도 계속 발전할 수 있음을 의미합니다.

 새들을 부르려면 새가 좋아하는 먹이를 주거나 새들이 좋아하는 열매가 열리는 나무를 심으면 됩니다. 큰 새들은 큰 나무를 좋아하고 작은 새들은 키 낮은 떨기나무나 덤불 속을 선호합니다. 처음에는 한두 마리가 오다가 동료들을 불러 모아 짹짹거리지요. 나비의 애벌레들은 식성이 까다로워 그들이 좋아하는 식물을 심어야 합니다. 호랑나비의 애벌레는 산초나무나 귤나무의 잎을 먹고 자라고, 참까마귀부전나비의 애벌레는 그 굳세고 정갈하다는 갈매나무의 열매와 잎을 먹고 자랍니다. 비오톱은 엄밀하게 말하면 야생 생물들이 먹잇감을 찾을 수 있는 곳, 숨을 수 있는 은신처, 번식지 등 모든 기능을 겸비해야 하는 그들을 위한 장소입니다. 비오톱 같은 작은 생태적 단위는 독특한 기능과 역할을 하며 전체 생태계의 건강과 다양성에 기여합니다.

비오톱의 보호와 관리는 도시민들에게도 중요한 역할을 합니다. 자연의 복잡하고 소중한 네트워크를 이해하고, 그것이 우리의 생태계에 미치는 영향을 더 잘 이해할 수 있게 하며, 꿀이나 천연 약품처럼 우리가 사용하는 많은 자원이 비오톱에서 비롯된다는 것을 깨닫게 해줍니다. 그중에서도 비오톱의 제일 중요한 역할은 그것이 지닌 교육적 가치일 것입니다. 비오톱은 어린이들에게 중요한 학습 공간을 제공합니다. 특히 도시에서 자란 아이에게 비오톱은 신체 건강은 물론이고 무한한 상상력을 키워주고 두뇌의 발달을 돕습니다. 비록 작은 공간일지라도 말이지요.

생태발자국
ecological footprint

자연의 이자로 살면 사라지는 것은?

인도가 영국처럼 잘살기를 원하느냐는 질문에 마하트마 간디는 이렇게 반문했습니다. "그렇게 살려면 지구가 몇 개나 더 필요할까요?" 거의 100년이 지난 일화이지만 지금 제가 똑같은 질문을 받는다면 좀 더 정확하게 답변할 수 있습니다. '생태발자국 Ecological Footprint' 지수를 계산하면 됩니다. 이를 통해 한 사람이나 한 국가가 지구를 얼마나 소비하고 있는지 알 수 있거든요. 인도의 생태발자국 지수는 2016년 기준 1인당 1.16헥타르로 세계 평균인 2.7헥타르보다 낮습니다. 한편 영국의 생태발자국 지수는 4.7헥타르 정도이니 인도의 네 배가 넘는 수준입니다. 인도의 생태발자국 지수는 지구가 감당할 수 있는 수준보다 낮으므로 지속 가능한 삶을 누릴 수 있지만, 영국은 지구가 2.7개나 더 있어야 현재의 생활 방식을 유지할 수 있습니다.

생태발자국 개념은 1996년 캐나다 경제학자 마티스 웨커네이걸과 윌리엄 리스가 처음 개발했습니다. 생태발자국은 인간의 활동이 자연 환경에 미치는 영향을 측정하는 지표입니다. 한 사람이 하루에 얼마나 많은 물, 식량, 에너지 등을 소비하는지, 그로 인해 발생하는 이산화탄소 같은 오염 물질을 얼마나 많이 배출하는지를 계산하여 그에 상응하는 토지 면적을 구할 수 있습니다. 탄소 발자국Carbon Footprint, 식량 발자국Food Footprint, 주거 발자국Housing Footprint, 교통 발자국Transportation Footprint, 상품 및 서비스 발자국 Goods and Services Footprint 등으로 구분하여 자료를 수집하고 자원의 소비와 폐기물 배출을 생태계가 감당할 수 있는 면적으로 환산합니다. 지구가 기본적으로 감당해낼 수 있는 면적 기준은 1인당 1.8헥타르이고 면적이 넓을수록 환경 문제가 심각하다는 것을 뜻합니다.[8]

2005년 인류의 생태발자국 지수는 1인당 2.7헥타르였습니다. 이를 수용할 수 있는 지구의 생태용량은 1.8헥타르에 불과하므로 인류는 지구가 제공해줄 수 있는 것보다 40퍼센트 가까이 더 많은 양을 지구에 요구한 셈입니다. 전 세계의 생태발자국은 1966년 이래 약 두 배 정도 증가했고, 잘사는 나라의 평균 지수는 5.6헥타르로 못사는 나라의 평균 지수인 1.14헥타르보다 약 다섯 배 정도 높은 것으로 나타났습니다. 이 수치는 결국 선진국 사람들 20퍼센트가 세계 자원의 80퍼센트를 소비한다는 것을 의미합니다. 특히 미국과 캐나다가 속한 북아메리카의 생태발자국 지수는 9.3헥타르에 달합니다. 이 수치는 생태용량의 다섯 배가 넘는 값을 뜻하며, 전 세계 인구가 북아메리카인처럼 살려면 지구 다섯 개가 필요하다는 것을 알려줍니다. 한국은 어떨까요? 한국은 1인당 생태발자국 지수가 세계 평균보다 높은 국가 중 하나입니다. 2016년 기준 한국의 1인당 생태발자국 지수는 대략 3.5헥타르 정도로 추산되었습니다. 이는 세계 평균보다 높은 수치이며, 환경적으로 한국이 지속 가능한 삶을 누릴 수 없는 국가라는 점을 나타내는 지표라고 볼 수 있습니다.

생태발자국 지수는 삶의 질이나 행복도와도 관련이 깊습니다. 생태발자국 지수가 높은 나라들은 삶의 질과 행복도가 낮은 반면, 생태발자국 지수가 낮은 나라들은 삶의 질과 행복도가 높은 경우가 많습니다. 행복을 느끼는 것은 주관적인 영역이기 때문에 누구나 수긍할 정도로 행복을 가늠할 만한 정확한 척도는 없으나, 일반적으로 유엔개발계획UNDP에서 만든 '인간 개발 지수HDI'를 참고합니다. 이는 기대 수명, 문맹률, 교육 수준, 1인당 국민 총 생산 등 다양한 데이터를 종합하여 행복 수준을 정합니다. 생태발자국 지수와 인간 개발 지수를 결합하면 각국 사이의 비교가 가능합니다. 그 결과, 놀랍게도 오직 쿠바만이 낮은 생태발자국 지수와 만족스러운 인간 개발 지수라는 두 마리의 토끼를 거머쥔 나라로 꼽혔습니다. 선진국의 경우 인간 개발 지수는 좋은 편이지만 생태발자국 지수가 너무 높았고, 저개발국의 경우 생태발자국 지수가 낮은 반면 인간 개발 지수는 부족했습니다. 재미있는 사실은 지난 30년간의 통계를 보면 미국의 경우 인간 개발 지수는 개선되지 않은 반면에 생태발자국 지수는 높아졌다는 점입니다.

지구 생태용량을 생태발자국 지수로 나누어 365를 곱하면 '지구 생태용량 초과의 날Earth Overshoot Day'을 산정할 수 있습니다. 이는 1년 치 지구 생태용량을 다 써버린 날을 가리킵니다. 따라서 그날 이후로는 다음 해의 지구 생태용량을 빌려서 쓰게 되는 것이죠. 예를 들어 2016년 기준 한국의 생태용량 초과의 날을 계산해보면 187일([(1.8)/(3.5)]×365)이 나옵니다(1.8은 지구가 기본적으로 감내할 수 있는 고정값입니다). 그러니 187일이 지나면 내년 치 지구의 생태용량을 빌려다 쓰는 셈이 됩니다. 생태발자국 지수와 생태용량 초과의 날은 인간의 소비가 지구의 재생 능력을 초과하는 현상과 그로 인한 환경적 영향을 대중에게 알리는 중요한 역할을 합니다. 과학자들은 입을 모아 기후 변화의 티핑 포인트가 얼마 남지 않았다고 말하는데, 강대국들은 오히려 전쟁에 몰두하며 생태발자국의 면적을 넓히고 원금을 까먹고 있는 모습이 안쓰럽기만 합니다. 소설가 박경리 선생이 "인간이란 모름지기 자연의 이자로만 삶을 꾸려야 한다"고 말씀하셨는데도 말입니다.

데이지의 세계
daisy world

'밀당'을 제대로 하게 하자

빠르기로 유명한 치타의 눈 밑에는 왜 검은 줄무늬가 있을까요? 과학자들에 따르면, 치타는 빠른 속도로 단 하나의 목표물에 정확하게 달려들어야 하므로 검은 줄무늬가 눈 쪽으로 내리쬐는 햇빛을 대신 흡수해 먹잇감을 좀 더 확실하게 포착할 수 있도록 도와준다고 합니다. 실외에서 경기를 치르는 운동선수들이 눈 밑을 검게 칠하는 것과 같은 이치입니다. 치타는 달리기를 시작하면 2초 후에는 시속 72킬로미터의 속도를 낼 수 있으며 최고 속력은 무려 108킬로미터나 됩니다. 그러나 200~500미터 거리에서만 이 속도를 유지할 수 있습니다. 더 오래 달리지 못하는 이유는 체온이 급속하게 올라가서 생명에 지장이 오기 때문이지요. 이는 지구도 마찬가지입니다.

　만약 지구와 비슷한 행성에 어떤 생명체도 없고 오로지 검은색 데이지와 흰색 데이지 두 종류의 씨앗만이 잠들어 있다고 가정해 봅시다. 그 행성은 비도 알맞게 오고 양분도 적당한데 아직 빛이 없어 어둡기만 합니다. 그러던 어느 날 태양이 갑자기 나타나 빛을 비추기 시작합니다. 이제 행성이 빛을 받아 생명이 살 수 있는 조건이 된 것입니다. 처음에는 아직 행성이 데워지지 않았기 때문에 열을 흡수하는 검은색 데이지들이 기지개를 켜고 일어나 적도 부근을 차지할 것입니다.

　그런데 검은색 데이지가 퍼져나가면서 주위의 온도가 올라가 행성 전체가 더워지기 시작합니다. 검은색 데이지들은 더위를 이기지 못하고 적도를 떠나 극지방으로 이동하고, 대신 검은색 데이지가 자라던 자리를 흰색 데이지들이 차지합니다. 흰색 꽃잎은 빛을 반사하기 때문에 자신의 몸은 물론이고 주변의 온도도 낮춰주니까요. 이렇게 되자 검은색 데이지도 다시 경쟁력을 확보하게 됩니다. 결과적으로 두 색깔의 데이지가 매년 영토를 달리하며 번성함으로써 행성의 기온을 자신들의 생육에 적당한 기후로 만들게 됩니다. 이때 주목할 점은 외부의 환경 인자가 상당한 정도까지 변화를 보이더라도 데이지들은 그 영향을 무난히 극복해낼 수 있다는 것입니다.[9]

두 종류의 데이지는 서로 공간을 차지하기 위해 경쟁하지만, 이들의 경쟁에서 주목해야 할 점은 생명체들이 각자에 맞게 스스로 기후를 조절한다는 것입니다. 이 이야기는 과학자 제임스 러브록이 지구는 스스로 온도나 대기의 구성 요소를 조절한다는 '가이아 이론'을 증명해 보이기 위해 컴퓨터로 모형을 만들어 초기 조건만 입력하고 진행 상황을 모니터링한 결과를 재구성한 것입니다. 러브록은 '가이아 이론'이 목적론적이라는 비난을 반박하기 위해 연구를 진행했습니다. '가이아 이론'은 생물과 환경의 관계에 대한 새로운 관점을 제공했다는 점에서 크게 주목을 받았습니다. 러브록은 자신이 만든 컴퓨터 모형에 다양한 색의 데이지들과 데이지를 먹는 토끼, 토끼를 잡아먹는 여우처럼 좀 더 복잡하고 정교한 요소를 추가했는데, 모형이 복잡해질수록 행성의 자기 조절 능력이 향상된다는 것을 발견했습니다. 그의 실험을 통해 모든 생물과 무생물이 연결되어 있고, 연결이 늘어날수록 생태계가 건강해진다는 점이 증명되었습니다.

그런데 실험 도중 외부 조건에 문제가 생겼습니다. 더워진 적도 지방에는 열을 반사하는 흰색 데이지가 자리를 잡았지만 지구가 더 뜨거워지자 흰색 데이지도 그곳에서 더는 살 수 없어졌습니다. 결국 흰색 데이지는 온대 지역으로 이동했고, 검은색 데이지는 극지방으로 이동했습니다. 하지만 지구가 더욱더 뜨거워지자 흰색 데이지들이 극지방으로 올라갔고, 검은색 데이지는 사라졌습니다.

여기서 멈추어야 하는데 지구가 더 뜨거워지자 결국 흰색 데이지조차 사라지고 아무것도 살지 못하는 죽음의 행성이 된 것입니다. 어쩐지 한라산의 구상나무가 떠오르지 않나요? 산 중턱 이상의 높은 곳에서 자라는 구상나무는 이제 더는 올라갈 곳이 없어져, 극지방까지 올라갔다가 결국 사라진 흰색 데이지와 다를 바 없습니다.

'데이지의 세계' 실험의 핵심은 환경이 생물에 영향을 미치고, 다시 생물이 환경에 영향을 미치면서 안정된 상태를 유지한다는 데 있습니다. 결국 지구도 하나의 생명체처럼 자신을 스스로 조절하는 존재라는 것입니다. 지구는 생명체가 탄생한 이후 줄곧 생물과 무생물의 상호 작용을 통해 일정한 환경을 유지해왔습니다. 그 시스템을 무너뜨릴 가능성이 가장 큰 존재는 바로 우리 인류입니다. 우리가 타고 다니는 자동차에서 나오는 매연, 여름과 겨울에 마구 사용하는 에어컨과 보일러, 소각할 곳도 부족한 엄청난 양의 쓰레기가 가이아의 참을성에 한계를 드러냅니다. 치타가 오래 달리지 못하듯, 지구도 호흡 조절이 필요하지 않을까요? 한동안 '가이아 이론'이 빛을 못 보다가 기후 변화가 심해지니 다시 주목받기 시작했다는 소식이 들려옵니다.

기후 변화
climate change

민지만, 믿지 않을 거야

3월 5일, 산책길에서 만나는 귀룽나무의 새순이 며칠 전부터 통통하게 부풀기 시작하더니 눈비늘을 벗어던지고 연초록색을 띠기 시작합니다. 20년 전만 해도 춘분께나 볼 수 있던 풍경인데 이제 보름은 빨라진 것 같습니다. 양력으로 매년 3월 5일경은 개구리가 나온다는 경칩입니다. 놀랄 경驚자에 숨을 칩蟄자를 합친 말입니다. 개구리가 숨어 있다가 놀라 튀어나온다는 뜻이지요. 그런데 요즘 경칩 기준으로는 개구리가 놀라 튀어나온 지는 이미 오래고, 꽃과 나비가 서로 만나지 못해 어리둥절해하고 있습니다. 생물 계절이 어긋나버린 것이지요.

생물 계절이 어긋나면 어떤 일이 벌어질까요? 꽃과 벌과 나비가 서로 만나지 못하는 일을 대수롭지 않게 생각할 수도 있겠지만, 나무들은 생식 능력을 잃고 맙니다. 그뿐만이 아닙니다. 매년 5월이 되면 침엽수가 집단으로 죽는 것이 자주 목격됩니다. 특히 소나무가 가장 눈에 띕니다. 혹독한 겨울을 잘 보내고 왜 봄이 되면 죽는 것일까요? 그 이유는 소나무 뿌리와 공생하는 균근과 관계가 깊습니다. 겨울과 봄 사이 이상 고온 현상이 나타나면 지상부는 휴면 상태에서 깨어나 활동을 시작하는데, 지하부의 뿌리에서는 수분을 공급해주는 균근이 아직 활동하지 않기 때문에 나무가 말라 죽는 것입니다.

지구는 변덕스럽습니다. 빙하기와 간빙기를 오가며 생명체들을 혼란에 빠뜨립니다. 식물들은 기후가 바뀔 때마다 이사를 해야 합니다. 우물쭈물하다가는 멸종이라는 운명을 맞게 되니까요. 마지막 빙하기 때 동아시아는 다행히도 얼음에 덮이지는 않았으나 아주 추웠습니다. 중요한 사실은 마지막 빙하기가 너무 빨리 끝나버렸다는 것입니다. 10만 년 가까이 이어졌던 마지막 빙하기가 어떻게 수천 년 만에 끝나게 된 것일까요? 과학자들은 마지막 빙하기가 끝나던 무렵 바닷물의 탄소 함량을 추적하기 위해 남극 주변과 적도 부근에 살았던 플랑크톤 유공충의 퇴적물을 분석했습니다. 그 결과, 깊은 바닷속에 갇혀 있던 이산화탄소가 공기 중으로 대량 방출되면서 마지막 빙하기가 빠르게 끝났다는 사실을 발견했습니다.

　식물들은 빙하기와 간빙기가 교차되는 시기에 남북으로 이동합니다. 빙하기가 시작되면 남쪽으로 이동하고, 빙하기가 끝나면 북쪽으로 이동하는 것이지요. 빙하기가 끝날 즈음, 식물들이 북쪽으로 고향을 찾아 올라갈 때 북쪽으로 가지 않고 산으로 올라가 정착한 일부 식물들이 지금 아고산대*에 살고 있습니다. 빙하기가 갑자기(수천 년 만에) 끝나면 생물들에게 어떤 영향을 미칠까요? 날개나 발이 달린 동물들은 빙하기가 끝나는 시점에 맞추어 신천지를 개척하러 떠나면 그만이지만, 식물들은 종종걸음으로 따라간들 어떻게 동물을 따라 잡겠어요. 다행히 풀들은 생애 주기가 빠르니까 동물들과 같이 보조를 맞추는 데 무리가 없겠지만 나무는 경우가 다릅니다. 씨앗에서부터 성목이 되어 열매를 맺기까지 많은 시간이 걸리기 때문이지요. 그때 가까스로 살아남은 나무들이 지금 고난을 당하고 있습니다. 기후 변화가 서서히 진행된다면 이사를 하거나 적응하는 데 무리가 없겠지만 기후가 갑작스럽게 변한다면 나무들은 적응하지 못하고 멸종의 길을 걷습니다.

　한라산, 지리산, 설악산같이 높은 아고산대에서 관찰되는 현상이 있습니다. 구상나무, 분비나무, 가문비나무의 고사가 광범위하

* 온대의 산악을 기준으로 하여 이루어진 식물의 수직 분포로. 해발 1500~2500미터의 지대로 고산대와 저산대의 사이에 있으며, 저온 건조하여 침엽수가 많다.

게 진행되고 있는 것입니다.[10] 우리나라 숲의 40퍼센트 가까이를 차지하는 침엽수는 주로 기온이 낮은 곳을 좋아합니다. 지난 10년간 국가산림자원 조사 자료를 분석해보니 소나무, 잣나무, 낙엽송과 같은 침엽수는 기온이 올라가면 생장이 둔화하는 것으로 나타났습니다. 소나무의 경우 연평균 12도 이상, 낙엽송은 10도 이상, 잣나무는 11도 이상인 지역에서 생장이 느려졌습니다. 참고로 2020년 기상청 발표에 따르면 서울의 연평균 기온은 12.8도, 양평은 11.7도였습니다.

지구의 평균 온도는 다양한 요소에 따라 변하기도 하지만, 홀로세 이후 줄곧 15도 정도를 유지해왔습니다. 지구에 항상성이 작동하고 있기 때문이지요. 지구의 평균 온도 변화 추이를 살펴보면, 19세기 중반 이전까지는 안정적이었던 반면 산업화 이후부터 현재까지 지속적으로 온도가 상승하고 있습니다. 유엔 산하 세계기상기구WMO의 발표에 따르면, 2023년 지구의 평균 기온 임계치인 1.5도를 넘긴 날이 86일이나 되었고 2027년 안에 1.5도를 웃돌 것이라고 합니다. 사람들은 1도의 차이를 그리 대단하게 생각하지 않습니다. 하루에도 온도차가 10도 이상 날 때도 있으니까요. 그렇지만 나무는 연평균 1도 차이도 심각하게 받아들입니다. 지금 아고산대의 침엽수들이 단 1도의 상승이 어떤 결과로 돌아오는지 보여줍니다.

기후 변화는 물증은 차고 넘치나 마음으로는 외면하는 사건입니다. 눈에 보이고 피부로 느낄 수 있는데도 사람들에게 왜 그다지 영향을 주지 못하는 것일까요? 기후 변화에 대한 이해 부족, 혹은 과학이 해결해줄 것이라는 맹신 때문인지, 아니면 먼 미래의 일이라는 거리감 때문일까요? 미디어의 범람으로 인한 피로감, 잘못된 정보, 문제의 복잡성, 정치의 양극화, 무력감까지 원인은 많지만 그중에서도 대부분의 사람들이 기후 변화를 장기적인 문제로 인식해서 당장 직접적인 위협으로 느끼지 못하는 불감증이 한몫합니다. 서서히 데워지는 냄비 속의 개구리 우화만큼 이 상황을 적절하게 보여주는 비유가 없을 듯합니다. 화로 위에 얹힌 냄비 속의 개구리는 자신이 담긴 물이 서서히 데워지고 있음을 인지하지 못합니다. 오히려 처음에는 편안함을 느낄 테지요. 시간이 지나면서 물의 온도는 점차 상승할 것이고, 결국 개구리는 위험을 인지하지 못한 채 위기에 처하게 된다는 '웃픈' 이야기입니다. 그동안 수고한 당신, 냄비 속에서 쉬라면 어떻게 하시겠어요? 그건 개구리의 이야기이고, 우리는 안 그럴 것이라고 믿어봅니다. 그럴 때마다 영화 「인터스텔라」의 대사가 떠오릅니다. "우리는 답을 찾을 것이다. 늘 그랬듯이 We will find a way. We always have."

성장
growth

인간의 본성이 진실의 반대편을 바라보고 있는 이유

하루에 한 알씩 황금 알을 낳는 거위가 있었습니다. 거위의 주인이 황금 알을 팔아 살림이 넉넉해지자 마을 사람들은 모두 그를 부러워했지요. 하지만 문제가 생겼습니다. 주인의 욕심이 점점 커져갔거든요. 한 번에 많은 알을 갖고 싶었던 것입니다. 주인은 결국 거위의 배를 가르고야 말았습니다. 만약 거위의 배를 가르지 않고 자식한테 물려주었더라면 어땠을까요? 자손 대대로 잘 먹고 잘 살았을 텐데 안타까울 뿐입니다.

환경 문제에 관한 대책을 세우기 위해 설립한 국제적인 비영리 단체인 로마클럽에서 1972년에 『성장의 한계』라는 보고서를 출간했습니다. 인류를 위협하는 천연 자원의 고갈, 환경 오염, 개발도 상국의 폭발적인 인구 증가에 따른 식량 부족처럼 당시 사회가 안고 있는 문제들을 연구한 이 보고서는 미래의 인류 사회가 직면할 위기를 예측하고 예방하기 위한 목적으로 작성된 것입니다. 이 프로젝트에 참여한 세 사람은 각기 성격이 달랐습니다. 인간에 대한 깊은 애정을 지닌 낙관주의자이자 세계적인 환경학자인 도넬라 메도즈는 인간의 손에 올바른 정보만 쥐여준다면 인간이 생태계의 위기를 구해낼 수 있다고 믿었습니다. 한편 기후·에너지 문제에 관한 저명한 권위자인 요르겐 랜더스는 도넬라의 의견에 회의적이었습니다. 인간은 죽을 때까지 소비, 고용, 재산 증식과 같은 단기적인 이익만을 추구하므로 결국 위기에서 벗어나는 시간을 놓치고 말 것이라고 예언했습니다. MIT의 시스템과학자인 데니스 메도즈는 그 중간 입장이었습니다. 그는 적절한 조치만 취해진다면 최악의 상황은 피할 수 있을 것이라고 내다봤습니다. 그는 인류가 지속 가능한 미래를 택할 것이라고 기대하지만 이미 저질러진 일들로 인해 뒤늦은 조치를 취할 수밖에 없을 것이라고 주장했습니다.[11] 이제 고인이 된 도넬라 메도즈는 이렇게 질문해야 했습니다. "무엇을 위한 성장인가? 왜 성장해야만 하는가? 누구를 위한 성장인가? 그 비용은 누가 치르는가? 얼마나 지속 가능한가? 지구가 감당해야 할 비용은 얼마인가? 그리고 어느 정도 성장해야 충분한가?"라고 말이지요. 『성장의 한계』가 출간된 지 50여 년이 지난 지금은 어떤가요? 현재 우리가 처해 있는 현실은 불행하게도 요르겐 랜더스의 예언에 맞아떨어졌습니다. 산업 사회의 소비 지향성이 일종의 자기 파괴적인 수단으로 치닫고 있으니까요.

성장은 자본주의에 기대어 이루어집니다. 자본주의란 자본가들이 생산 수단을 사적으로 소유하고 노동자들은 일하는 대가로 임금을 받는 경제 체제입니다. 산업혁명 이후 자본주의는 경쟁을 추구하는 인간의 본성을 바탕으로 발전했습니다. 자본가들은 돈과 노동, 원료와 시장을 두고 경쟁하고 잉여 가치를 창출하며 살아남을 수 있었습니다. 자본주의 체제에서 기업은 일의 강도를 높이고 벌어들인 돈으로 기술 개발에 투자하면서 더 많은 물건을 생산합니다. 자본이 축적되자 사람들은 더 많은 상품을 소비하고 싶어 했고, 자본가들은 이에 질세라 노동자와 자연을 착취하며 더 많은 생산을 요구했습니다. 결국 우리는 대량 생산과 대량 소비라는 악순환의 고리 속에서 멈출 줄 모르는 성장 중독증에 걸리게 되었습니다. 이것이 인간의 본성일까요?

『이것이 모든 것을 바꾼다』의 저자 나오미 클라인은 지구 온난화의 주역은 탄소가 아니라 자본주의라고 잘라 말합니다. 클라인은 자본주의와 성장 사이의 끈끈한 관계를 부정할 수 없으며, 자원이 유한한 세계에서 자본주의의 시스템은 지속 가능하지 않다고 강조합니다. 클라인은 "참으로 불편한 진실은 시장이 우리를 구할 수 있을 것이라는 환상에 빠져 (우리 자신을) 참담한 지경으로 몰아넣었다"고 지적하며 왜곡된 경제 시스템을 뜯어고쳐야 한다고 강조합니다. 이제 자본주의는 바퀴가 고장 난 항공기와 같아서 절체절명의 상황에서 살아남으려면 승무원과 승객 모두 지혜를 발휘해야 한다는 것입니다.

지속 가능한 사회란 미래 세대의 역량을 훼손하지 않고 오늘날을 살아가는 사람들의 욕구에 잘 대응하는 사회입니다. 우리 사회는 이미 고도 성장을 경험했습니다. 매년 목표치를 넘어서며 풍요로운 삶을 누려왔지요. 이를 유지하기 위해서는 어떤 대가를 치르더라도 성장을 유지하려는 강력한 의지가 사회 전반을 지배하게 됩니다. 성장을 하지 않으면 침체의 나락으로 떨어질 수밖에 없다고 생각하여 수단과 방법을 가리지 않게 되고, 후손들에게 남겨주어야 할 몫까지 가로채는 일까지 발생합니다. 인간의 본성이 인류가 가야 할 곳의 반대편을 바라보고 있기 때문입니다.

자원의 한계를 극복하면서 지속 가능한 번영을 이루는 것은 스스로를 제어할 때만 가능합니다. 로마클럽의 보고서 『성장의 한계』에서는 지속 가능한 사회와 오늘날 경기 침체에 빠진 사회의 차이를 "일부러 브레이크를 밟아서 자동차를 멈추는 것과 자동차가 사고로 벽에 부딪혀서 멈추는 것"에 비유합니다. 미처 속도를 제어하지 못하고 벽에 부딪히는 것은 남보다 더 잘 살아보려고 거위의 배를 가르는 행동과 같습니다. 지금 우리에게 주어진 자연 환경이 황금 알을 낳고 있는 거위라면 생각이 달라질 것입니다. 많은 경제학자들은 성장 없는 번영은 저주라고 생각해왔지만 지속 가능한 사회는 지금 황금 알을 낳고 있는 거위를 잘 보전하는 사회, 자연 환경을 잘 보살피면서 잘 사는 길을 모색하는 사회일 것입니다.

순화
acclimation

고삐를 놓으세요

　몽골 여행은 말을 타고 다니는 것이 제격입니다. 오랜만에 말을 타면 엉덩이를 바늘로 쑤시는 것처럼 따갑고 아프지만 말타기가 숙달되면 자유로운 여행을 보장합니다. 초원에서 말과 함께 여행을 하기로 결심하고 한국에서 승마 연습을 열심히 한 뒤 몽골에 도착하여 말을 탔습니다. 그런데 몽골 사람들이 말을 타는 법은 제가 배워간 승마법과 달라도 너무 달랐습니다. 국내에서 주로 배우는 승마법은 승마 대회를 나가듯 두 손으로 고삐를 움켜쥐고 허리를 펴고 정면을 보고 달리는 방식입니다. 즉, 기마 자세를 흐트러뜨리지 않는 방식인데, 이와 달리 몽골 사람들은 고구려 무용총의 수렵도처럼 고삐를 쥐는 둥 마는 둥하며 두 손을 자유롭게 한 채

말을 탑니다.

저는 고삐를 놓을 수 없었습니다. 칭기즈 칸도 말에서 떨어져 죽었다던데 저 같은 초보자야 오죽하겠습니까. 그러다 내를 건너야 했는데 우두머리 목동이 "말을 타고 내를 건널 때는 반드시 고삐를 놓아주어야 한다"고 했습니다. 거의 명령조라 어길 수 없어 구명줄 놓듯 놓아주었는데, 말이 고개를 숙이고 물을 마시며 내를 건너는 것이었습니다. 그 후부터는 말과 혼연일체가 되어 여행을 즐길 수 있었지요. 만약 고삐를 안 놓고 내를 건넜다면 어떻게 되었을까요? 아마 말이 내를 건너자마자 가지가 낮은 나무 밑으로 돌진해 승객을 내팽개치고 혼자 유유히 집으로 갔을 것입니다. 그래도 승객이 등에서 안 떨어지면 직선으로 마구 달리다 ㄱ자로 몸을 꺾어 승객을 떨어뜨립니다. 제가 직접 보았습니다.

말과 혼연일체가 되려면 길을 잘 들여야 하는데, 길들인다는 것을 유식하게 순화馴化라고 표현합니다. 순馴 자를 파자해보면, 말馬과 내川를 합친 것입니다. 그러니까 '말이 내를 건너면 변한다化'는 뜻이 됩니다. 순화는 생물학 용어입니다. 기후가 다른 지역으로 옮겨 간 생물이 점차 그 환경에 맞도록 체질을 바꾸는 것을 '순화되었다'고 표현합니다. 마치 말과 사람이 보조를 맞추어 서로 길들여지는 것과 같은 원리이지요. 고산 등반을 할 때 높은 지대에서 산소가 부족해져 오는 고산병에 적응하기 위해 산을 오르락내리락

하는 것과 같은 이치입니다.

  순화는 변화가 심한 환경에서 생물이 지속적으로 생존하는 데 매우 중요한 생리 작용입니다. 2023년 여름은 유난히 길었습니다. 11월에도 반팔을 입을 정도였으니까요. 지구 온난화는 우리나라의 평균 기온에 어떤 영향을 미쳤을까요? 2020년 기준 우리나라의 평균 기온은 13.5도였습니다. 1912년부터 2017년까지 100년 동안 1.8도가 올라 세계 평균 1.4도보다 상승률이 높았습니다. 인류가 온실 가스 배출량을 상당한 정도로 감축하여도 21세기 말의 기온이 현재보다 2.9도 올라갈 것이라고 전망됩니다. 이런 속도에 맞추어 식물이 순화될까요? 순화된다면 다행이지만 상당히 힘든 시기를 거쳐야 하겠지요. 더러는 가파른 생존 경쟁에서 탈락할 것입니다.

  어느 날 경기 북부 지역에 사는 사람한테서 전화가 왔습니다. 동백나무를 자기 집 마당에 심고 싶은데 어떻게 하면 좋을지 묻는 것이었습니다. 안 된다고 했더니 지구 온난화를 들먹거리며 이렇게 더워지는데 왜 안 되냐고 되물어왔습니다. 생물은 내성의 범위 안에 있더라도 평균보다 극한의 상황에 처하면 죽기 마련입니다. 과거보다 겨울철이 아무리 덜 추워졌다 하더라도 생물은 한번 일시적인 추위를 만나면 견디지 못하고 한 방에 죽습니다. 가끔 동백나무, 배롱나무, 편백나무처럼 온대 남부 지역에 분포하는 수종을 보기에 좋다는 이유로 중부 지방에 심어 낭패를 많이 보기도 합니다. 이런 경우 내한성 개체를 선발 육종하는 방법도 있지만, 순화 과정을 거쳐 잘 자라게 할 수도 있습니다. 예를 들어 어렸을 때 중부와 남부 지역 중간쯤으로 옮겨 추위에 대한 내성을 기른 후 그곳에서 살아남은 개체를 중부 지역으로 옮겨 오는 것입니다.

식물을 순화시키면 작물이 되고 동물을 순화시키면 가축이 됩니다. 나무도 관상수로 키우려면 순화 과정을 거쳐 길들여야 합니다. 야생 식물은 어떨까요? 야생 식물은 기후 변화에 순화되는 과

정을 거치며 생태계에 영향을 미칩니다. 온도의 상승, 강수량의 변화, 극단적인 기상 이변은 특정 생물 종이 현 생태계에서 생존할 수 있는지 여부에 큰 영향을 미칩니다. 개체들이 이러한 변화에 빠르게 순화될 수만 있다면 그 종은 변화하는 조건에서 생존할 가능성이 더 높아집니다.[12] 그러나 많은 종이 변화하는 환경 조건에 빠르게 적응하는 것이 불가능하므로, 개체군이 감소하며 심지어는 멸종에 이를 수도 있습니다.

암매, 솜다리, 들쭉나무, 시로미, 한라구절초처럼 한라산에 서식하는 고산 식물 19종이 지구 온난화로 인해 사라질 위기에 처할 것이라는 분석이 나왔습니다. 공우석 교수의 논문 「지구 온난화와 고산 생태」에 따르면 1970년대 이후 기온이 올라가면서 해발 고도가 더 높은 곳으로 이들 식물의 서식지가 옮겨가고 있다고 합니다. 공우석 교수는 1960~1970년대에 1500미터에서도 관찰되었던 암매가 최근에는 1850미터에서 발견되었고, 1400미터에서 자라던 눈향나무는 1700미터에서 발견되었으며, 1500미터에서 자라던 들쭉나무는 1850미터로 서식지가 바뀌었다고 분석했습니다. 앞으로 기온이 더 상승하면 이제 고산 식물들이 더는 올라갈 곳이 없어 사라질 것이라고 합니다.

순화는 생태계에 다양한 영향을 미칠 수 있습니다. 특히 기후 변화로 인해 환경 조건이 변화하면, 생물들은 새로운 조건에 적응하기 위해 순화되거나 다른 지역으로 이동하거나 멸종할 수도 있습니다. 이러한 변화는 생태계의 구조와 기능에도 영향을 줍니다. 일부 지역에서는 기온 상승으로 인해 식물이 더 많이 성장하고 번식하는 반면, 어떤 지역에서는 가뭄으로 인해 식물이 죽고 생물 다양성이 감소하는 경우도 있습니다. 이로 인해 식물, 동물, 해양 생물의 서식지가 변화하고 먹이 사슬에 영향을 미쳐 생태계의 균형이 깨지게 됩니다. 이럴 때일수록 고삐를 어떻게 하라고 했지요? 늦춰야 합니다. 고삐를 늦춘다는 것은 삶의 템포를 느슨하게 해서 모두와 공존하려는 마음을 지니는 것입니다. 그리하면 극한 상황은 모면할 수 있지 않겠어요? 참, 그리고 고삐는 말의 운전대입니다.

5장

수受
받아서 베푸는

공무도하

Gongmudoha

임이여, 사라지지 말아요

공무도하公無渡河, 임이여 물을 건너지 마오
공경도하公竟渡河, 임은 결국 물을 건너시네
타하이사墮河而死, 물에 빠져 죽었으니
당내공하當奈公何, 가신 임을 어이할꼬

죽음은 공평합니다. 잔인하도록 공평하지요. 누구든 죽으면 다시는 돌아올 수 없으니까요. 그리스 로마 신화에서 트라키아의 시인이자 음악가인 오르페우스는 독사에 물려 죽은 아내를 구하기 위해 노래와 연주로 저승사자를 감동시켜 아내를 다시 살려내는 것을 허락받습니다. 단, 이승으로 완전히 돌아올 때까지 뒤를 돌아보지 않아야 한다는 조건이 붙었는데 아내가 그만 입구에서 뒤를 돌아보는 바람에 다시 저승으로 떨어지고 말았습니다. 신화가 인류 정신의 원형인 것을 감안하면 인류는 일찍 죽음에 대해 고민을 많이 한 모양입니다. 아내는 왜 돌아올 수 없을까? 돌아올 방법이 이제는 없단 말인가? 신화 속의 오르페우스는 비탄에 빠져 일주일 동안이나 식음을 전폐하고 애도의 기간을 보냈다고 합니다.

죽음 하면 고조선 시대에 창작된 고대 가요 「공무도하가」를 빼놓을 수 없겠지요. 머리가 허연 한 남자가 술병을 들고 비틀거리며 강물로 걸어 들어가는데, 아내가 뒤따라가며 말리려 하지만 결국 남자는 물에 빠져 죽고 아내는 어찌할 바를 모르다가 짧게 노래를 부르며 자신도 물에 빠져 죽습니다. 이를 지켜본 곽리자고라는 사내가 집에 돌아와 아내에게 두 사람의 죽음을 고하며 여인이 죽기 전에 부른 노래를 어설프게 전해주니, 아내는 부부의 사연을 안타까이 여겨 전통 현악기인 공후를 끌어안고 죽은 여인의 심정을 떠올리며 노래를 불렀습니다. 이 노래가 바로 「공무도하가」입니다.[1] 정말 짧은 시가詩歌지만 곱씹어보면 평생 잊지 못할 단단한 가사로 이루어져 있습니다.

애도가 있었는지 없었는지에 따라 죽음의 의미가 달라집니다. 「공무도하가」가 만들어지기까지는 총 네 사람이 등장합니다. 마침 강가에서 배를 고치다 미처 손쓸 사이도 없이 죽음을 목도한 곽리자고, 사연을 전해 듣고 공후를 연주한 곽리자고의 아내 여옥, 미쳐 날뛰다 물에 빠져 죽은 백수광부, 남편을 말리다 따라 죽은 아내까지 네 사람이 노래 속에서 각기 다른 역할을 합니다. 이들을 두 부류로 나눠보면 둘은 죽고 나머지 둘은 죽은 이를 애도했습니다. 애도는 죽음에 의미를 새기고 망자에게 예의를 지키는 일입니다. 옛날에는 상갓집에 곡쭃을 대신해주는 직업도 있었어요. 속담에 정승집의 개가 죽으면 문상객이 있지만 막상 정승이 죽으면 문상객이 없다는 말이 있습니다. 권력에 대한 씁쓸한 이야기이지만 죽음에는 애도가 따라야 합니다. 애도는 죽은 사람에 대한 예의를 갖추는 것은 물론이고 자신을 포함한 모든 생명에 대한 의무를 확인하는 일이기도 합니다.

워낙 유명한 시를 음미하다 보니 외람되게 현실로 소환하여 각색을 해보고 싶은 욕심이 생깁니다. 애써 상처를 외면하고 즐거운 면만을 보려고 하는 사람들에게, 역설적이게도 희망을 노래하기 위해 죽음을 소환해보려고 합니다. 죽음은 담담합니다. 김훈 작가의 필체처럼 군더더기가 없습니다. 단지 주검에 대한 애도가 있었느냐 없었느냐의 차이가 존재할 뿐입니다. 백수광부와 그 아내의 죽음을 애도한 곽리자고와 여옥처럼, 죽음에는 죽음의 무게만큼 망자에 대한 애도가 존재합니다. 애도는 시간의 흐름에 따라 그때그때 농도가 달라집니다. 영화 「파묘」에서 손자가 돌아가신 할머니의 틀니를 몰래 간직했다가 들키며 한 말이 있지요. "할머니 물

건을 다 태워서 없애버리면 나는 무엇으로 할머니를 추억하느냐"며 우는 손자를 보면, 사랑의 흔적이 깊게 남을수록 애도의 시간은 오래갑니다. 하지만 슬픔도 시간이 지나면 바래집니다. 마치 삼엽충의 화석을 만지며 그동안 지구에서 살다간 그들의 삶을 담담하게 추억하듯 말입니다.

한 개체가 죽느냐, 그 개체가 속한 종이 몽땅 죽느냐에 따라 죽음은 두 종류로 나뉩니다. 전자는 후손을 남기고, 후자는 후손을 남기지 못합니다. 전자는 애도해줄 대상이 있고, 후자는 애도해줄 대상이 없습니다. 이 두 종류의 죽음을 구분하는 잣대는 시간입니다. 한 개체가 죽는 것은 순간이지만 한 종이 몽땅 사라지는 데까지는 긴 시간이 필요하니까요. 지구상에는 대략 다섯 번의 대멸종이 있었다고 합니다. 모든 생명은 저마다의 독특한 틈새를 차지하고 삽니다. 진화란 그 틈새의 주인이 바뀌는 것이고, 멸종이란 그 틈새의 주인이 지구에서 사라지는 것입니다. 생태계에서 종의 멸종을 두고 '죽었다'고 표현하지 않고 '사라졌다'는 표현을 쓰는 이유는 해당 종이 언제 어디서 어떻게 죽었는지 알 수 없고 어디선가 다시 툭 튀어나올 수도 있기 때문입니다.

멸종의 시나리오는 의외로 간단합니다. 기온이 올라가고 산소 농도가 떨어지며 산성비가 내리면 풀들이 죽고, 풀들이 죽으면 초식 동물이 죽고, 초식 동물이 죽으면 육식 동물도 사라집니다. 이러한 기후 변화와 그에 따르는 연쇄 반응은 지구 역사에서 늘 일어났습니다. 아이러니한 사실은 혹독한 멸종의 시련을 겪고도 살아남은 종들은 작고 게으른 녀석들이라는 점입니다. 그런 종들이 살아남아 진화의 열차에 올라타 생물계의 새로운 역사를 쓰고 있는 것이지요. 재미있는 사실은 다섯 번의 대멸종을 슬퍼하며 애도하는 분위기는 그 어느 역사에서도 찾아볼 수 없다는 것입니다. 삼엽충이 마지막으로 죽을 때 암모나이트가 눈물을 흘렸다는 것을 상상할 수 없으니까요.

이제 우리의 관심사는 여섯 번째 대멸종입니다. 이제 그 시작의 징후가 넘쳐나고 있습니다. 그러면 여섯 번째 멸종의 방아쇠는 누가 당겼을까요? 인간의 활동으로 인해 해양 생물의 9퍼센트인 1550여 종이 멸종 위기에 처해 있으며, 멸종 위기를 겪는 해양 생물의 최소 41퍼센트가 기후 변화의 영향을 받고 있다는 분석이 나왔으니 방아쇠를 당긴 이가 바로 인류라는 것을 누구나 다 알 수 있습니다. 다행인 것은 여섯 번째 대멸종 시대에서 처음으로 애도가 등장했다는 것입니다. 생태학자를 비롯해 환경을 보호하려는 사람과 어린아이가 그 주인공들입니다. 이들은 온갖 생물들의 죽음이 우리의 죽음과 같다는 것을 인식한 사람들입니다. 이들이 "임이여 사라지지 말아요" 하며 함께 물로 뛰어들어야 할까요? 아니겠지요. "전하, 우리에겐 열두 척의 배가 아직 남아 있습니다!"라고 외친 이순신 장군처럼, 생태계는 아직 기신기신 작동하고 있으니까요. 백수광부와 그의 아내가 사라진 생물이라면 곽리자고는 어설프게나마 애도의 글을 쓰는 사람이며 여옥은 생태감수성이 풍부한 당신입니다.

솔로몬의 반지
king solomon's ring

동물과의 대화법

    동물들과 대화를 나누는 것이 가능할까요? 솔로몬 왕은 마법의 반지를 끼고 모든 동물과 대화를 나누었고, 아시시의 성인 프란치스코는 온갖 동물과 대화를 했다는 일설이 전해집니다. 새한테도 설교를 했던 프란치스코는 모든 동물을 형제자매처럼 대한 것으로 유명합니다. 프란치스코의 행동이 누구나 할 수 있는 것이라고 말한 사람이 있습니다. 동물의 비교행동학을 연구하여 노벨 생리의학상을 수상한 오스트리아의 생물학자 콘라트 로렌츠가 바로 그 주인공입니다.

    로렌츠는 회색기러기가 어떻게 알을 깨고 나오는지 관찰하려고 알 하나를 부화기 속에 넣었습니다. 얼마 후 귀를 대어보니 딱딱하는 소리와 꼼지락거리는 소리가 들려오며 조그만 구멍이 뚫리더니 곧 톱니가 달린 부리가 보였습니다. 로렌츠와 아기 회색기러기의 만남은 이렇게 이루어졌습니다. 로렌츠는 갓 나온 새끼 기러기가 추울까 봐 엄마의 배를 대신할 전기담요를 덮어주었지요. 이튿날 엄마 거위의 배 밑에 넣어주자 아기 회색기러기는 핍핍 소리를 내며 친엄마를 거부하고 로렌츠를 따라왔습니다. 그 불쌍한 새끼 기러기가 미칠 듯이 울면서 따라오는 것을 보면, 돌이라도 감동하지 않을 수 없었을 것입니다.

로렌츠는 어쩔 수 없이 자신에게 각인Imprinting된 아기 회색기러기를 안고 침대로 돌아왔습니다. 발을 헛디뎌 넘어지고 땅바닥에 돌돌 구르면서도 놀랍도록 빠른 속도로 굳은 결의를 보이며 달려오는 아이를 뿌리치지 못하고 엄마가 되어주기로 결심한 것입니다. 핍핍, 로렌츠가 잠깐만 보이지 않아도 아기 회색기러기는 엄마가 있는지 확인하고, 얼굴을 보여주면 비비비비비 하며 기쁨의 인사로 화답합니다. 아기 회색기러기는 밤과 안개 속에서 자신이 혼자가 아니라는 사실에 안도를 느끼고 이 기쁨의 인사를 끝내려 하지 않았습니다. 로렌츠는 아기 회색기러기에게 마르티나라는 이름을 붙여주고 함께 살았습니다.[2]

동물들과 대화를 나누는 것이 가능했던 로렌츠는 저서 『솔로몬의 반지』에서 이렇게 운을 뗍니다. "솔로몬 왕은 짐승, 새, 물고기들과 이야기를 했다고 한다. 나 역시 그렇게 할 수 있다. 솔로몬처럼 모든 동물과 이야기할 수는 없지만 내가 잘 아는 몇몇 동물과는 이야기를 주고받는다. 모든 동물과 이야기를 할 수 없다는 점에서 나는 솔로몬보다 못하지만, 솔로몬처럼 마법의 반지를 사용하지 않는다는 점에서 나는 그보다 낫다." 얼마나 자신에 찬 말입니까. 그는 한술 더 떠 솔로몬 왕은 반지 없이는 가장 친한 동물의 말도 못 알아듣는다고 하면서 솔로몬 왕이 끼었다는 마법의 반지를 못마땅하게 여깁니다.

마법의 반지 없이 동물들과 소통하는 방법은 얼마든지 있습니다. 로렌츠는 살아 있는 생명체끼리는 마술이나 요술 없이도 대화가 가능하다고 말합니다. 그러기 위해서는 인간의 언어가 아닌 동물들의 '의사소통 수단'을 이해해야 한다고 덧붙입니다. 동물들은 언어 대신 몸짓과 표정으로 소통하는 데 익숙합니다. 로렌츠는 몇몇 동물의 어휘를 이해한다는 것은 그리 대단한 일이 아니라고 하면서, 우리 몸의 능력으로도 동물적 표현이 가능하고 동물들이 우리와 접촉할 용의가 있는 한 동물에게 말을 걸 수 있다고 말합니다. 그러나 동물들은 우리가 언어라고 부르는 소통의 수단이 없습니다. 고등 동물은 선천적으로 동작과 소리로 된 의사 표시 능력을 지닌 채 태어나기 때문입니다.

인간에게도 자동적으로 어떤 기분을 전달하는 몸짓이 있습니다. 한 사람이 하품을 하면 옆 사람도 하품을 합니다. 물론 하품 같은 것은 강한 자극이라 쉽게 눈에 띄지만 그것이 가져오는 효과는 눈으로도 알 수 있습니다. 그와 정반대로 대놓고 발견하기는 어렵지만 극히 섬세하고 미미한 표현 동작을 통해 타인에게 자기의 기분을 은근하게 전달할 수도 있습니다. 고등 동물의 경우 기분을 전달하는 기관이 인간보다 발달했습니다. 특히 개는 주인이 어떤 일을 하려는지 금방 알아차립니다. 그런 면에서 개는 인간보다 낫습니다. 언어가 발달하면서 인간에게서는 그런 감각이 퇴화되었습니다.[3]

새들의 무리 중 한 마리가 옆에 있는 나뭇가지에 올라가 털을 다듬으려고 날아오른다면 그 어떤 새도 거들떠보지 않지만, 제법 먼 거리를 날아가기 위해 날기 시작하면 그 새가 소리를 내지 않았는데도 새가 지닌 권위의 정도에 따라 무리 전체가 날아오르는 것을 볼 수 있습니다. 또한 충성스런 개의 경우 주인이 현관문을 나설 때 자기와 함께 산책을 하려는 것인지, 혹은 자기에게 흥미를 보이지 않고 혼자 외출할 것인지를 귀신같이 알아차립니다. 이는 마치 텔레파시를 주고받는 것과 같습니다. 많은 동물들은 인간의 눈에는 보이지 않는 미세한 움직임까지도 지각하는 능력을 지니고 있습니다. 이처럼 내면의 말없는 생각을 알아채는 동물이라면 주인이 하는 말쯤은 알아듣는 것이 아닐까요? 그러나 로렌츠는 그렇지 않다고 말합니다. 동물들은 말을 알아듣지 못하고 말을 할 수도 없다고 합니다. 언어가 없기 때문입니다.

   새들은 언어가 아닌 다른 다양한 방법으로 소통합니다. 울음소리, 지저귐, 노래, 춤, 깃털 흔들기, 날갯짓, 머리 움직이기 등을 통해 상대에게 의미 있는 정보를 전달하고 서로의 위치, 먹잇감, 위험성, 파트너, 적, 둥지 등에 대한 정보를 교환합니다. 또한 새들은 다른 종류의 새와도 소통합니다. 다른 종류의 새에게 위험을 알리기도 하며, 먹이를 찾는 데 도움을 주기도 합니다. 이러한 행동은 다른 동물의 생존을 돕는 데 큰 역할을 합니다. 그렇다면 새들에게는 몸짓이나 지저귐이 언어가 되는 셈입니다. 마법의 반지 없이 언어 이전의 언어를 이해하고 동물들에게 나의 뜻을 전달하려면 어떻게 해야 할까요?
   많은 과학자들이 그 문제를 풀려고 노력하고 있으나 사람과 가까이 지내는 개나 고양이 같은 일부 반려동물과만 조금 소통할 수 있을 뿐입니다. 하지만 인공 지능 기술을 활용한 대화 서비스가 활발히 연구되고 있습니다. 이 서비스는 반려동물의 활동 데이터를 분석해 적절한 메시지를 생성하고, 이를 통해 반려동물과 대화할 수 있는 기회를 제공합니다. 또한 코끼리가 코를 높이 뻗어 포효하는 소리를 내고 향유고래가 의사소통을 할 때 딸깍 하는 소리를 내는 것처럼, 각 동물 종마다 내는 특별한 소리를 녹음해 인공 지능 기술로 분석하고 그들의 언어를 해석할 수 있다고 합니다. 하지만 인공 지능 기술을 활용한 대화 서비스는 아직 실험 단계에 있으며, 정확도와 신뢰성에 대한 검증이 필요합니다. 동물들과 소통하기 위해서는 기술 개발보다는 그들의 행동과 표정을 관찰하고 그들의 감정을 이해하는 것이 더욱 중요합니다.

동물들과 소통하기를 원한다면 이성적으로 분석하고 정보를 검색하기 전에 자연과 가깝게 지내야 합니다. 시각, 후각, 청각을 예민하게 갈고닦으며 새들의 날아가는 모습과 지저귀는 소리를 듣는다면, 밤에는 올빼미의 소리를 듣고 새벽에는 꾀꼬리들의 아침 인사를 듣는다면, 동물들의 본능과 직관에 귀 기울이고 그것들을 알아차리려고 한다면 가능하지 않을까요? 동물들의 언어를 해독하려고 할 때는 그들의 마음 깊은 곳을 들여다보아야 합니다. 그러려면 게을러야 합니다. 대부분의 동물들은 게으름뱅이입니다. 멍때리는 시간이 생의 8할 정도라고 하니 인내심을 품고 그들과 주파수를 맞추면 대화가 가능하지 않을까 생각해봅니다. 로렌츠가 커다란 덩치를 웅크리고 회색기러기의 알을 관찰했듯 말입니다.

과학철학

philosophy of science

비판적 사고가 피워 올린 꽃

칼 포퍼라는 청년이 오스트리아 빈을 방문한 알베르트 아인슈타인의 강연을 듣고 그에게 반해버렸습니다. 당시 아인슈타인은 자신의 상대성 이론을 시험대 위에 당당히 올려놓은 상태였습니다. 그가 주장한 상대성 이론 중 하나는 빛이 중력장 속에서 휜다는 것이었습니다. 사실 당대의 상식으로는 이해할 수 없는 이론이었죠. 빛은 질량이 없기 때문에 중력의 영향을 받지 않아야 하는데 어떻게 빛이 휠 수 있단 말인지 당시의 사람들은 이해하지 못했습니다. 다행히 영국의 천문학자 아서 스탠리 에딩턴이 개기일식을 관측하여 아인슈타인의 이론을 검증해주었습니다. 이러한 일련의 과정을 지켜본 포퍼는 아인슈타인의 당당한 태도를 보고 이를 본

보기로 삼아 훗날 영향력 있는 과학철학자가 됩니다.

과학이란 진리나 법칙의 발견을 목적으로 삼고 연구하는 학문입니다. "과학이란 무엇인가?"라는 질문에 대한 답을 얻으려면 과학자들이 과학을 연구하는 자세를 엿보아야 합니다. 과학은 내용도 중요하지만 법칙을 도출해내는 과정이 더 중요하기 때문이지요. 이렇게 주장한 대표적인 인물이 칼 포퍼입니다. 그는 과학의 정수는 비판 정신이고 그 정신은 모든 이론을 사정없이 시험해야 한다고 주장하면서, 그렇게 해서 나온 결과가 기존 이론과 맞지 않으면 아무리 멋진 이론이라도 미련 없이 버리는 것이 과학이라고 역설했습니다.

포퍼는 "과학은 끝없는 추측과 반증의 과정"이라고 말합니다.[4] 이러한 반증주의는 과학자들이 자유로운 상상력을 통해 과학 이론을 생산하도록 이끕니다. 일단 과학 이론이 생산되면 그 이론은 엄격한 실험대에 오르게 됩니다. 새로운 과학 이론에서 결함이 발견되면 그 이론은 폐기되고, 결함이 발견되지 않은 이론은 살아남지요. 예를 들어 얼마 전에 국내 과학자가 LK-99라는 물질의 초전도체 현상을 발표한 이후 전 세계의 과학자들이 달려들어 검증한 사례처럼 말이지요. 그런 과정을 거치며 과학은 끊임없이 성장합니다. 따라서 가설을 세우고 세상에 "이것을 검증해주시오"라고 나선 사람을 비판해서는 안 됩니다. 과학은 확실치 않은 가설을 세우고 관측이나 실험을 통해 새로운 것을 배워나가는 과정이니까요.

　과학자는 상상을 하고 가설을 세우며 그것을 증명하려 하는 사람입니다. 1633년 로마 교황청에 불려간 이탈리아 천문학자 갈릴레오 갈릴레이는 지동설을 퍼뜨리고 다니지만 않는다면 목숨만은 살려주겠노라고 하는 종교재판소의 판결에 서약을 하고 가택 연금을 당했습니다. 물론 갈릴레이는 속으로 "그래도 지구는 돈다"고 생각했지만요. 갈릴레이 이전에 천동설을 주장한 학자들은 과학자가 아니었느냐 하고 묻는다면, 그 이론이 맞았든 틀렸든 관계없이 그들도 과학자인 것은 틀림없다고 답하겠습니다. 행성의 공전 궤도가 원형이라는 폴란드의 천문학자 니콜라우스 코페르니쿠스의 주장이 틀렸다는 것이 밝혀졌지만, 아무도 그를 비非과학자라고 하지는 않습니다. 코페르니쿠스의 이론에 관해서는 그의 사후에서야 새로운 사실이 밝혀졌고 생전에는 아무도 그의 이론에 반증을 한 사람이 없었으니까요.

　끊임없이 성찰을 해야 하는 학문인 과학에 철학이 개입하여 과학철학이 탄생하게 되었습니다. '논리의 노예'라고 불리는 철학자는 사실에 대한 지식을 축적하는 것이 아니라 어떻게 해야 사실의 근거에 다가갈 수 있는지, 즉 사유의 문제 속에서 정보의 체계화를 이루는 것을 연구의 목적으로 삼습니다. 따라서 과학철학의 목적은 과학을 발전시키거나 과학 문제에 관한 답을 찾으려는 것이 아니라 과학이 어떻게 작동하는지를 이해하려는 데 있습니다. 철학적 성찰 없는 과학은 독이 됩니다. 기술의 맹목적인 숭배는 위험한 질주를 야기하며 원자탄같이 인류를 위협하는 도구를 만들어내기도 합니다. 과학에 대한 철학적 성찰이 없다면 그 누구도 상상하지 못할 세계가 탄생하게 될지도 모릅니다.

과학은 어느 시점에서는 혁신적인 발전을 가져옵니다. 영국의 인류학자 맥스 글럭먼이 통찰했듯이, 과학이란 "우리 세대의 가장 어리석은 사람조차 지난 세대의 천재보다 낫게 만들어주는" 학문입니다. 과학은 점진적으로나 지식의 축적에 따라 발전하는 것이 아니라 새로운 패러다임에 의해 혁명적인 발전을 이루기 때문이지요. 이것은 정상 과학의 기본 전제를 전복하는 일과 같아서, 어제는 오리로 보였던 것이 오늘은 토끼로 보이는 것과 같은 사건입니다.

과학혁명의 성공은 기술의 발전을 가져왔습니다. 당연한 말 같지만 과학과 기술은 엄연히 다릅니다. 기술은 과학이 정립한 이론을 근거로 삼고 새로운 것을 만들어내는 일입니다. 기술은 투자를 부르고 투자는 상상 속의 세상을 구현하는 놀라운 힘을 갖추면서 발전을 거듭합니다. 그러나 과학 기술의 폐해도 만만치 않습니다. 역사학자 유발 하라리가 인류는 새로운 힘을 얻는 데는 유능하지만 그 힘을 행복으로 전환하는 데는 미숙하다고 지적했듯이, 누

군가가 "과학의 발전으로 행복해졌느냐?"라고 물어온다면 우리는 선뜻 대답하기가 어렵습니다.

과학 기술의 발전은 양날의 검과 같습니다. 과학 기술은 식량난을 해결해주고, 에너지를 생산하며, 건강이 좋아지게 돕고, 수명이 늘어나게 해주며, 무엇이든 주문만 하면 만들어주기 때문에 만능으로 보입니다. 하지만 과학 기술을 잘못 사용하면 공해와 위험 물질이 늘어나고, 원자폭탄이나 화학 무기가 삶을 위협하며, 환경 오염을 일으켜 더는 사람이 살 수 없는 곳으로 바꿔놓거나, 사생활을 침범하는 장치로 변질되기도 합니다. 독일의 물리학자 막스 플랑크는 "자연을 탐구하다 보면 자연의 일부인 자기 자신을 탐구해야 할 시점이 반드시 찾아오기 마련이다"라고 했습니다. 이 말은 과학을 다루는 과학자보다 과학 기술자들이 만들어낸 것에 대하여 좀 더 잘 알아야 한다는 뜻으로서 과학철학의 필요성을 강조한 것입니다.

과학은 인류에게 빛을 선사했고 빛은 과학의 엄밀한 법칙에 따라 그림자를 드리웠습니다. 다음은 유발 하라리가 『사피엔스』 4부작을 탈고하면서 과학철학이 없는 물리의 법칙이 난무하는 세상을 표현한 문장입니다. "우리의 기술은 카누에서 갤리선과 증기선을 거쳐 우주 왕복선으로 발전해왔지만, 우리가 어디로 가고 있는지는 아무도 모른다. 과거 어느 때보다 강력한 힘을 떨치면서도 이 힘으로 무엇을 할 것인지에 대해서는 생각이 거의 없다. … 그 결과 우리의 친구인 동물과 주위 생태계를 황폐하게 만든다." 유발 하라리는 무슨 말을 하고 싶었던 것일까요? 그는 비판적 사고 없이 안락함과 즐거움을 추구하는 과학을 안타까워하며 책의 말미에 마침표를 찍지 않고 물음표로 끝을 맺습니다. "이보다 더 위험한 존재가 또 있을까?"[5]

관찰
observation

대화의 정석

꽃 속에 있는 층층계를 딛고 / 뿌리들이 일하는 방에 가보면

꽃나무가 가진 쬐그만 펌프 / 작아서 너무 작아서 얄미운 펌프

꽃 속에 있는 층층계를 딛고 / 꽃씨들이 잠들고 있는 방에 가보면

꽃씨들의 쬐그만 밥그릇/ 작아서 작아서 간지러운 밥그릇

오규원 시인의 「방」이라는 동시입니다.[6] 시인은 꽃을 들여다보며 한없이 작아지고 작아지다 더 작아질 수 없을 만큼 작아진 얄미운 펌프를 뿌리 끝에 이르러서야 발견합니다. 마치 단세포 수준의 크기인 정령들이 술래잡기를 하다 비밀의 방을 발견한 것과 같지요.

세상의 모든 지식은 관찰에서부터 시작됩니다. 관찰은 호기심에서 비롯됩니다. 호기심에는 세상을 적극적으로 바라보게 하는 힘이 있습니다. 관찰은 눈으로만 하는 것이 아닙니다. 듣고, 만져 보고, 맡아보고, 먹어보는 것처럼 오감을 동원하여 사물에게 말을 거는 행위입니다. 만약 저마다 다섯 가지 감각이 다르게 발달했거나 퇴화했다면, 사람들은 같은 것을 보면서도 다른 세상을 경험할 것입니다. 어린아이가 길을 가다 무엇인가를 골똘히 쳐다보고 말을 하고 있다면 재촉하지 말고 같이 바라보아야 합니다. 거기에는 새로운 우주가 펼쳐져서 아이가 재미있는 세계로 떠나는 중일 테니까요. 아이들은 온몸의 감각이 어른과 달라 새로운 세상을 봅니다.

관찰은 대상과 대화를 나누는 일이기도 합니다. 자연이 간직하고 있는 수많은 비밀을 알아내려면 자연과 대화를 해야 합니다. "언어가 다른데 어떻게 대화를 합니까?"라고 반문할 수 있지만, 사람만 해도 지역과 국가에 따라 언어가 달라 서로의 말을 모르더라도 소통이 가능합니다. 그럴 때는 만국 공통어를 사용하면 됩니다. 만국 공통어는 통역도 필요 없고 단지 어린아이처럼 하면 됩니다. 아이들은 꽃들과도 나비와도 대화를 합니다. 그런데 어느 순간부터 우리는 대화를 잊어버렸습니다. 학교에서 금지시킨 것일까요? 아니면 학교에 가면서 잊어버린 것일까요? 어른이 되면 같은 꽃을 보고도 시시하거나 재미없어합니다.

　진정한 관찰자가 되기 위해서는 우선 낯설게 보아야 합니다. 어린아이들에게는 모든 게 낯설어요. 지구에 온 지 얼마 되지 않았기 때문이지요. 낯설게 보기는 위대한 발명을 낳기도 합니다. 영국의 물리학자 아이작 뉴턴이 땅으로 떨어지는 사과를 보고 만유인력을 생각해냈듯이, 위대한 과학자들은 일상에서 벌어지는 일을 그냥 지나치지 않고 낯설게 보고자 합니다. 어른들에게는 세상을 낯설게 보는 훈련이 필요합니다. 정 안 되면 낯익은 길이라도 엎드려 가랑이 사이로 세상을 보면 어떨까요? 그러면 전혀 다른 세상이 보이겠지요? 익숙하던 곳이 처음 가본 듯 낯선 풍경으로 펼쳐지면 그동안 모르고 지내왔던 풍경의 가치가 재발견되기도 합니다.

　그렇다고 어른이 머리를 땅에 박고 가랑이 사이로 세상을 본다는 것도 우스운 일입니다. 그럴 때는 상대의 시선으로 바라보는 것도 좋은 방법입니다. '나' 중심이 아닌 '상대'의 시선으로 보면 전혀 다른 세상이 보입니다. 예를 들어 풀잎 끝에 앉아 있는 잠자리의 시선으로 세상을 본다면 어떨지 상상해보세요. 하늘과 땅, 앞과 뒤가 한꺼번에 보일 겁니다.

　관찰은 세상을 더 깊고 세밀하게 이해하는 창입니다. 시인은 한 송이 꽃을 들여다보며 한없이 작아져서는, 마침내 작은 방을 발견합니다. 정말 시인의 몸이 작아진 것일까요? 그럴 수도 있겠지만 꽃이 커지기도 합니다. 대상이 커지다 보면 얄미운 펌프도 보이고 씨앗을 담은 밥그릇도 보입니다. 마치 영국의 소설가 조너선 스위프트의 작품 속 주인공 걸리버처럼 크기의 변화로도 또 다른 세상을 경험하게 되는 것이지요. 갑자기 마법에 빠져든 것처럼 몸의 크기가 변한다면 무미건조한 일상이 경이롭게 변하겠지요. 이왕이면 밥 냄새도 맡아보고 작은 밥그릇에 담긴 씨앗의 이야기도 들어보고 얄미운 펌프가 어떤 원리로 작동하는지 그 속도 들여다보면 어떨까요?

평범한 일상에서 늘 보던 것을 낯설게 보거나 상대방의 입장에서 대화를 하다 보면, 어느덧 '재미없음'에서 구원을 받는 날이 오게 됩니다. 한편 보이지 않는 것을 보려면 보이는 것을 잘 보아야 비밀의 문이 열립니다. 자연도 그렇습니다. 필자는 나무를 진단할 때 기존의 경험과 지식 같은 선입견을 버리고 오로지 앞에 보이는 나무에 집중하려고 노력합니다. 익숙하지 않은 시선으로 나무에게 말을 걸어보는 것이지요. 사실 나무도 우리에게 말을 걸어오지만 그 언어를 해독하려면 시간이 필요합니다. 이때 만국 공통어가 등장합니다. 살아 있는 생명체는 타자를 향한 감정을 온몸으로 드러내게 되어 있습니다. 감정은 흐른다고 하지요. 기다리다 보면 어느 순간 답이 도착해 있을 것입니다.

"신이 없는 것처럼 관찰하고 신이 있는 것처럼 감탄하라"라는 말이 있습니다. 자연은 무엇인가를 꽁꽁 숨기는 경향이 있습니다. 쉽게 보여주질 않아요. 필자가 나무를 진단하는 자세도 이와 같습니다. 나무는 말이 없습니다. 나무의 표정에서 흐릿한 지문을 채취할 뿐입니다. 나무와 대화를 나누려면 우선 나무에 대한 선입견을 버리고 과학적 지식을 동원하여 가설을 세우고 관찰을 시작합니다. 대조군을 설정하고 시료를 검정하며 비교 관찰한 결과가 짐작했던 가설을 지지하는지 확인합니다. 관찰자인 제 스스로 감탄할 때까지 밀어붙이는 것이지요. 그리고 일련의 과정을 대화하듯 중얼거리며 한다는 것입니다.

보존과 보전
preservation and conservation

차이의 온도를 극복하려면

　미국 캘리포니아주에 있는 헤츠헤치계곡은 요세미티 국립공원 내에서도 아름다움을 자랑하던 곳이었습니다. 적어도 100년 전까지는 말이지요. 어느 날 이 계곡에 댐을 건설한다는 주 정부의 계획이 발표되면서 그동안 환경 보호를 주장했던 사람들이 두 패로 나뉘어 싸우는 일이 발생했습니다. 댐 건설에 찬성하는 쪽은 주민들을 위해 댐을 만드는 것은 합당한 일이며, 이를 과학적으로 관리하여 오랫동안 사용한다면 난개발을 막을 수 있다고 주장했습니다. 한편 반대하는 쪽은 인간이 자신의 이익을 위해서 자연을 함부로 사용하거나 훼손해서는 안 되며, 자연의 아름다움과 생태계를 보호해야 한다고 주장했습니다.[7]

결국 댐 건설이 최종적으로 승인되었고 계곡은 물에 잠겼습니다. 이 사건은 인간이 우선인지 아니면 인간이 아닌 다른 생명이 우선인지를 놓고 향후 환경 운동이 나아가야 할 방향에 큰 영향을 미쳤습니다. 댐 건설을 찬성하고 반대하는 두 진영 모두 자연 보호에는 동의했지만, 인간 중심적이냐 생태 중심적이냐에 따른 관점의 차이를 드러내면서 인간과 자연의 관계에 대한 각자의 비전에 따라 자연을 '보전'할 것인지 혹은 '보존'할 것인지로 의견이 나뉘었습니다. '보전'과 '보존'이라는 두 개념의 사전적 정의를 살펴보면 '보전'은 "잘 보호하고 간수하여 남김"이라는 뜻이고, '보존'은 "온전하게 보호하여 유지함"이라는 뜻입니다. 비슷한 것 같기도 하고 다른 것 같기도 한 알쏭달쏭한 풀이입니다.

보전保全은 앞으로도 계속해서 자연의 자원을 사용하기 위해서는 지금부터 아껴야 한다는 생각에서 출발합니다. 따라서 보전을 지지하는 보전주의자Conservationist는 인간이 지속 가능한 삶을 살기 위해서는 자연을 보호하고 관리해야 한다는 의무감을 지닙니다. 환경 보호의 이유를 자연이 인간에게 유용한 자원이기 때문이라고 꼽는다면 보전론자에 가깝습니다. 보존保存은 미래를 위해서가 아니라 자연은 존재 자체로 가치가 있기에 원래의 모습대로 두어야 한다는 입장을 따릅니다. 인간의 생명이 소중한 만큼 다른 생명도 소중하니까 귀하게 여겨야 한다는 생각을 바탕으로 삼습니다. 많은 사람들의 이익을 위한 것이라도 전부터 존재하던 아름다운 자연을 망가뜨리면 안 된다고 생각한다면 보존주의자 Preservationist 입니다.

오스트리아의 철학자 존 패스모어는 보존과 보전의 차이점에 대해 이렇게 말했습니다. "원시림의 보호 방식에 대해 보전은 벌채를 허용하되 미래 세대 역시 목재가 필요하니 그것을 염두에 두고 벌채를 삼가자는 입장인 데 반해, 보존은 원시림을 구성하는 나무들의 내재적 가치 및 권리를 존중하여 벌채를 하지 말고 그대로 유지하자는 입장이다." 정리해보면 보전의 이면에는 자연을 인간이 이용 가능한 자원으로 파악하는 공리주의적 관점 또는 인간 중심적 관점이 깃든 반면, 보존의 이면에는 자연에는 인간과 무관한 그 자체의 내재적 가치가 있음을 인정하는 생태 중심적 관점이 깃들어 있다고 하겠습니다.

자연에 대한 인간 중심적인 접근 방식은 자원의 합리적 활용을 통해 향상된 생활 수준을 제공하고 기술 혁신과 복지 개선을 이루어냈지만, 종종 환경 파괴와 생물 다양성의 감소로 이어지거나 지구의 지속 가능한 미래를 위협해왔습니다. 한편 생태 중심적 관점은 지구의 모든 생명체에 대한 존중을 강조합니다. 이러한 접근 방식은 지속 가능한 지구 환경을 만들기 위한 기반이 되며, 생물 다양성 보존을 통해 생태계의 안정성과 지구의 건강을 유지하도록 합니다. 그러나 생태 중심의 정책은 경제 활동의 제약으로 이어지며 인간의 필요를 만족시키지 못하기도 합니다.

그렇다면 인간이 우선일까요, 아니면 자연이 우선일까요? 아마도 환경 문제에 관심이 있는 사람이라면 보존과 보전 사이 어디쯤에서 서성이고 있을 테지만, 자연에 대한 윤리적 책임감을 느끼고 지속 가능한 미래를 일구기 위해 두 사상의 온도 차이를 극복하고 균형을 잡는 자세가 더욱 필요합니다. 문제는 극단적인 선택에 있습니다. 인간 중심주의가 극단으로 치우치면 자연이 회복 불가능할 정도로 파괴되어 인간이 더는 생존할 수 없는 지경에 이를 것이고, 생태 중심주의가 극단으로 치우치면 인간이 혐오의 대상이 되거나 아예 인간이 살아 있는 것 자체를 거부하는 태도로 나아갈 수도 있기 때문입니다.

방 안의 코끼리
elephant in the room

말의 힘

　옛날 집 마당에는 나무를 심지 않았어요. 풍류를 즐길 줄 아는 집에나 작은 매화나무 한 그루가 심어졌습니다. 마당은 곡식을 널고 빨래를 말리며 깨를 터는 곳으로 쓰였기 때문이죠. 근래에 들어서야 도시 근교의 집들이 마당에 나무를 심기 시작했는데, 가끔 느티나무처럼 키가 큰 나무를 심는 곳이 있습니다. 처음 심을 때는 나무가 얼른 자라서 그늘을 드리워주기를 기대했겠지만 어느덧 장성해서 집을 삼킬 정도로 위협하는 것을 볼 수 있습니다. 나무가 자라면 낙엽이 지붕의 물받이 홈통을 막아 집이 새는가 하면, 집 안이 습해지며 곰팡이가 번져 그 집에 사는 사람의 건강을 해치고 피곤하게 만듭니다. 이런 상황을 표현한 한자가 피곤할 곤困 자입니다. 울타리 안에 심어진 나무를 표현한 것입니다. '피곤하다' '곤경에 처하다' '곤비하다' 할 때 쓰는 글자입니다.

나무는 천천히 자라므로 우리는 나무가 자라는 것을 인지하지 못합니다. 어쩌다 지나가는 사람은 알겠지만, 마치 자식이 크는 줄 모르다가 어느덧 훌쩍 커버린 것을 느끼는 것과 같습니다. 이렇게 집 안에 큰 나무가 심어진 것을 '집 안의 느티나무'라고 이름 붙이겠습니다. 이와 비슷한 용어로 '방 안의 코끼리'가 있습니다. 차이가 있다면 '집 안의 느티나무'는 미처 깨닫지 못하는 사이 어느새 곤경에 처하는 일이라면, 후자는 알면서도 애써 외면하다 큰코다치는 상황을 빗대어 표현한 것입니다.

어느 날 새끼 코끼리가 방 안에 들어와 떡 버티고 나가질 않는다면 어찌해야 할까요? 먹이를 주지 맙시다. 또 다른 방법은 없나요? 그냥 모른 척합니다. 이런저런 많은 얘기가 오고가지만 당장 아무 문제가 없으니 모른 척하자는 쪽으로 기울어집니다. 모두가 외면하는 사이 어느덧 코끼리의 덩치가 커져 집을 부수었습니다. 이렇게 무엇이 잘못된 행동인지 모두가 알지만, 그 누구도 나서지 않고 얘기하길 꺼려하는 현상을 '방 안의 코끼리'라고 말합니다. 명백히 문제가 있는데도 무시하며 수다쟁이까지 입을 다물게 하는 불편한 진실을 에둘러 표현한 메타포입니다.[8]

친구 사이나 가족 관계에서도 어느 정도의 어려움과 갈등은 피할 수 없습니다. 어떤 갈등은 대화로 해결할 수 있지만 민감하고 불편한 주제는 피해버리기 마련입니다. 모난 돌이 정 맞을까 봐 입을 다물고 마는 것이지요. 이러한 무언의 갈등은 대체로 무시되지만 그 영향은 의외로 파괴적일 수 있습니다. 사회적으로는 빈곤 문제나 인종 차별, 성 차별 등을 예로 들 수 있겠고, 기업 경영의 측면에서는 리더십의 결핍, 잦은 해고, 회사의 불확실한 미래 같은 문제가 있으며 지구적으로는 더 큰 문제들이 우리를 기다리고 있습니다.

그중에서도 환경 문제는 선뜻 말을 꺼내기가 쉽지 않습니다. 핵폐기물, 해양 생태계 오염, 미세 먼지, 대량 멸종, 산림 벌채, 갯벌 매립, 플라스틱 사용, 공장식 축산까지 이루 셀 수 없이 많은 문제가 있지만 아무도 말하려 하지 않습니다. 최근에는 주어진 환경이니 적응하며 살아가야 한다는 주장이 나왔는데, 이편이 더 설득력이 있어 보일 정도입니다. 그러나 앞으로 태어날 미래 세대에게 어떻게 해명을 할 수 있을까요. 누군가 방 안의 코끼리를 꺼내자고 하면 마치 인류의 경제 성장을 방해하는 것처럼 받아들이는 상황에서요.

기후 변화 문제는 이미 커져버린 '방 안의 코끼리'입니다. 시급한 문제인데도 사회와 정부, 기업들이 주의 깊게 다루지 않거나 회피하는 경향이 있습니다. 세계 경제의 많은 부분이 여전히 화석 연료에 크게 의존하고 있기 때문입니다. 국가와 기업들이 재생 에너지로 전환할 것을 주장하면서도, 화석 연료 사용을 중단하지 않으려는 또 다른 이유는 일부 정치인이나 기업, 심지어는 일반 시민도 기후 변화의 심각성을 인지하지 못하거나 의도적으로 부정하기 때문입니다. 이러한 부정과 무관심은 기후 안정화를 저해하며, 지속 가능한 미래를 위한 중요한 정책과 행동의 추진을 막는 데 일조합니다.

「뉴욕타임스」 칼럼니스트인 토머스 프리드먼은 매우 드문 사건이지만 언젠가는 일어날 수 있는 일을 가리킬 때 쓰는 표현인 '검은 백조'와 '방 안의 코끼리'를 합쳐 '검은 코끼리'라는 신조어를 만들어냈습니다. 말하자면 매우 드물긴 하지만 충분히 일어날 수 있는 일을 외면하는 행위를 가리키는 표현입니다. 금융 위기나 대규모 자연 재해, 팬데믹과 같은 전례 없는 사건들이 '검은 코끼리'의 대표적인 사례입니다. 그러니까 확률적으로 일어나기 힘든 재난이 지금까지 운 좋게 발생하지 않았다는 이유로 모두가 외면하는 상황을 표현한 것이지요.

2020년, '검은 코끼리'가 나타났습니다. 전 세계가 코로나바이러스감염증이라는 전례 없는 팬데믹에 직면했지요. 바이러스는 예상보다 빠르게 확산되었고, 수많은 사망자를 낸 것은 물론이거니와 세계 경제와 사회에도 크게 영향을 미쳤습니다. 우리는 100년 전 전 세계를 공포로 몰아넣었던 스페인 독감 이후 중증급성호흡기증후군, 중동호흡기증후군MERS(메르스)을 경험했지만, 그럼에도 대부분의 국가와 개인은 그 심각성을 인지하지 못하고 팬데믹에 발 빠르게 대처하지 못했습니다. 이뿐만이 아닙니다. 엔데믹 Endemic이 선언되지 않은 상태에서 질병이 발생한 원인을 직면하지 않았고 모든 것이 그 이전으로 돌아갔습니다. 공장은 전처럼 가동되고 항공편을 예약할 수 없을 만큼 공항은 여행객으로 붐비고 있습니다. 더 무서운 바이러스가 기다리고 있을지도 모르는 상황에서 방 안의 코끼리처럼 모두가 문제를 외면합니다. 그래도 집 안의 느티나무, 방 안의 코끼리, 검은 코끼리 같은 용어가 있어서 희망적이지 않나요? 최소한의 인식은 할 수 있게 하니까요.

실수
mistake

좋은 실수, 나쁜 실수, 그저 그런 실수

누구나 실수를 합니다. 그래서 실수는 연구 대상이 되기도 합니다. 미국 캘리포니아공과대학 연구진이 뇌에 심은 전극을 통해 인간이 자신의 실수를 깨달았을 때 뇌에서 활성화되는 영역을 찾아냈습니다. 그렇다면 이 연구 결과로 실수를 줄일 수 있는 방법을 찾아냈느냐 하면 아직은 아니라고 합니다. 단지 실수할 때마다 뇌 깊은 곳에 위치한 뉴런이 깜박깜박한다는 것을 알아냈을 뿐입니다. 실수에서 가장 문제가 되는 것은 반복입니다. 왜냐면 실수가 반복을 품고 있기 때문입니다. 우리는 생각, 행동의 패턴, 의사 결정과 같은 영역에서 종종 같은 실수를 반복합니다. 매번 약속에 늦거나, 찻잔을 엎거나, 일을 마무리 짓지 못하거나, 첫인상으로 다른 사람을 판단하거나, 오만하게 자연을 대하는 것을 그 예로 들 수 있습니다.

인간이 실수를 반복하는 이유는 무엇일까요? 우선, 기억의 과정이 완벽하지 않기 때문입니다. 그래서 우리는 과거의 교훈을 기억하는 데 실패하기도 하고, 그 교훈을 새로운 상황에 적용하는 데 어려움을 겪기도 합니다. 그 다음으로, 인간이 감정적인 존재이기 때문입니다. 때로 우리는 감정이 이성을 압도하여 비합리적인 결정을 내리기도 합니다. 예를 들어 분노, 사랑, 두려움 같은 강렬한 감정은 판단력을 흐리게 하고, 이전에 경험한 부정적 결과를 무시하게 만들 수도 있습니다. 마지막으로, 인간이 미래를 예측하고 계획하는 데 한계가 있기 때문입니다. 우리는 미래의 결과를 예측할 수 없기 때문에 실수를 되풀이합니다. 실수 중에서도 해서는 안 되는 실수, 하고 나면 돌이킬 수 없는 실수도 있습니다.

중국의 역사에서 1959년부터 1962년까지는 대기근 시기였습니다. 이 시기에 적게는 1500만 명에서 많게는 3천만 명 이상이 굶어 죽는 일이 발생했습니다.[9] 당시 중국에서는 보건 문제가 아주 심각했습니다. 콜레라, 흑사병, 말라리아에 이르기까지 온갖 질병이 만연했어요. 이를 보다 못한 국가 주석 마오쩌둥이 칼을 빼 들었습니다. 병을 옮기는 모기와 쥐를 색출하기로 하고 범국민적인 퇴치 운동을 벌인 것입니다. 모기는 말라리아를 퍼뜨리고 쥐는 흑

사병을 퍼뜨린다는 사실에는 반론의 여지가 없지만, 마오쩌둥은 여기서 그치지 않고 퇴치의 대상에 두 동물을 더 추가했습니다. 하나는 파리였고 또 하나는 참새였습니다. 파리는 그렇다 치고 갑자기 참새를 꼽은 이유는 무엇이었을까요?

  참새는 자유롭게 날아다닙니다. 마치 자본주의자들처럼 말입니다. 마오쩌둥의 입장에서는 참새가 자본주의자와 닮은 것까지는 참을 수 있었지만 참새가 사람들이 보는 앞에서 곡식을 쪼아 먹는 것은 용납할 수 없었습니다. 1년에 참새 한 마리가 먹어 치우는 곡식의 양이 무려 4.5킬로그램에 달하는데, 당시에는 참새 100만 마리를 잡으면 인구 6만 명을 먹여 살린다는 계산까지 나왔습니다. 이것은 아무도 부정할 수 없는 논리였습니다. 마오쩌둥의 명령을 받은 중국인들은 참새를 잡기 위해 허수아비를 세우고, 새총을 쏘고, 장대와 징과 세숫대야를 두드려 새가 어디에도 앉지 못하게 한 뒤 결국 땅에 떨어뜨려 죽였습니다. 이 운동을 해로운 네 가지를 박멸한다고 하여 제사해운동除四害運動이라고 불렀습니다. 이러한 살육 작전은 한쪽의 일방적인 승리로 끝났습니다. 쥐 15억 마리, 모기 1100만 킬로그램, 파리 1억 킬로그램, 참새 10억 마리가 소탕되었습니다. 그런데 뭔가 잘못되었다는 것이 곧 드러났습니다. 참새는 곡식만 먹는 게 아니라 메뚜기도 잡아먹었던 것입니다. 메뚜기 떼는 천적이 사라지자 구름처럼 몰려다니며 논밭을 초토화했습니다. 중국인들은 비로소 대기근이 참새의 부재에서 비롯되었다는 것을 깨닫고 결국 소련에서 20만 마리의 참새를 들여옵니다.

이 사건의 핵심은 작동 메커니즘을 모르는 복잡한 기계를 어린 아이가 가지고 노는 것과 같았다는 데 있습니다. 생태계는 어디로 튈지 모르는 럭비공 같은 것이라 결과를 예측할 수 없는 경우가 많기 때문이지요.

이 외에도 호주의 토끼와 낙타 반입, 우리나라의 황소개구리와 까치 방사의 예도 잘 알려져 있습니다. 외래종이 말썽을 피우는 이유는 외부로부터 들어올 때 천적과 손잡고 오지 않기 때문입니다. 동물행동학자 최재천 교수는 우리 생태계가 건강하기만 하다면 이들이 들어오더라도 잘 이겨낼 것이라고 말합니다. 하지만 우리 생태계는 건강을 잃은 지 이미 오래입니다. 우리나라의 경우 외부에서 유입된 외래 생물 중 식물이 287종, 동물이 607여 종으로 추산되며 담수 생태계를 비롯하여 육지 생태계에 이르기까지 외래 생물이 광범위하게 살고 있습니다. 이들은 토착 환경에서 새로운 생태적 지위를 획득하고 자생종을 몰아낸 다음 생태계 교란을 일으킵니다. 이 모든 것은 우리가 생태계를 제대로 알지 못해 일으킨 실수에서 비롯됩니다. 영화 「쥐라기 공원」에서 말콤 박사가 한 말은 이러한 사실을 잘 보여줍니다. "생명은 틀을 깨고 나가기 마련입니다. 영역을 넓혀가고 장벽을 뚫고 나가지요. 고통마저 무릅쓰고 위험마저 무릅쓰면서요." 인간이 생명의 본능을 무시하고 의도하지 않는 실수를 일으켜 생태계 교란을 부추기고 있습니다. 언젠가 이러한 실수를 저지르는 뉴런을 통제하는 방법이 발견되길 바랄 뿐입니다.

실수에는 좋은 실수와 나쁜 실수가 있습니다. 좋은 실수는 발전의 촉매제가 되기도 합니다. 오류를 분석하고 그 원인을 이해함으로써 더 나은 방법을 찾도록 하고, 기존의 지식을 확장하여 새로운 해결책을 모색하는 데 도움을 줍니다. 예를 들어 현대 생활에 없어서는 안 될 고무나 나일론, 다이너마이트, 안전 유리, 고어텍스, 페니실린 같은 제품의 탄생은 실수에서 비롯된 것입니다. 인류는 실수를 통해 적응하고 진화해왔다고 해도 과언이 아닙니다. 실수에서 얻은 교훈은 생존 전략을 바꾸고 더 효과적인 방법을 개발하는 데 도움이 됩니다. 좋은 실수는 인류가 지식을 축적하고, 새로운 아이디어를 탐색하며, 사회적·문화적·기술적으로 발전하는 데 중요한 역할을 해왔습니다. 한편 나쁜 실수는 혁신적인 결과를 가져오지 못하고 실수의 늪으로 빠져들게 합니다. 앞서 설명했던 것처럼 오만한 자세로 생태계를 바라볼 때 나쁜 실수가 나옵니다. 생태계는 워낙 복잡하게 얽혀 있기 때문에 예측할 수 없어요.

그저 그런 실수도 있습니다. 찻잔을 넘어뜨리거나, 책상 모서리에 발이 걸리거나, 자동차 키를 냉장고 속에 넣거나, 휴대폰을 휴지로 착각하는 일입니다. 이런 일은 남에게 피해를 주지는 않습니다.

희망

hope

그들이 아직 살아 있다는 것

11월 말이 되어가는데도 단풍이 예쁘게 물들지 못하고 낙엽도 제때 떨어지지 않는 것이 눈에 밟힙니다. 나무들에게 물어봅니다. "도대체 왜 그러세요?" 나무에게 돌아오는 대답은 어떠한 질문을 해도 매번 똑같습니다. "움직일 수 없어서 그래." 그렇지, 움직일 수 없어서 그렇지, 지난번 가지를 왜 그렇게 벋었느냐고 물었을 때도 똑같은 대답을 했지. 동물들은 주변 환경이 자신에게 불리하면 다른 곳으로 이동하면 되지만, 나무는 그럴 수 없지. 그래서 모든 질문에 항상 같은 대답을 하지. 그러니까 환경에 따른 형상의 변화라든가, 수목생리학의 메커니즘에 대한 질문을 해도 항상 같은 대답이 돌아오는 거지.

나무의사는 나무의 똑같은 대답을 달리 해석하는 능력을 지녀야 합니다. 한 공간 안에 사는 같은 종류의 나무인데 유독 한 나무의 줄기에만 이끼가 낀 것을 보면, 이끼 낀 부분의 생장이 정지된 상태라는 것을 눈치 채는 식이지요. 나무는 자기가 처한 현실에서 한 치도 벗어날 수 없는 존재이므로 기후 변화에 민감할 수밖에 없습니다. 나무가 단풍이 늦게까지 들지 못하고 낙엽도 제때 떨어뜨리지 못하는 궁극적인 이유는 지구 온난화 때문입니다. 한라산의 구상나무를 비롯해 고산의 나무들이 더는 올라갈 곳이 없어 쇠약해지고 있습니다. 지구가 더워지면 나무들의 호흡량이 늘어나고, 낮에 애써 만든 양분을 밤에 가쁜 숨을 몰아쉬면서 다 써버리기 때문이지요.

동물학자이자 환경운동가인 제인 구달은 우리에게 그래도 아직 희망이 있다고 말합니다. 구달은 저서 『희망의 책』에서 자연의 회복 능력을 그 이유로 꼽으면서 핵폭발로 인한 불구덩이 속에서 살아남은 일본의 녹나무 이야기를 예로 듭니다. "둥치는 수없이 갈라지고 틈이 벌어져 속이 까맣게 변한 것을 볼 수 있었어요. 하지만 해마다 봄이면 그 나무는 새 잎사귀를 틔워냅니다."[10] 그렇습니다. 나무는 단테의 연옥을 연상시킬 만큼의 생지옥 속에서도 살아남는 존재입니다. 나무는 움직일 수 없는 대신 강인한 체력과 인내심을 선택한 것입니다. 앞서 기후 변화로 인해 숲이 쇠퇴하고 있다고 언급했는데, 그럼 숲이 사라지느냐 물으신다면 그렇지는 않습니다. 시간이 걸릴 뿐이지 쇠약해진 숲에 그 자연 환경에 맞는 나무들이 새롭게 들어와 다시 초록으로 채울 것이기 때문입니다. 자연은 원래 상태가 아닌 새로운 형태로 복구되기 때문이지요. 나무들이 아직 살아 있는 한 희망이 있다는 뜻입니다.

나무에 희망이 있는 이유는 나무의 회복 능력 중에서도 재생 능력에 있지 않을까 생각합니다. 일례로 미국에서 9·11테러가 일어나고 한 달 뒤, 시멘트 덩이에 으깨진 채로 발견된 콩배나무가 기적적으로 살아났습니다. 둥치가 절반밖에 안 남았고 뿌리도 잘려 나가 검게 죽어가던 나무가 쓰레기장으로 실려가던 순간, 이를 발견한 한 젊은 여성이 나무가 살아날 가망이 있으니 버리지 말고 살려보자고 애원했습니다. 그래서 나무는 브롱크스에 있는 묘목장으로 옮겨져 치료를 받았습니다. 심각한 손상을 입은 나무라 살려내기가 쉽지 않았으리라 짐작되지만, 온갖 정성을 담아 보살핀 결과 나무는 다시 살아나 현재 9·11테러 추모 박물관 앞에 다시 심어져 봄이면 하얀 꽃을 피운다고 합니다. 사람들은 그 나무를 볼 때마다 눈물을 훔치며 자연이 주는 희망의 메시지를 읽습니다.[11]

희망이란 무엇인가요? 희망에 관해서는 판도라의 상자가 가장 먼저 떠오릅니다. 판도라의 상자에 마지막으로 남은 것이 왜 희망이었을까요? 그리스 신화에서 판도라 상자는 인류에게 모든 고통과 재앙을 가져다주는 존재로 알려져 있습니다. 상자를 절대 열지 말라는 경고를 무시하고 호기심에 이끌린 판도라가 상자를 열자 모든 재앙과 고통이 세상으로 퍼져나갔고, 오직 '희망'만이 상자 속에 남게 된다는 이야기입니다. 희망이 상자에 남은 이유에는 여러 해석이 있지만, 가장 널리 받아들여지는 해석 중 하나는 희망이 인간의 삶에 가장 근본적인 요소이기 때문이라는 것입니다. 희망은 어려움에 맞서 싸울 수 있는 힘을 의미하기도 하며, 절망적인 상황에서도 미래를 향해 나아갈 수 있는 동기를 부여하는 힘으로 작용하기도 하니까요.

우라노스의 남근에서 아프로디테가 태어난 것처럼, 우리가 발을 디디고 있는 땅을 아름다운 세계로 거듭나게 하기 위해 우리는 무엇을 해야 할까요? 제인 구달은 인간의 뛰어난 지능을 믿는다고 말했습니다. 인간의 뛰어난 지능은 과학의 발달을 이끌 엄청난 업적을 이루게 하였으니 인간에게 희망이 있다는 것입니다. 희망이 때로는 재앙이 될 수도 있습니다. 그렇지만 희망이 현실과 동떨어진 기대를 품게 하여 더 큰 재앙을 초래할 수 있기 때문이지요. 희망이 판도라의 상자에 마지막까지 남아 있던 것은 잘못된 희망이 제일 위험하다는 뜻도 함의하고 있습니다. 제인 구달은 인간이 똑똑한 지능을 지녔더라도 서로 협력할 때만 희망이 있다고 덧붙이면서 자연이 우리보다 지적知的이라는 것을 잊지 말아달라고 당부합니다.

2021년 2월 10일 아랍에미리트 화성 탐사선 '아말'이 화성 궤도에 진입하는 데 성공했습니다. 화성 궤도 진입에 성공한다는 것은 그리 쉬운 일이 아닙니다. 이 소식이 알려지자 두바이의 세계 최고층 부르즈 칼리파 빌딩의 전면에 다음과 같은 영어 문장이 펼쳐졌습니다. "Impossible is possible(불가능은 가능하다)." 참고로 '아말'은 아랍어로 '희망'이란 뜻입니다. 희망이 있을 때 불가능하게 보이는 것을 가능하게 바꿀 수 있다는 뜻이겠지요.

 인류는 현재 기후 변화라는 해결이 불가능해 보이는 문제에 봉착해 있습니다. 지금보다 더 풍족하게 살 수는 없습니다. 소비를 줄이고, 나무처럼 자연의 회복 능력을 믿으며, 서로 협력하면서 작은 문제부터 해결하려는 의지를 보일 때 기후 위기에서 벗어날 수 있는 희망이 찾아올 것입니다. 사람이 변할 수 있다는 사실이야말로 사람에게 가장 큰 희망입니다. 뛰어난 지능을 지닌 과학자들에게 하고 싶은 말이 있습니다. 미래를 이해하고 싶다면 과학의 시선이 머무는 곳을 바라보아야 한다고들 합니다. 과학의 시선이 지금 '이루어야 할 것'에 머무는 것이 아니라 후손들에게 '더 나은 미래를 물려주기 위한 것'에 머물 때, 인류에게 희망이 있다는 것을 명심하길 바랍니다.

참고문헌

1장_감

1 로버트 루트번스타인·미셸 루트번스타인, 박종성 옮김, 『생각의 탄생』, 에코의서재, 2007, 246~249쪽.
2 리처드 세넷, 김병화 옮김, 『투게더』, 현암사, 2013, 49~52쪽.
3 브라이언 헤어·버네사 우즈, 이민아 옮김, 『다정한 것이 살아남는다』, 디플롯, 2021, 130~136쪽.
4 녹색교육센터 엮음, 『모든 것이 시가 되어요』, 녹색교육센터, 2020, 92쪽.
5 주디스 콜·허버트 콜, 후박나무 옮김, 『떡갈나무 바라보기』, 사계절, 2002, 132쪽.
6 같은 책, 137쪽.
7 박지원, 김혈조 옮김, 『그렇다면 도로 눈을 감고 가시오』, 학고재, 1999, 15쪽.
8 로먼 크르즈나릭, 김병화 옮김, 『공감하는 능력』, 더퀘스트, 2020, 70~71쪽.
9 제러미 리프킨, 이경남 옮김, 『공감의 시대』, 민음사, 2010 53~55쪽.
10 같은 책, 583쪽.
11 러끌레르끄, 장익 옮김, 『게으름의 찬양』, 분도출판사, 1986, 37쪽.
12 알피 콘, 이영노 옮김, 『경쟁에 반대한다』, 민들레, 2019, 46쪽.
13 같은 책, 47쪽.
14 피터 싱어, 김성한 옮김, 『동물해방』, 연암서가, 2021, 39~62쪽.
15 히라노 게이치로, 이영미 옮김, 『나란 무엇인가』, 21세기북스, 2015, 116~120쪽, 226~228쪽.
16 신형철 『인생의 역사』, 난다, 2024, 130~132쪽.

17 파브로 솔론 외, 김신양 외 옮김, 『다른 세상을 위한 7가지 대안』, 착한책가게, 2018, 18~66쪽.
18 엘라 프랜시스 샌더스, 루시드 폴 옮김, 『마음도 번역이 되나요』, 시공사, 2016.
19 김욱동, 『생태학적 상상력』, 나무심는사람, 2003, 297~300쪽.
20 같은 책, 289~297쪽.
21 엘라 프랜시스 샌더스, 루시드 폴 옮김, 『마음도 번역이 되나요』, 시공사, 2016.
22 요한 하위징아, 이종인 옮김, 『호모 루덴스』, 연암서가, 2018, 44~51쪽.
23 브라이언 헤어·버네사 우즈, 이민아 옮김, 『다정한 것이 살아남는다』, 디플롯, 2021, 132쪽.
24 김욱동, 『생태학적 상상력』, 나무심는사람, 2003, 309~310쪽.
25 홍병선·최현철, 『과학기술과 철학의 만남』, 연경문화사, 2011, 117쪽.

2장_성

1 칼 세이건, 현정준 옮김, 『창백한 푸른 점』, 사이언스북스, 2020, 26쪽.
2 필립 볼, 김명남 옮김, 『가지』, 사이언스북스, 2014, 177~201쪽.
3 다이앤 애커먼, 백영미 옮김, 『감각의 박물학』, 작가정신, 2023, 9쪽.
4 조석필, 『태백산맥은 없다』, 산악문화, 1997, 47쪽.
5 같은 책, 139쪽.
6 공우석, 『우리식물의 지리와 생태』, 지오북, 2007, 253~259쪽.
7 우종영, 『바림』, 자연과생태, 2018, 363쪽.
8 에릭 오르세나, 이세욱 옮김, 『오래오래』, 열린책들, 2012, 25쪽.
9 앙투안 드 생텍쥐페리, 최복현 옮김, 『인간의 대지』, 이른아침, 2007, 240쪽.
10 우숙영, 『산책의 언어』, 목수책방, 2022, 85~96쪽.
11 이태준, 『무서록』, 깊은샘, 1994, 34~36쪽.
12 레이첼 카슨, 이충호 옮김, 『우리를 둘러싼 바다』, 양철북, 2003, 19쪽.
13 우종영, 『바림』, 자연과생태, 2018, 204~208쪽.
14 우숙영, 『산책의 언어』, 목수책방, 2022, 249~257쪽.
15 박노해, 『그러니 그대 사라지지 말아라』, 느린걸음, 2010, 393~394쪽.

16 버니 크라우스, 장호연 옮김, 『자연의 노래를 들어라』, 에이도스, 2013, 98쪽.
17 존 타일러 보너, 김소정 옮김, 『크기의 과학』, 이글리오, 2008, 20~21쪽.
18 이완주, 『흙 아는 만큼 베푼다』, 들녘, 2012, 30쪽.
19 루크레티우스, 강태진 옮김, 『사물의 본성에 관하여』, 아카넷, 2012, 49~51쪽.
20 이재숙, 『우파니샤드』, 풀빛, 2005, 64쪽.
21 유진 오덤, 이도원 외 옮김, 『생태학』, 사이언스북스, 2001, 72~73쪽.
22 같은 책, 234~235쪽.
23 류시화 엮음, 『민들레를 사랑하는 법』, 나무심는사람, 1999, 35쪽.
24 최재천, 『다윈 지능』, 사이언스북스, 2022, 17~22쪽.
25 같은 책, 65~71쪽.

3장 _ 생

1 박효엽, 『처음 읽는 우파니샤드』, 웅진지식하우스, 2007, 24쪽.
2 서정범, 『국어어원사전』, 보고사, 2003, 128쪽.
3 같은 책, 48쪽.
4 강신익, 『몸의 역사 몸의 문화』, 휴머니스트, 2007, 71쪽.
5 린 마굴리스, 이한음 옮김, 『공생자 행성』, 사이언스북스, 2007, 77쪽.
6 브라이언 헤어·버네사 우즈, 이민아 옮김, 『다정한 것이 살아남는다』, 디플롯, 2021, 78~79쪽.
7 장 그르니에, 김화영 옮김, 『섬』, 민음사, 2021, 36~37쪽.
8 정채봉, 김세현 그림, 『꽃그늘 환한 물』, 길벗어린이, 2009, 20~30쪽.
9 박완서, 『호미』, 열림원, 2007, 48~49쪽.

4장 _ 태

1 장자, 오강남 엮고 옮김, 『장자』, 현암사, 2010, 134~137쪽.
2 마르틴 부버, 김천배 옮김, 『나와 너』, 대한기독교서회, 2020, 223~227쪽.
3 찰스 로버트 다윈, 이민재 옮김, 『종의 기원』, 을유문화사, 1995, 96쪽.
4 알도 레오폴드, 송명규 옮김, 『모래군의 열두 달』, 따님, 2000, 252~253쪽.

5　김희경 외, 『환경개념사전』, 한울림, 2015, 27~35쪽.
6　류시화 엮음, 『민들레를 사랑하는 법』, 나무심는사람, 1999, 74쪽.
7　요시다 타로, 안철환 옮김, 『생태도시 아바나의 탄생』, 들녘, 2004, 30~72쪽.
8　이브 코셰, 배영란 옮김, 『불온한 생태학』, 사계절, 2012, 34~37쪽.
9　린 마굴리스, 이한음 옮김, 『공생자 행성』, 사이언스북스, 2007, 223~224쪽.
10　공우석, 『우리식물의 지리와 생태』, 지오북, 2007, 296~297쪽.
11　도넬라 H. 메도즈 외, 김병순 옮김, 홍기빈 해제, 『성장의 한계』, 갈라파고스, 2021, 21~22쪽.
12　김준호 외, 『현대생태학』, 교문사, 2007, 22쪽.

5장_수

1　신형철 『인생의 역사』, 난다, 2024 ,32~36쪽.
2　콘라드 로렌츠, 김천혜 옮김, 『솔로몬의 반지』, 사이언스북스, 2000, 145~163쪽.
3　찰스 로버트 다윈, 김성한 옮김, 최재천 감수, 『인간과 동물의 감정 표현』, 사이언스북스, 2020, 181~193쪽.
4　박영태 외, 『과학철학』, 창비, 2011, 78~86쪽.
5　유발 하라리, 조현욱 옮김, 『사피엔스』, 김영사, 2022, 588쪽.
6　오규원, 오정택 그림, 『나무 속의 자동차』, 문학과지성사, 2008, 10~11쪽.
7　조제프 R. 데자르댕, 김명식·김완구 옮김, 『환경윤리』, 연암서가, 2017, 114~120쪽.
8　신승철, 『누가 방안의 코끼리를 꺼낼까』, 신생, 2019, 2~5쪽.
9　톰 필립스, 홍한결 옮김, 『인간의 흑역사』, 월북, 2022, 73~77쪽.
10　제인 구달 외, 변용란 옮김, 『희망의 책』, 사이언스북스, 2024, 110~112쪽.
11　같은 책, 108~109쪽.

더 읽을거리

1장_감

마음: 폴커 키츠·마누엘 투쉬, 김희상 옮김,『마음의 법칙』, 포레스트북스, 2022.
감정이입: 로버트 루트번스타인·미셸 루트번스타인, 박종성 옮김,『생각의 탄생』, 에코의서재, 2007.
눈치: 찰스 다윈, 김성환 옮김,『인간과 동물의 감정 표현』, 사이언스북스, 2020.
생태감수성: 안드레아스 베버, 박종대 옮김,『모든 것은 느낀다』, 프로네시스, 2008.
움벨트: 야콥 폰 윅스퀼, 정지은 옮김,『동물들의 세계와 인간의 세계』, 도서출판b, 2012.
공감: 베르너 바르텐스, 장혜경 옮김,『공감의 과학』, 니케북스, 2017.
게으름: 버트런드 러셀, 송은경 옮김,『게으름에 대한 찬양』, 사회평론, 2005.
경쟁: 수유너머N,『진화와 협력』, 너머학교, 2016
고통: 프리모 레비, 심하은·채세진 옮김,『고통에 반대하며』, 북인더갭, 2016.
걷기: 다비드 르 브르통, 김화영 옮김,『걷기예찬』, 현대문학, 2002.
다름: 히라노 게이치로, 이영미 옮김,『나란 무엇인가』, 21세기북스, 2015.
부엔 비비르: 헬렌 니어링·스콧 니어링, 류시화 옮김,『조화로운 삶』, 보리, 2023.
생태언어: 김욱동,『녹색고전』(한국편, 동양편, 서양편), 비채, 2013~2015.
재미: 최현석,『인간의 모든 동기』, 서해문집, 2014.
눈부처: 마이클 엘스버그, 번영옥 옮김,『눈 맞춤의 힘』, 21세기북스, 2011.
환상방황: 라인홀드 메스너, 모명숙 옮김,『내 안의 사막, 고비를 건너다』, 황금나침반, 2006.

생태적 개명: 알윈 필, 박옥현 옮김, 『생태언어학』, 한국문화사, 1999.
생명윤리: 찰스 버치·존 캅, 양재섭·구미정 옮김, 『생명의 해방』, 나남출판, 2010.

2장_성

지구: 칼 세이건, 현정준 옮김, 『창백한 푸른 점』, 사이언스북스, 2020.
산: 우종영, 『게으른 산행』, 한겨레출판, 2012.
백두대간: 김우선 외, 『우리가 몰랐던 백두대간』, 도트북, 2024.
강: 데이비드 보이드, 이지원 옮김, 『자연의 권리』, 교유서가, 2020.
계절: 안철환, 『24절기와 농부의 달력』, 소나무, 2011.
미기후: 로빈 월 키머러, 하인해 옮김, 『이끼와 함께』, 눌와, 2020.
물: 안드리 스나이르 마그나손, 노승영 옮김, 『시간과 물에 대하여』, 북하우스, 2020.
바다: 레이첼 카슨, 표정훈 옮김 『센스 오브 원더』, 에코 리브르, 2012.
바람: 알랭 코르뱅 외, 길혜연 옮김, 『날씨의 맛』, 책세상, 2016.
빛: 이와나미 요조, 권영명 옮김, 『광합성의 세계』, 아카데미서적, 2008.
  마틴 코헨, 김성호 옮김, 『비트겐슈타인의 딱정벌레』, 서광사, 2007.
소리: 루시드 폴, 『모두가 듣는다』, 돌베개, 2023.
크기: 위베르 레브, 이충호 옮김, 『세상에서 가장 아름다운 이야기』, 가람기획, 2001.
흙: 헬렌 니어링·스콧 니어링, 류시화 옮김, 『조화로운 삶』, 보리, 2023.
생태적 지위: 마들렌 치게, 배명자 옮김, 『숨 쉬는 것들은 어떻게든 진화한다』, 흐름출판, 2024.
공생: 박종무, 『모든 생명은 서로 돕는다』, 리수, 2014.
상호 의존성: 김성호, 『생명을 보는 마음』, 풀빛, 2021.
진화: 수유너머N, 박정은 그림, 『진화와 협력, 고전으로 생각하다』, 너머학교, 2016.

3장_생

나무의 본성: 펠릭스 파투리, 하연 옮김, 『숲』, 두솔기획, 1994.
  존 도슨·롭 루카스, 홍석표 옮김, 『식물의 본성』, 지오북, 2014.
나무와 한글: 노마 히데키, 김진아·김기연·박수진 옮김, 『한글의 탄생』, 돌베개,

2012.

가이아: 제임스 러브록, 홍욱희 옮김, 『가이아』, 갈라파고스, 2023.
미생물: 칼 짐머, 이한음 옮김, 『바이러스 행성』, 위즈덤하우스, 2021.
　　버나드 딕슨, 김사열·이재열 옮김, 『미생물의 힘』, 사이언스북스, 2002.
몸: M. 존슨·G. 레이코프, 임지룡 외 옮김, 『몸의 철학』, 박이정, 2005.
반려동물: 설채현, 『그 개는 정말 좋아서 꼬리를 흔들었을까?』, 동아일보사, 2020.
반려식물: 정재경, 『플랜테리어 101』, 베리북, 2024.
곤충: 길버트 월드바우어, 김홍옥 옮김, 『곤충의 통찰력』, 에코리브르, 2017.
　　스콧 R. 쇼, 양병찬 옮김, 『곤충 연대기』, 행성B, 2016.
새: 필리프 J. 뒤부아·엘리즈 루소, 맹슬기 옮김, 『새들에 관한 짧은 철학』, 다른, 2019.
　　이우만, 『새를 만나는 시간』, 웃는돌고래, 2021.
호미: 안철환, 『호미 한자루 농법』, 들녘, 2016.

4장 _ 태

나와 너: 몸문화연구소, 『생태, 몸, 예술』, 쿠북, 2020.
생태계: 알도 레오폴드, 송명규 옮김, 『모래군의 열두 달』, 따님, 2020.
공동체: 장회익, 『온생명과 환경, 공동체적 삶』, 생각의나무, 2008.
　　조애나 메이시 외, 이한중 옮김, 『산처럼 생각하라』, 소동, 2012.
공유지: 호프 자런, 김은령 옮김, 『나는 풍요로웠고 지구는 달라졌다』, 김영사, 2020.
숲: 차윤정·전승훈, 『숲 생태학 강의』, 지성사, 2009.
생태도시: 신승철, 『지구살림 철학에게 길을 묻다』, 모시는사람들, 2021.
　　자코모 달리사 외, 강이현 옮김, 『탈성장 개념어 사전』, 그물코, 2018.
갯벌: 황윤 감독, 다큐멘터리 「수라」, 2023.
　　이혜영, 조광현 그림, 『갯벌, 무슨 일이 일어나고 있을까?』, 사계절, 2016.
비오톱: 이즈미 켄지, 조동범·조동길 옮김, 『내 손으로 만드는 비오톱 가든』, 조경, 2007.
생태발자국: 안희경(인터뷰), 제러미 리프킨 외, 『오늘부터의 세계』, 메디치, 2020.

이명희·정영란,『모빌리티 생태인문학』, 앨피, 2020.
데이지의 세계: 제임스 러브록, 이한음 옮김,『가이아의 복수』, 세종서적, 2008.
기후 변화: 조지 마셜, 이은경 옮김,『기후변화의 심리학』, 갈마바람, 2018.
나오미 클라인, 이순희 옮김,『이것이 모든 것을 바꾼다』, 열린책들, 2016.
성장: 클라이브 해밀턴, 정서진 옮김『인류세』, 이상북스, 2020.
자코모 달리사 외, 강이현 옮김,『탈성장 개념어 사전』, 그물코, 2018.
순화: 공우석,『지구와 공생하는 사람: 생태』, 이다북스, 2020.

5장_수

공무도하: 김시준 외,『멸종』, Mid, 2014.
솔로몬의 반지: 유타 리히터, 박의춘 옮김,『내 이름은 개』, 이룸, 2000.
과학철학: 홍병선·최현철,『과학기술과 철학의 만남』, 연경문화사, 2014.
관찰: 로버트 루트번스타인·미셸 루트번스타인, 박종성 옮김,『생각의 탄생』,
에코의서재, 2007.
보존과 보전: 김일방,『환경문제와 윤리』, 보고사, 2020.
방 안의 코끼리: 신승철,『떡갈나무 혁명을 꿈꾸다』, 한살림, 2022.
실수: 최평순·다큐프라임「인류세」제작팀,『인류세: 인간의 시대』, 해나무, 2020.
희망: 제인 구달 외, 변용란 옮김,『희망의 책』, 사이언스북스, 2024.
유발 하라리, 전병근 옮김,『21세기를 위한 21가지 제언』, 김영사, 2022.

본문 삽화 조혜란

그림책 작가. 1965년 충남 서천에서 태어나 홍익대학교에서 동양화를 공부했다. 들과 산에서 보낸 어린 시절 덕분에 늘 자연을 향한 그리움을 지니다 유기농업을 하는 농촌에 삶의 터전을 잡았다. 그 사이에서 배우고 생활하며 삶에 닿아 있는 자연의 이야기를 그림책에 담고 있다. 만든 그림책으로 『할머니, 어디 가요?』 시리즈, 『밤바다로 해루질 가요!』, 『빨강이들』, 『노랑이들』, 『상추씨』 등이 있다.

나는 나뭇잎에서 숨결을 본다

초판 1쇄 인쇄 2025년 7월 25일
초판 1쇄 발행 2025년 8월 25일

지은이 우종영
펴낸이 유정연

이사 김귀분
책임편집 유리슬아 **기획편집** 신성식 조현주 서옥수 황서연 정유진 **디자인** 안수진 기경란
마케팅 반지영 박중혁 하유정 **제작** 임정호 **경영지원** 박소영

펴낸곳 흐름출판(주) **출판등록** 제313-2003-199호(2003년 5월 28일)
주소 서울시 마포구 월드컵북로5길 48-9(서교동)
전화 (02)325-4944 **팩스** (02)325-4945 **이메일** book@hbooks.co.kr
홈페이지 http://www.hbooks.co.kr **블로그** blog.naver.com/nextwave7
출력·인쇄·제본 (주)상지사 **용지** 월드페이퍼(주) **후가공** (주)이지앤비(특허 제10-1081185호)

ISBN 978-89-6596-735-4 03810

- 이 책은 저작권법에 따라 보호를 받는 저작물이므로 무단 전재와 복제를 금지하며, 이 책 내용의 전부 또는 일부를 사용하려면 반드시 저작권자와 흐름출판의 서면 동의를 받아야 합니다.
- 흐름출판은 독자 여러분의 투고를 기다리고 있습니다. 원고가 있으신 분은 book@hbooks.co.kr로 간단한 개요와 취지, 연락처 등을 보내주세요.
- 파손된 책은 구입하신 서점에서 교환해 드리며 책값은 뒤표지에 있습니다.